# 이것이 북한 종말 징후인가

## 이것이 북한 종말 징후인가

펴낸 날 · 2010년 10월 15일 | 초판 2쇄 찍은 날 · 2010년 10월 10일
지은이 · 유석렬 | 펴낸이 · 김승태
등록번호 · 제2-1349호(1992. 3. 31) | 펴낸 곳 · 예영커뮤니케이션
주소 · (136-825) 서울시 성북구 성북1동 179-56 | 홈페이지 www.jeyoung.com
출판사업부 · T. (02)766-8931  F. (02)766-8934  e-mail: edit1@jeyoung.com
출판유통사업부 · T. (02)766-7912  F. (02)766-8934  e-mail: sales@jeyoung.com

copyright ⓒ 2010 유석렬
ISBN 978-89-8350-580-4 (03230)

값 14,000원

# 이것이 북한 종말 징후인가

유석렬 지음, 이삭 추천

예영커뮤니케이션

# 추천사

우리말에 "구관이 명관이다."라는 말이 있다. 요즘은 "역시 전문가는 다르다."라는 말로 표현하기도 한다. 유석렬 박사께서 일생 동안 북한전문가로 북한을 바라보는 눈이 누구보다 탁월하다는 것은 의심할 여지가 없지만, 이렇게 내용을 잘 정리해 놓은 것을 보며 "북한을 알아야 할 모든 사람들, 특히나 통일을 준비하는 사람들이 꼭 읽어야 할 책이다."라고 말하고 싶다. 특히 통일을 맞아야 할, 준비되어야 할 요즘 젊은 세대들이 관심을 갖고 눈여겨 볼 책이다. 전쟁이 일어나거나 혹은 북한이 붕괴되어 흡수통일을 하던 간어 한국 국민 모두가 읽어야 할 책이다. 그래야 북한의 주민들을 어떻게 맞이할 지를 생각해 보게 되지 않을까?

나는 유 박사님이 북한에 대해 분석하고 생각하는 것들에서 얼마나 많은 참고할 내용들을 접하게 되는지 모른다. 그런 내용들을 이렇게 책으로 구체적으로 제시하면서 분석하는 일에 심혈을 기울이신 유 박사님께 치하의 말씀과 함께 많은 분들이 이 책을 접할 수 있도록 추천하는 바이다.

모퉁이돌선교회 대표
무익한 종 이 삭

# 머리말

"북한 정부는 지탱될 수 없습니다. 중국이 북한 문제에 개입하려는 의지와 이해가 없어지면 북한의 생존 가능성도 없어집니다. 어떤 지점에 이르면 한국은 더 이상 선택의 여지없이 북한을 흡수해야 합니다."

군사정치 예측을 80% 적중시킨 '21세기 노스트라다무스' 조지 프리드먼 박사의 말이다. 그러나 조지 프리드먼 박사의 이야기가 아니더라도 최근 북한의 대내외 정세가 돌아가는 것을 보면 '이게 북한 종말 징후가 아닌가?' 하는 생각이 들게 한다.

그 첫째가 심각한 경제 문제이다. 오죽했으면 김정일 위원장도 정치·군사 면에서 강성대국을 완성했으나 "아직 우리 인민들이 강냉이밥을 먹고 있는 것이 가장 가슴 아프다"고 했을까? 그는 "우리 인민을 강냉이밥을 모르는 인민으로 세상에 내세우자."라고 했다. 그러나 북한 사람들이 강냉이밥이라도 마음껏 먹을 수 있었다면 적어도 굶어 죽는 사람들은 없었을 것이다.

북한이 2009년 11월 30일 단행한 화폐개혁 실패의 책임을 물어 박남기 노동당 계획재정부장을 해임하고, 화폐개혁을 주민들에게 제대로 홍보하지 못했다는 책임을 물어 최익규 당 영화부장도 경질한 것으로 알려졌다.

　김 위원장 등 북한 지도부는 사회주의 계획경계를 되살린다는 목표로 화폐개혁과 시장·외환 통제라는 극약처방을 선택했다. 이를 통해 1990년대 경제난 이후 지속된 시장의 확산을 바로잡고 주민들이 감춰둔 생명과 같은 돈을 북한정부가 강탈하는 방법으로 국가재정을 확충하려다 결국 실패한 것이다. 화폐개혁 후 물가와 환율이 천정부지로 폭등하고 벼랑에 몰린 북한 주민들은 평소언 생각할 수도 없는 김정일 비하 발언을 서슴지 않게 하고, 보위부원 앞에서조차 "이젠 악밖에 안 남았다."라며 저항했다. 북한정권은 보안요원들에게 실탄을 지급하고 "반발하는 주민은 사살해도 좋다."라는 명령까지 내렸으나 민심을 잡지 못하고 위기에 몰리자 화폐개혁 실무자에게 책임을 덮어씌운 것이다. 북한은 언제 터질지 모르는 시한폭탄으로 변하고 있으며 자칫 체제붕괴로 이어질 가능성도 배제할 수 없다.

　둘째로, 북한 주민들의 심각한 체제 일탈이다. 식량난 때문에 암시장이 우후죽순처럼 생겨나고, 국경을 통한 중국과의 비공식 교역이 급증하면서 바깥세상의 현실에 눈을 뜬 북한 사람들이 크게 늘고 있다. 특히 주목되는 것은 최근 들어 북한 내에는 김정일 독재체제에 저항하는 정치적 범죄가 늘어나고 있고 인민 대중의 힘이 점차 커지고 있다. 김정일 정권이 주민들에게 주던 배급을 중단하는 등 생계를 책임지지 못하면서 시장이 확대되어 주민들의 힘이 통제할 수 없을 만큼 커지고 있다. 이를 바로잡기 위한 북한정권의 화폐개혁 시도는 결국 실패하고 말았다.

　이런 맥락에서 《워싱턴포스트》지는 2008년 3월자 뉴스에서 국가통제경제의 사실상 붕괴, 지역경찰들의 부패급증 등과 함께 도시 엘리트까지 확장된 식량부족은 김정일이 정권을 위쾌롭게 할 수 있는 잠재력이 있다고 강조한 바 있다.

　셋째로, 김정일의 건강악화와 승계 불투명으로 체제가 불안하다.

김정일 위원장은 2006년 말 앞으로 15년 이상 장기 집권하겠다고 선언하고 북한에서 후계논의를 금지했다. 그러던 그가 2009년 1월 8일 느닷없이 3남인 김정은을 후계자로 결정했다. 그 이유는 김 위원장의 건강 때문이었다. 그는 한때 뇌졸중으로 쓰러져 뇌수술을 받는 등 건강이 악화되었으며 한동안 병상통치를 한 것으로 알려졌다. 그가 위기를 잘 모면했다 해도 심장발작과 뇌졸중 재발 위험은 언제나 있다. 실제 뇌졸중 환자 중 3분의 2는 심장 발작으로 사망한다. 이런 위험을 피한다 해도 다음에 나타날 건강 장애물 1순위는 암이다.

김 위원장은 김정은을 후계자로 낙점했으나 김정은은 나이가 어리고 사회적 경험이 부족한 것이 흠이다. 따라서 김 위원장의 최대 과제는 김정은이 빠른 시일 내에 권력을 장악할 수 있는 여건을 만들어 주는 것이다. 이를 위해 김 위원장은 우선 체제유지에 꼭 필요한 하드파워(hard power)를 국방위에 총집결시켰다. 새 국방위원들은 김정은의 세습기반을 마련하고 이에 따른 사회적 동요를 차단하는 것이 급선무이다.

그러나 주변 상황은 결코 김 위원장의 구상대로 전개되지 않을 가능성이 매우 크다. 국제사회를 상대로 한 핵미사일 도박은 북한을 더 큰 곤경에 처하게 할 수도 있다. 또한 대내외적으로 오는 치명적인 스트레스를 견디지 못하고 김 위원장이 두 번째 쇼크를 받아 오랜 병상통치를 한다면 김정은이 후계체제를 굳히기 전에 김정일 체제는 무너질 수밖에 없다. 김 위원장은 매우 다급해진 상황에서 탈출구를 모색하고 있으나 뾰족한 수가 없어 보인다.

넷째, 평양의 권력 핵심 실세들이 지난 몇 해 동안 줄줄이 병사했거나 남아 있는 실세의 상당수가 심각한 질환에 시달리고 있다. 신부전증, 심장병, 간장병, 뇌졸중, 당뇨, 고혈압, 간경화, 폐암과 췌장암 등의 질병이 그 원인이다. 지난 몇 년 동안 이 같은 질병으로 죽은 권력 실세들은 총리와 국방위원장을 지낸 연형묵, 통일전선부장 임동옥, 인민보안상 백학림, 당 공안담당비서 계응태, 외무상 백남순, 검열위원장 박용석, 조평통 부위원장 전금철, 평양방어사령관 김용연 차수, 박성철 전 부주석 등이다.

심각한 질환에 시달리고 있는 실세는 권력서열 2위 조명록, 김정일 위원장 외에 유일하게 '군 원수' 칭호를 받고 있는 이을설, 김영춘 인민무력 부장, 김일철 전 인민 무력부장, 강성산 전 총리, 장성택 당 행정부장, 김경희 당 부장, 김영일 당 국제부장 과 최익규 문화상 등이다. 이들 중 병 때문에 공식석상에 나타나지 않는 사람들이 많고 대부분 해외에서 치료를 받은 바 있다. 이는 김정일의 권력기반이 무너지고 있음을 의미하는 것으로서 체제를 위태롭게 하는 것들이다.

다섯째, 핵 실험과 미사일 발사 등 도발적 행위는 주변국들과의 관계를 악화시키고 국제제재를 자초해 체제 생존을 단축시키고 있다. 북한은 전쟁에서 남한을 이기고 주변국들을 위협하기 위해서 핵무기뿐만 아니라 생화학 무기 시설을 적어도 20여 곳, 화학무기 공장도 12곳을 운영하고 있다. 그러나 전쟁에서 이기는 것은 핵·생·화학무기를 개발하고 선군정치를 해 나가는 것이 아니다. 북한이 이대로 가면 국제제재를 못 이겨 망할 수밖에 없다. 세계적인 중도기도 사역자인 신디 제이콥(Cindy Jacob)은 김정일 정권을 향해 멸강을 선포하고 '북한의 문을 여는 역사가 곧 일어날 것'이라고 예언한 바 있다.

분명한 것은 북한이 종말의 징후가 여러 곳에서 나타나고 있다고 해서 곧바로 붕괴로 이어진다는 의미는 아니다. 북한이 이제까지의 전략을 대폭 수정하여 개혁과 개방의 길을 택하면 체제붕괴의 속도가 조절될 수 있다. 그러나 개혁과 개방의 성공은 다른 한편 김정일 독재체제의 붕괴를 가속화시키는 일이 될 것이다.

이 책은 크게 7개 분야로 나뉘어져 있다. 첫째, 제 I 장에서는 북한의 현실을 어떻게 올바르게 이해하느냐 하는 문제를 다루고 있다. 즉, 북한을 보는 시각과 우리가 가져야 할 올바른 자세 문제이다. 북한을 보는 시각에 따라 우리 사회에는 진보와 보수로 국론이 분열되어 있다. 북한의 체제와 정책, 북한의 변화 그리고 남북관계 등에서 심각한 갈등을 보이고 있다. 대부분의 세계국가들이 북한을 '불량국가'로 보고 있는데 친북·진보세력들은 이에 동의하지 않는다. 이에 보수 세력들은 북한의 변화에 회의적인 태도로 일관하면서 대북 강경노선을 주장한다. 여기서 우리가 어떻게 북한을 보아야 하는지 시각과 자세를 짚어 본다.

둘째, 북한의 전략문제를 심도 있게 분석했다. Ⅱ장은 북한의 정세와 생존전략을 다루었고, Ⅲ장은 북한의 최근 대남전략을 북한의 대남 군사위협과 대남협박·유화 병행 측면에서 분석했다. Ⅳ장은 북한의 전략 실패와 깊어지는 곤경을 체계적으로 다루었다. 북한은 총체적인 대내 위기와 대외적인 고립을 모면하기 위해 전쟁 위협을 통한 생존전략을 추구했으나 유엔 안보리 제재를 자초하는 등 피치 못할 곤경에 처해 있다.

셋째, Ⅴ장은 이 책의 핵심이라고 할 수 있는 북한 정권의 종말 징후를 다루었다. '김정일 정권의 종말이 보인다.'를 분석한 Ⅴ장은 핵실험으로 북한체제 수명 단축, 핵심권력 실세 '움직이는 종합병동', 무너지는 김정일 건강, 체제붕괴 긴급대처, 막가는 개성공단, '우리 민족끼리' 불씨 살리기 등을 언급했다.

넷째, Ⅵ장은 확 달라진 북한의 대외 환경을 분석했다. 미국에 오바마 정부가 출범하면서 대외 관계를 이끌고 나갈 '오바마 독트린'을 내놓았고 그에 따라 한·미, 북미관계와 남북관계에 크게 영향을 미치는 새로운 환경이 조성되었다. 또 이 장에는 미국의 대북제재와 북한이 미국을 상대로 한 마지막 '여 기자 카드'를 다루었다. 미국의 대북제재가 본격화되고 북한 숨통조이기가 시작되면서 중국과 일본도 이에 동참하는 움직임을 보이고 있다. 북한은 사면초가가 되었고 북한의 곤경은 점점 깊어가고 있음을 피력했다.

다섯째, 북한의 로켓발사와 북핵문제 해결을 위한 6자회담 재개를 다루었다. Ⅶ장은 북한 로켓발사, 무엇이 문제인가를 분석했고, Ⅷ장은 6자회담 재개와 북핵 해결 전망해 보았다. 로켓발사를 평가하고 북한의 로켓발사 전략의도, 북한의 동북아 안보위협과 긴장고조와 주변국 입장 등을 설명했다. 북한이 6자회담을 파탄시킨 전략의도, UN 안보리 대북제재와 6자회담 불참선언, 그리고 6자회담 재개 움직임이 결실을 맺을 수 있을지에 대한 전망과 과제를 다루었다.

여섯째, 북한의 인권탄압과 탈북문제를 다루었다. Ⅸ장에서는 탈북자와 동독이탈주민, 북한 '금수강산' 홍보잡지, 북한의 수용시설, 북한의 법정 공휴일과 탈북자 현황을 분석했다. 특히 탈북자 중 여성의 비율이 빨리 늘어나고 있으며, 20~30대가 전체의 61%를 차지하고 있고 탈북자들의 90% 이상이 종교활동을 하면서 한국생활에 적응하는 것으로 조사되었다.

일곱째, Ⅹ장은 북한선교와 서진선교 그리고 모퉁이돌선교회, 북한선교사역의 일부를 다루었다. 마지막 Ⅹ장에서 북한선교로는 영적 전쟁, 김일성 우상화와 지하교회 증가, 그리고 문화사역을 통한 북한선교 등, 서진선교로는 "평양에서 예루살렘까지" 실크로드를 따라가는 서진선교와 성장하는 중국교회 등, 그리고 모퉁이돌 선교사역으로는 북한선교학교, 새즈믄 성경, 정세와 선교, 그리고 카타콤 소식 등을 소개했다.

앞으로 이 책이 북한선교를 마음에 품고 북한을 알기 원하는 모든 사람들에게 읽혀져 북한선교 활동에 조금이라도 도움이 되었으면 하는 마음이 간절하다. 북한선교는 믿음이나 열정만 가지고서는 안 된다. 북한선교전략은 북한에 대한 올바른 지식의 토대 위에서 치밀한 계획에 따라 설계되어야 한다. 잠언 19장 2절은 "지식 없는 소원은 선하지 못하고 발이 급한 사람은 잘못 가느니라."고 가르치고 있다. 그동안 북한에 대한 올바른 지식 없이 급한 마음에 북한에 뛰어들어 교회 짓고 학교 설립하고 병원을 건축한 것들이 영혼구원에 얼마나 도움이 됐는지, 악의 정권 수명을 연장하는 데 기여한 것은 아닌지 확실하게 따져 볼 때이다.

북한의 정체는 무엇이고 김정일 정권이 궁극적으로 지향하는 것이 무엇인지 바로 알고, 그 지식 위에서 대북화해전략, 강경전략, 선교전략 등이 구상되어야 한다. 마지막으로 이 책을 발간해 준 예영 커뮤니케이션 김승태 사장에게 감사하며, 원고정리 및 교정을 맡아 수고해 준 모퉁이돌선교회 박영국·김보배 간사에게 깊은 감사의 뜻을 표한다.

2010년 봄
더불어 사역하는 모퉁이돌선교회
이사장 유석렬

# 차례

# I. 북한의 현실과 올바른 이해

요즈음에는 마음이 편할 날이 없다. 세계적인 경제 한파에다 2008년 말부터 북한이 쏟아 내는 극렬한 군사위협 발언은 우리를 불안하게 한다.

북한 내부가 돌아가는 것도 심상치 않다. 주변 국가들에게서 지원이 끊겨 경제가 파탄지경에 이르고 뇌졸중의 후유증으로 김정일의 건강이 예측불허인 가운데 권력 승계의 압박으로 체제의 불안을 가중시키고 있다. 2009년 3월 8일에는 최고인민회의 대의원 선거를 치러 정부를 새로 구성해야 할 판이니 첩첩산중이다. 이런 때일수록 우리는 북한을 똑바로 보고 실용주의적인 자세로 북한을 대해야 할 것이다.

지난 국민참여 정부 10년간 북한에 대한 지나친 낙관론이 우리 국민에게 안겨 준 엄청난 피해를 한번 따져 봐야 한다. 북한에 대한 무조건적인 경제 지원이 북한을 변화시켜 '사실상의 통일'을 이룬다는 허구가 오늘의 북한이 있게 한 것임을 잊어서는 안 될 것이다.

북한은 아직도 예측불허인 동시에 우리에게 '동반자'와 '경계의 대상'이라는 이중적 성격을 가지고 있다. 북한은 빠른 속도로 세대교체가 이루어지고 있고 최고인민회의 대의원 구성도 성격이 달라지고 있다. 진보정권에서부터 시작된 '남남갈등', 즉 '북한의 변화'와 '상호주의'에 대한 진보와 보수 간의 엇갈리는 시각은 아직도 뿌리 깊게 남아 우리 사회를 분열시키고 있다.

북한은 국제사회에서 '불량국가(Rogue State)'로 불리고 있으며 그에 걸맞은 '최악의 국가'행위로서 주변 국가들을 위협하고 있다.

앞으로 남북한이 함께 사는 통일을 위해서는 민중이 주도하는 '아래로부터'의 북한 변화가 반드시 필요하며 꼭 끌어 내야 한다. 지금 북한에서는 그 변화가 '새일'로 이미 시작되었다.(사 43:19-21) 이러한 움직임이 '아래로부터'의 북한변화 원동력이 되도록 함께 기도하기를 원한다.

# 1. 북한을 보는 시각과 자세

## 1) 북한을 보는 눈

### 북한은 아직도 예측 불허

우리는 누구나 남북한이 정치적으로나 경제적으로 하나가 되어 통일국가가 되기를 원한다. 통일 이전이라도 남북한이 평화를 이루어 서로 화해하고 협력하면서 함께 살아야 한다고 생각한다. 나아가 북한도 우리가 믿는 하나님을 함께 믿어 우리와 같이 복 받고 잘사는 나라가 되기를 마음속으로 바라고 있다. 이 일을 위하여 우리 모두는 귀하게 쓰임받기를 원하며 부름에 응할 준비가 되어 있다. 그러나 문제는 당위성이나 열정만 가지고는 이 어려운 일을 해낼 수 없다는 것이다. 믿음만 가지고 밀어붙이면 성사될 수 있다고 생각하면 큰 오산이다.

아는 것이 먼저이다. 성경은 우리에게 "너희는 나의 증인, 나의 종으로 택함을 입었나니 이는 너희가 나를 알고 믿으며 내가 그인 줄 깨닫게 하려 함이라."(사 43:10)고 가르치고 있다.

먼저 알고 그리고 믿으라는 것이다. 우리가 통일문제를 걱정하고 민족의 평화, 화해, 협력을 추구하고, 북한 복음화어 뜻이 있다면 북한이 어떤 사회인지 그 정체를 올바로 파악하고 그에 적합한 전략과 방법을 찾아내야 한다.

우리는 지난 국민참여 정부 10여년 동안 북한에 대한 잘못된 기대와 평가에 기초하여 수립한 대북정책이 국민에 얼마나 많은 고통을 안겨 주었는지 지금도 잊지 않고 있다. 우리는 북한에 대한 구체적인 기초자료를 가지고 있지 않다. 북한의 정확한 인구구조가 어떠한지, 국민 총생산량은 얼마인지, 북한 주민들의 의식구조는 어떻게 변해가고 있는지 북한이 내놓은 자료도 없고 우리가 나서서 조사할 방법도 없다.

북한을 연구하는 일차적 목적이 북한사회에 대한 이해를 높이는 것이라면 이해의 기초가 되는 설명과 예측을 가능하게 하는 지식이 쌓여야 하기 때문에 북한 연구의 이론화가 필요하다.

북한에 대한 설명력과 예측력은 이론이 있어야 가능하기 때문에 현 단계에서 가장 시급한 과제는 이론을 추출해 낼 수 있는 '분석의 틀'(Analytical Framework)을 정리하는 것이다. 또 '분석의 틀'은 사실(Facts)에 기초를 두는 것이므로 북한에 관한 객관적인 자료의 축적이 북한연구의 핵심이 되어야 할 것이다.

이론을 이끌어 내기에 앞서 신뢰성 있는 객관적인 사실을 확인하고 그 사실을 축적해 나가는 일이 먼저 해야 할 일이다. 그런데 그 일이 현재로서는 쉽지 않다. 북한을 이해하는 데 최대의 장애는 북한사회의 폐쇄성인데, 아직까지도 객관적인 사실을 확인할 수 있는 여건이 조성되어 있지 않다.

이런 맥락에서 북한은 아직도 예측불허이다. 항상 조심스런 분석과 겸손한 전망을 내놓아야 한다. 김정일 위원장의 병세가 어떠한지, 3남인 정은을 후계자로 은밀하게 추진하고 있다는 보도가 있는데 어디까지 사실인지, 대포동 발사준비가 임박했다고 하는데 실제 발사는 언제가 될 것인지, 핵무기를 정말 가지고 있는지, 있으면 그 양은 얼마나 되는지 알아내는 방법이 없다. 북한 전문가들이 나서 중구남방식으로 설명하고 예측하지만 지나고 나면 별로 도움이 안 되었던 때가 한두 번이 아니었다.

### 북한을 어떻게 보아야 하는가?

대립과 갈등 속에서 반세기가 넘게 반복해 온 평화와 통일을 실현하기 위해서는 남북한이 서로 협상하고 화해와 협력의 기반 위에 함께 번영해 나가야 한다. 이 역사적인 일을 해내기 위해서 우리는 먼저 현실에 바탕을 둔 올바른 북한관을 가져야 한다.

그렇다면 우리는 북한을 어떻게 보아야 할 것인가? 우리는 모두 옳건 그르건 나름대로 북한을 보는 견해를 가지고 있다. 어떤 이는 동족과 동반자 의미에 맞춰 북한을 무조건 화해와 협력 그리고 도와주어야 할 대상으로 보는가 하면 어떤 사람은 북한의 불법남침과 무자비한 살상 경험에 비추어 북한을 무조건적 또는 경계의 대상으로 보기도 한다.

2004년 여름 국가보안법 폐지를 놓고 열린 우리당의 젊은 국회의원들과 보수진영 인사들과의 대판 싸움이 벌어졌다. 진보진영에서는 우리나라 민주주의 발전에 해가 되는 국가보안법은 당장 폐지되어야하며 역사박물관에나 처박아 두어야 한다는 것이다. 이들은 국보법이 역사적으로 정부나 일부 여권에서 야당 탄압을 의해서 악용해 왔던 사례를 들추어내기도 했다.

한편 보수진영에서는 아직도 남북대결이 지속되고 있는 마당에 국가보안법이 폐지되서는 절대로 안 된다는 입장이다. 이들은 물론 한때 국보법이 일부 여권에 의해 반대당을 탄압하는 데 잘못 사용되었던 점을 인정하면서도 북한의 간접침략이 기승을 부리고 있을 당시 국보법은 나름대로 큰 역할을 해 왔다고 주장하기도 한다. 이들의 주장이 공감을 얻었던 점은 지난 10년간 진보정권이 지속되어 오면서 북한의 간접침략에는 손을 놓고 있었기 때문이었다.

이런 혼란스런 상황 속에서 대법원이 교통정리를 하고 나섰다. 2004년 9월 대법원은 국가보안법 폐지를 정면비판하면서 판결문을 통해 "북한은 조국의 평화적 통일을 위한 대화와 협력의 동반자임과 동시에 우리 체제의 전복을 획책하는 반국가 단체라는 성격도 있다." 라고 규정했다.[1] 대법원은 국가보안법 폐지를 반대했지만 북한을 어떻게 보아야 하는가에 대해서는 진보나 보수 어느 한쪽의 손을 들어주지 않았다. 여전히 혼란스런 느낌을 주었으나 그것이 바로 북한 실체에 대한 이중성이다.

북한은 우리와 정치군사적으로 대결상태에 있는 경계대상이며 전쟁에서는 적으로 맞서기도 했지만, 동시에 하나의 민족공동체 형성을 위해 함께 협력해 나가야 할 동반자라고 할 수 있다. 북한과 우리는 아직 완전히 적대관계를 청산하지 못하고 있으며, 이러한 상태에서 북한은 우리의 안보를 위협할 수 있는 충분한 군사적 능력을 가지고 있는 것이 현실이다.

다른 한편 북한은 우리가 함께 하나의 민족공동체를 실현해야 할 대상, 즉 우리가 어쩔 수 없이 끌어안아야 할 동포가 사는 곳이다. 또 북한은 그동안 우리가 여러 합의를 통해 오랜 적대관계를 해소하고 공존공영을 지향하기로 한 동반자이기도 하다.

요약하면 우리에게 오늘의 북한은 '경계대상'과 '같은 동포'라는 이중성을 모두 지니고 있다. 좀 더 구체적으로 말하면 북한은 군사적으로 대결과 경계의 대상이고, 민족적으로는 화해와 협력의 대상 및 동반자이며, 경제적으로는 남북 교류와 협력의 대상이다. 이러한 이중, 삼중적인 현실인식 속에서 우리의 대북정책의 목표는 서로 간의 적대성을 감소시키고 동포애를 증진시켜 북한으로 하여금 통일을 향한 공존과 동반자 관계로 이끌어 나가는 것이다.

---

1) 《조선일보》, 2004.09.03.

그러나 통일 없는 영원한 공조는 없다. 러시아 공산혁명을 이끈 레닌의 저작전집에 보면 "자본주의와 사회주의가 존재하는 한, 우리는 평화롭게 살 수 없다. 결국 이쪽이나 저쪽이 이기게 되어 장송곡이 소련이나 자본주의 세계 중 한 곳에서 울려 나올 것이기 때문이다."[2] 두 체제가 오래 공존할 수 없다는 말이다.[3] 소련수상 후루시호프는 소련의 승리를 확신하며 "우리는 당신들(미국)을 묻어 버릴 것이요."라고 큰소리로 외쳤다. 그러나 정작 사회주의가 몰락하고 장송곡이 울려 퍼진 곳은 소련이었다.

### 북한 연구 방법론

북한의 실상을 올바로 알기 위한 학문적 차원의 연구는 대체로 두 가지 방법론이 있다. 외재적 접근법과 내재적 접근법이 바로 그것이다. 외재적 접근법이란 북한이라는 연구의 대상을 객관적, 외부적인 시각에서 분석하는 것이다. 이 방법은 자유 민주주의와 자본주의적 시각에서 북한체제의 전반적 현상을 분석한다.

외재적 접근법은 자유, 평등, 민주, 인권 등 인류 보편적 가치를 기준으로 삼고 이 잣대에 맞춰 북한체제를 분석하고 평가한다. 이 기준에 맞춰 북한을 보면 북한체제의 속성은 모두가 기준 미달이다. 북한에는 자유가 보장되지 않고 평등과 인권에 대해 호소할 데가 없는 1인 독재 우상화 체제이다. 북한체제의 부정적인 측면이 들어나고 확대될 수밖에 없다. 이런 시각에서 북한을 보는 학자나 전문가들은 대체로 국제파나 보수파에 속하는 사람들이다.

한편 내재적 접근법은 북한이라는 대상을 분석할 때 북한의 특수한 현실을 고려하면서 북한사회의 여러 현상을 이해하려는 접근방법이다. 다시 말하면 내재적 접근법은 북한체제가 설정해 놓은 이념과

---

2) 《미래한국》, 2006.05.20.
3) 이종석 통일부 장관도 "민족 공조가 이루어지고 있다는 것은 환상이며 착시현상만 불러 일으킨다."라고 했다. 《한국일보》, 2006.05.18.

논리를 기준으로 북한의 사회현상을 분석해야 한다고 보는 방법론이다. 북한이 설정해 놓은 사회 생명체 이론에 따르면 수령, 당, 대중은 각각 머리, 몸통, 팔, 다리의 역할을 나누어 맡는 것이기 때문에 수령이 가르치고 이끄는 역할은 독재가 아니며, 인간의 집단주의적 욕구에 따라 집단의 보람과 행복을 위해 개인의 인권이 무시되는 것은 '하나는 전체를 위하여'라는 논리에도 맞는다고 보는 것이다. 이러한 시각은 북한체제의 긍정적인 면만을 부각시키려 하는 국내파와 진보파에 속하는 사람들이다.

외재적 접근법이나 내재적 접근법은 남북분단의 현실에서 이데올로기의 개입으로부터 전적으로 초연할 수가 없다. 이런 맥락에서 북한연구의 방법론은 이념이나 당위성, 규범에서 벗어나 현실을 직시해야 한다고 주장하기도 한다.[4] 최근에는 북한이라는 대상을 연구하는 데 있어 새로운 절충대안을 제시하는 학자들도 있다. 이러한 접근법은 북한 주민들의 생활 양태를 내재적 접근에 따라 분석하고 이해할 수는 있으나 결국 북한의 체제를 비교분석하는 데는 인류의 보편적 가치기준에 따라 판단을 내리고 이해하는 것이다.


## 2) 북한은 변하는가?

### 북한의 세대교체

요즘 북한 주민들 사이에 흔히 사용되는 단어가 '천지개벽'이다. 김정일 위원장이 2002년 1월, 20년 만에 방문한 중국의 상해를 두고 '천지개벽 했다.'고 한 이래 '변해야 산다.'는 것이 북한사회의 화두가

---

4) 장훈 교수는 북한을 보는 시각은 현실을 떠난 규범에 집착하지 말고 보수든 진보든 규범의 눈 대신 현실의 눈으로 북한을 보아야 한다고 했다.《중앙일보》, 2009.01.07.

됐다.[5]

북한은 변화를 위해 1998년 이후 꾸준히 지도층의 세대교체를 추진해 왔다. 세대교체는 실력을 갖춘 젊은 층을 기용해 개혁을 추진하고 김 위원장의 후계자가 등장하는 상황을 염두에 둔 다목적 포석으로 관측된다.

세대교체 바람은 내각과 기업에서 시작됐다. 북한 당국은 1998년 헌법을 개정하고 국가체제를 정비하면서 박성철, 이종옥 부주석 등 원로층을 2선으로 돌리고 해외 사정에 밝은 인사를 중용했다. 특히 2002년 들어서는 내각의 장(장관) 이상 36명 중 20명을 새로운 인물로 교체하는 파격인사를 단행했다. 이후 각 기업소와 공장의 주요 책임자가 30~40대로 바뀌는 등 대폭적인 물갈이가 이루어졌다.

북한은 항일투쟁 세대를 혁명 1세대라고 하며, 6.25전쟁과 전후 사회주의 제도 수립 세대를 혁명 2세대라고 한다. 그러나 오늘날 북한 사회주의 주력을 이루는 세대는 혁명 3·4세대로서 이 세대들을 정치사상적으로 준비시키는 일이 가장 중요한 문제로 떠오르고 있다. 북한의 3·4세대 지도자들은 전문적이고 기술적 능력을 갖춘 기술 관료로서 공개적인 자리나 언론에 잘 나타나지 않아 파악하기가 쉽지 않다.[6]

혁명 3~4세대들은 사회주의의 변화를 요구하고 있으며 이들이 권력을 넘겨받게 되면 북한체제의 실질적 변화를 이끌 주역들이다. 이들은 6.25전쟁을 경험해 보지 못한 세대로서 남한과의 적대감이 상대적으로 적어 남한과 실질적인 교류와 협력을 원하고 있다. 이들은 변화지향적인 태도로 혁명 1~2세대들을 비판해 왔으며 김정일 위원장이 변화에 걸림돌이 된다면 뒤 세대를 위해 퇴진의 용단을 내야 한다고 보고 있다.[7]

---

5) 《조선일보》, 2004.07.05.
6) 《세계일보》, 2006.03.07.
7) 《동아일보》, 2009.01.10.

혁명 3~4세대들의 변화 지향적 태도에 1~2세대들의 반발도 만만치 않다. 《노동신문》은 논설을 통해서 "혁명의 1·2세대들을 몰라보고 그들의 공적을 무시하려는 사람들, 환경의 변화와 시대의 추세를 운운하며 혁명 선배들이 목숨 바쳐 개척한 투쟁의 길에서 탈선하려는 사람들은 배신자, 변절자"[8]라고 비판했다.

조선노동당 경우에는 혁명 1~2세대의 비서나 고위직 간부가 사망했을 경우, 혁명 3~4세대 신진인사를 기용하는 방식으로 세대교체가 이루어졌다. 정하철 비서와 주규창 1부부장(군수 공업부), 김히택, 이제강 1부부장(조직지도부) 등이 당의 신진인사들이다.

군부는 오진우, 최광 등이 사망하고 이을설, 백학림 등이 고령으로 물러나면서 혁명원로들의 퇴진이 자연스럽게 이루어졌다. 그로 인한 후속인사 과정에서 현철해, 박재경, 이명수 대장 등이 김 위원장의 측근으로 확고하게 자리 잡았다. 세대교체 바람이 불면서 당과 내각은 30~40대, 군부는 50대의 발언권이 점차 커지고 있다. 김일성 시대에 임면된 뒤 김정일 정권에 와서도 자리를 그대로 유지하고 있는 사람은 노동당 비서인 김국태, 김중린과 오극렬 당 작전부장, 그리고 강석주 외무성 제1부상 등 4명뿐이다.[9]

### 최고인민회의 변신

북한은 2008년 8월 12기 최고인민회의 대의원 선거를 실시하고 9월에는 최고인민회의 12기 1차 회의를 열어 김정일 국방위원장을 임기 5년의 국방위원장을 재추대하고 국방위원회와 최고인민회의 상임위원회, 그리고 내각의 인사를 단행하기로 되어 있었다. 그러나 김 위원장의 건강문제 등 내부사정으로 대의원선거를 미루고 있다가 2009년 3월 8일 최고인민회의 대의원선거를 실시한다고 공고했다.

---

8) 《노동신문》, 2008.10.21.
9) 《중앙일보》, 2005.06.14.

2003년 제11기 최고인민회의 대의원 선거에서 북한은 종래의 전통을 깨고 과감한 변신을 시도했었다. 8월 3일 선거를 통해 북한은 더욱 현대화되고 고등교육을 받은 대의원들을 대거 최고인민회의에 진출시켰다. 9월 3일 개최한 제11기 최고인민회의는 북한 역사상 가장 젊고[10] 패기 있고 가장 많이 교육을 받은 (대학 또는 초급대학 졸업자가 약 98%) 대의원들로 구성됐다.

최고인민회의 대의원 687명 중 절반인 343명이 새로 선출되었으며 훈장이나 영웅칭호 등 명예칭호 소유자의 구성 비율이 대폭 감소하였다. '선군정치'라는 당의 공식 노선에도 불구하고 군부대표는 거의 없었으며, 주로 중년의 대학교육을 받은 민간인 전문가들로 채워진 모습이었다.

제11기 최고인민회의 대의원들 가운데 대다수는 전후세대, 이른바 '579세대'였다. 즉 1950년대에 태어나 북한의 사정이 가장 괜찮았던 70년대에 제대로 교육을 받고, 정치 및 경제 등 국내외 사정이 매우 어려웠던 90년대에 사회생활을 한 세대였다. 이 세대들은 전쟁의 공포를 직접 경험하지는 않았지만, 북한 경제 전체 상황처럼 1960~70년대의 성장과 80년대의 퇴조, 그리고 90년대의 침체와 기근을 통해 각자 가정에서 성쇠를 겪었다.

제11기 최고인민회의 제1차 회의에서 주목할 만한 것은 박봉주 총리[11]가 내각을 대표하여 최고인민회의 대의원들 앞에서 선서를 했다는 것이다. 이는 절차적으로 볼 때 마치 내각이 의회에 대하여 직접 책임을 지는 듯한 모습을 보여 북한체제의 대외 이미지 개선을 염두에 두었던 것으로 분석되었다.

---

10) 북한권력실세 30명의 평균연령은 71세였는데, 제11기 최고인민회의 대의원 연령은 55세 이하가 52.3%였다. 《조선일보》, 2003.09.13.
11) 2002년 10월 경제시찰단으로 서울을 방문했던 박봉주 화학공업상을 총리로 임명하고 홍성남 총리를 경질시켰다. 2007년 3월 박봉주 총리가 해임되고 김영일 육해운상이 총리에 임명되었다.

또 하나 특기할 만한 것은 과거 최고인민회의에서는 주로 예산관련보고와 인사사안들을 다루었으나 제11기 최고인민회의에서는 처음으로 외교정책 형성에 관여함으로 세상의 주목을 받았다. 북한측 보도에 의하면 대의원들은 핵문제와 관련, 북한 외무성이 취한 대외적 조치들을 전원찬성으로 승인했다는 것이다. 최고인민회의가 북한 외교정책 심의에 참여했던 것은 북한의회의 새 역할로 보여 바람직한 일이었다.

북한이 제12기 최고인민회의 대의원 선거를 3월에 실시하기로 결정한 것은 김 위원장이 공중 앞에 나타날 수 있을 만큼 건강이 회복되었고 대내외 정세가 급박하게 움직임을 의미하는 것으로 볼 수 있다. 북한의 선거는 자유경쟁 선거가 아니라 조선노동당이 지명하는 후보에 대해 주민들이 거수기로서의 찬성표를 던지는 요식행위에 불과하다.

북한이 3월 8일 제12기 최고인민회의 대의원 선거가 끝나면 곧이어 김정일 위원장의 네 번째 국방위원장 재추대를 비롯한 정권 지도기관도 재구성하여 새로운 정부가 출범될 가능성이 높다. 새로 구성되는 정권지도부의 성격에 따라 앞으로 북한의 정책방향도 윤곽을 드러낼 것으로 보인다.

이번 선거의 초점은 김일성 탄생 100주년이 되는 2012년에 '강성대국의 문을 열기' 위한 목표에 집중할 것이며, 이 목표를 달성하는 방법으로 '새로운 혁명적 대고조'를 끌고 나갈 정권지도부가 필요할 것이다. 여기에서 '새로운 혁명적 대고조'는 대외 개방보다는 50년대 천리마식의 노동력 동원을 통한 자력갱생을 목표로 하고 있다. 즉 대중사회주의 경쟁운동, 대중사상 혁명운동을 새롭게 시작함으로써 세계적인 경제위기를 '자력갱생'으로 이겨 나가려 할 것이다.

2009년 2월 11일 김정일 국방위원장은 군 수뇌부 인사를 단행했다. 대남강경파이고 대내 주민통제에 베테랑으로 알려진 김영춘 차수를 인민무력부장(한국의 국방부장관)[12]으로 그리고 이영호 대장을 총참모장(한국의 합참의장)으로 임명했다.[13] 최근 김정일 위원장이 군부 핵심 간부들을 대거 교체한 것도 체제단속과 대중사상 혁명운동을 세차게 밀고 나가려는 것으로 분석된다.


## 3) 소모적인 남남갈등

### 남북에서 남남갈등으로

지난 10년 국민참여정부 당시 남북관계는 소모적인 '남남갈등'으로 우리 사회가 거꾸로 가고 있는 것 같았다. 국민참여정부 이전 남북관계는 답답하고 삐걱거렸지만 남한 국민들만큼은 '국민총화'로 일치단결된 모습이었다. 한국전쟁을 상기시키면서 철저한 반공이 남한 사회를 하나로 묶는 것이었다. 그러나 한국에 진보정권이 들어서면서 '국민총화'는 깨져 버렸다. 대북 포용정책을 앞세운 일방적인 대북지원이 남북관계에는 좀 숨통이 트이는 듯이 보였으나 남한 국민들 간에는 진보와 보수로 갈리어 죽기 살기로 싸웠다. 남북갈등에서 남남갈등으로 돌아선 것이다.

같은 주제라도 보는 시각에 따라 엄청난 차이가 있다. 진보 또는 보수적 입장에 따라 상반되는 판단이 나올 수 있다. 진보적 입장에서 볼 때는 북한은 근본적인 변화를 하고 있고 남북한 관계도 잘 되어 가고 있다고 생각할 것이다. 그리고 반대로 보수적 입장에서는 북한의 변화는 아주 미미할 뿐만 아니라 남북한 관계도 아주 잘못되어

---

12) 이들은 북한 최고의 쿠데타 진압 전문가로 알려져 있다. 김영춘 부장은 1994년 북한군 6군단의 쿠데타 시도를 진압한 바 있고, 이영호 총참모장은 쿠데타 진압 방법에 정통하다.《동아일보》, 2009.02.13

13) 최근 교체된 군부핵심 간부들은 인민군 총 정치국 제1부국장에 김정각 대장, 작전국장에 김명국, 공군사령관에 이명철, 해군사령관에 전명도로 교체되었다.《동아일보》, 2009.02.13

가고 있다고 볼 것이다. 이 주제를 연구하는 학자나 전문가들은 자신들이 의식하지 못하는 가운데도 보수나 진보 그리고 그 중간 어디에 속하게 되어 있어서 상대편을 비판하게 마련이다.

어떤 사회이든지 진보와 보수는 존재하기 마련이고, 양측이 균형을 이루면서 건설적인 대화를 한다면 그 사회는 건강한 것이다. 그러나 우리 사회는 그렇지 못했다. 좌파나 진보 성향을 '빨갱이', '주사파', '친북' 등으로, 우파나 보수 성향을 무조건 '반통일', '수구', '보수반동' 등으로 딱지를 붙여 적대시했다. 물론 대화의 시도도 전무했다.

어느 쪽을 막론하고 이러한 태도는 아주 잘못된 것이다. 상대방을 공격하기에 앞서 상대방의 주장도 듣고 대화를 통해 이견을 좁혀 나간다면 국가발전에 기여하는 것이 된다.[14]

### 북한 변화에 대한 시각

진보 측 시각: 진보 측에서는 북한이 본질적으로 변하고 있다고 확신한다. 김정일 위원장과 대화를 해 본 결과 북한은 사실상 남조선 해방을 다짐한 노동당 규약을 고치려 하고 있고 국가보안법과 주한·미군의 존재를 인정하고 있다고 한다. 그들은 북한이 남측과의 화해 협력을 진지하게 받아들이면서 내부적으로는 중국식 또는 베트남식 개혁 모델을 고려하고 있음을 확인했다는 것이다.

2001년 10월 북한노동당 창당기념식에 참석하고 돌아온 인사들은 대체로 북한이 남조선 해방의 도구로 썼던 통일전선전략을 버렸다는 인상을 강하게 받았다고 말했다. 북한은 남한의 공산화보다는 자신의 생존에 몰두해 있으며 따라서 남한과의 관계개선은 물론이고 숙적으로 여겼던 미국과의 관계개선마저 진지하게 바라고 있다는 것이다.

---

14) 과거의 색깔론이 집권세력이 '좌경친 북세력'을 공격했던 이념공세였다면, 진보정권 밑에서의 역 색깔론은 이른바 '수구보수세력'을 무력화하여 해체하고자 하는 또 다른 이데올로기 공세의 수단이었다.《조선일보》, 2003.05.02.

친북 진보측에서는 북한의 미약한 경제력과 남한에 비해 열세인 군사비를 들어 북한과 전쟁을 일으킬 수 없으며 북한은 남한 안보를 위협하지 못한다고 주장한다. 북한이 불가피하게 진정성을 띨 수밖에 없다는 것이다. 또 남북경협을 주장하는 진보론자들은 경협을 통해 군사적 긴장이 현저히 약화됐으며 경협으로 남북 간 경제유대를 심화시켜 군사적 긴장을 분식시킬 수 있다는 것이다.[15]

한 마디로 진보론자들은 북한은 진보정권 10년 동안 본질적이면서도 바람직한 방향으로 변하고 있으며 남한은 대북경제협력과 민간교류 등을 통해, 그리고 북한의 미일 수교지원을 통해 북한의 변화 노력을 도와야 한다고 주장했다. 이렇게 되면 남북관계는 평화 공존 단계로 전환한다는 것이다.[16]

보수 측 시각: 보수 측에서는 북한이 본질적인 변화를 하지 않고 있다고 본다. 북한이 보여 주는 변화는 표피적이고 전술적인 수준에 지나지 않는다는 것이다. 이들에 따르면 북한이 남쪽으로부터 얻으려고 하는 것은 오로지 경제 지원뿐이며 그것을 얻어내기 위해, 그래서 남한의 여론을 그 방향으로 유도하기 위해 변하는 것 같은 모습을 보여 주고 있을 뿐이라고 주장한다.

만일 앞으로 남한의 경제적 실력이 북한의 기대를 충족시키지 못하게 되면 북한은 언제든지 돌아설 것이라고 주장한다. 또 그들은 북한이 남쪽의 지원에 힘입어 경제력을 회복하고 마침내 북한이 추구하는 '강성대국'으로 등장하게 되면 남쪽에 대해 다시 공격적인 자세로 돌아설 것이라고 경고한다.

---

15) 《국민일보》, 2006.05.25.
16) 그러나 레닌의 저작 선집에 보면 "자본주의와 사회주의가 존재하는 한, 우리는 평화롭게 살 수 없다. 결국 이쪽이나 저쪽이 이기게 되어 장송곡이 소련이나 자본주의 세계 중 한 곳에서 울려 나올 것이기 때문이다."라고 했다. 두 체제가 공존할 수 없다는 말이다.

일본 「현대 코리아」 잡지에 따르면 김정일은 일본 조총련 한덕수 의장에게 "개량주의적 외피를 쓰면서 안으로는 우리들의 기본 임무를 수행하라."며 '겉보기만의 유화노선'을 지시했다. 한편 평양을 방문한 조총련 서만술 제1부의장에게 "지금 정세 속에서 '적기'를 마음속에 감춰 두고 앞에 내세워서는 안 된다. '적기'는 필요할 때 내들면 된다."라는 등의 교시를 내렸다. 또 김정일 위원장은 "젊은 세대를 끌어들이려면 그들이 노선 전환인지 의아해 할 정도의 '향수' 냄새를 풍겨야 한다."라며, "총련이 우경하고 있다. 김정일 장군이 개량주의자가 됐다는 말이 적들 사이에 나돌아도 좋다."라고 말했다. 그는 또 "《노동신문》 같은 북한의 기관에서는 총련이 자본주의화한다는 비난이 나오겠지만, 그런 것은 못 들은 척하고 꿋꿋이 이겨 나가야 한다. 나만 여러분의 마음을 이해하면 된다."고 말했다.[17]

"북한은 전쟁을 일으킬 수 없으며 남한 안보를 위협하지 못한다."라는 진보측의 주장에 반박한다. 북한이 경제적으로 남한에 비해 열세인 것은 사실이지만 북한이 가지고 있는 핵, 생화학무기, 방사포 등 대량 살상 무기는 남한의 안보를 심각하게 위협하고 있으며 남북경협이 군사적 긴장을 불식시키지 못했다는 것이다.

### 상호주의에 대한 입장

진보 측 입장: '선공후득(先供後得)', '선제적 양보' 방식으로 우세한 쪽이 먼저 양보함으로써 상대방을 심리적으로 안심시켜 뒤늦게라도 양보를 받아 내는 것이다. 구체적으로 국력이 우세한 남측이 먼저 양보할 것은 양보하고 줄 것은 줌으로써 심각한 위기에 몰려 있는 불안 심리를 완화시켜 주어 남측에 대해 뒤늦게나마 어느 정도 상응하

는 조치를 취하도록 유도하겠다는 취지이다.[18]

　실제로 북한에 대한 남한의 '선제적 양보'가 많이 이루어져 비료와 양곡 등은 물론 '금강산 관광 프로그램' 아래 적지 않은 미화가 들어 갔으며 서울을 방문한 북한의 여러 예술단에 국제 수준으로 볼 때도 높은 공연료가 지불됐다.[19] 그 뿐만 아니라 남측 양민들을 살생했던 무장간첩 출신을 포함한 북측의 비전향 장기수 63명을 북측의 요구에 따라 올려 보내기도 했다. 2001년 10월 10일에는 북한의 긴급 지원 요청에 따라 결핵백신을 몽땅 북에 넘겨주어 정작 우리가 필요할 때 쩔쩔매는 양상도 보였다.

　진보적 입장에 따르면 이러한 조치들은 협상론이 말하는 '그리트 (GRIT) 효과', 즉 단계적 긴장완화 효과를 발생시켜 남북 사이의 화해를 촉진시키게 된다는 것이다. 미국 버클리대 스칼라피노 교수는 "북한을 국제사회로 끌어내고 변화를 만들어 가는 시작단계에서 완전한 상호주의는 기대할 수 없다."라며 '점진적 상호주의 원칙'에 기반을 두어야 한다고 했다. 그는 또 "한반도 문제는 해결단계에 들어간 게 아니며 많은 장애물이 있고 후퇴가능성도 배제할 수 없다."라고 말했다.[20]


　보수 측 입장: 보수주의자들은 시간이 상당히 지나도록 북측이 상응조치를 제대로 취하지 않고 오히려 남측에 '오만무례'하게 대하고 있다고 주장한다. 처음부터 남한이 얕보이는 자세로 협상을 시작해 북측이 남북관계를 좌우하고 때로는 남측에 주저 없이 모욕을 주기에 이르렀다는 것이다.

---

18) 김대중 대통령은 2001년 1월 13일 "북한이 노동당 규약을 고치지 않더라도 우리가 국가보안법을 개정해서 우월성을 보여 주는 게 진정한 우리의 살 길"이라고 했다. 《동아일보》, 2001.01.15.
19) 2003년 8월 CBS는 '평양 노래 자랑' 공연 대가로 13억 원, 2년간 방송 교류 관련하여 63억 원을 북한에 지불했다. 《조선일보》, 2003.10.28.
20) 《동아일보》, 2000.12.15.

보수주의자들의 주장 가운데 국민 다수의 공감을 얻는 부분은 남북어부와 국군포로를 돌아오도록 하게 하는 요구, 이제는 남한 경제의 어려움을 고려해 북한에 대한 '퍼주기식' 일방적 시혜를 줄이라는 요구, 그리고 북측의 비위를 건드릴까 눈치를 보기보다는 북에 대해 할 말을 당당히 하라는 요구이다.

바츨라프 하벨(Vaclav Havel) 전 체코 대통령이 2004년 6월 18일 "한국의 대북햇볕정책은 끊임없는 양보와 달래기에 기반을 둔 것"이라며, "한국은 이 정책에 수억 달러를 쓰고 있으나 무고한 생명을 구하는 데는 도움이 되지 않으며 결국은 김정일 정권의 유지만 돕는 것"이라고 했다. 그는 "전 세계의 민주 국가들이 이제 독재자에게 양보할 수 없다는 것을 분명히 하는 공동 전선을 펴야 한다. 북한 주민 기본권 존중 문제가 핵심 요소임을 천명해야 한다."라고 촉구했다.[21]

보수주의자들의 주장에 따르면 북한이 파탄난 경제 때문에 '자숙'하는 듯 보이나 앞으로 북한이 경제적 위기를 벗어나면 상황은 달라진다는 것이다. 남북 경협은 북한의 경제적 대남 의존도를 높여 긴장완화에 기여하기보다 오히려 북한이 경제위기 탈출에 결정적으로 기여함으로써 긴장완화 추세를 바꿔 놓을 수 있다고 본다. 북한 입장에서 남한에 대한 경제적 예속을 생각할 수 없다.

북한은 근본적으로 남북 군사적 긴장완화를 원치 않고 있다. 남북 간 군비 경쟁을 촉발할 수 있는 대량 살상무기(WMD)의 지속적 개발, NLL백지화의 집요한 요구, 경의선, 동해선 열차 시범운행을 군부의 거부로 일방 취소했던 것 등이 이를 증명한다.

진보와 보수의 분수령: 결국 한국의 '보수'는 자유민주주의를 공산 위협으로부터 지켜 내자는 민주주의이다. 민주주의는 구성원의 다양한 이익의 공존을 보장하는 제도이다. 전체의 안전이 확실히 보장된

---

21) 《조선일보》, 2004.06.19.

상태에서만 민주화는 추진될 수 있다. 한국의 보수는 한·미동맹을 중시하고 국가안보를 최우선시한다.

이에 반해 한국의 '진보주의자'는 기본적으로 자유주의자들이다. 약한 자, 가지지 않는 자의 기본권 보장을 앞세우는 좌파적 이상주의적 자유주의자이다. 그리고 우리 민족 구성원 모두의 자유와 번영을 희구한다는 점에서 민족주의적이다.

한국의 진보와 보수를 구분 짓는 분수령은 북한 위협에 대한 인식이다. 진보주의자들은 북한 위협에 대한 감각이 무디고 북한으로부터 오는 위협은 없다고 생각한다. 전쟁을 통하여 북한 위협을 체험했고 북한의 '위장 민족주의'에 속지 않는 기성세대는 민주주의 수호를 위해 한·미동맹이 절대로 필요하다고 생각하는데 반하여 전후세대인 '386세대'는 안보위협이 없다고 믿기 때문에 민족자존을 앞세우는 반미정서에 쉽게 공감하고 있다.

오늘날 한국사회에서는 민주주의 수호를 위한 한·미동맹 주창자를 보수라고 부르고, 민주주의의 적인 북한에 동정적이며 미국을 적대시하고 안보를 백안시하는 세력을 진보라 부르는 역설적인 현상이 벌어지고 있다.[22]


## 4) 북한은 불량국가

북한은 국제사회에서 종종 '불량국가' 또는 '깡패국가(Rogue State)'로 불리고 있다. 부시 대통령은 북한을 '악의 축(Axis of Evil)', '폭정의 전초기지(Outpost of Tyranny)' 또는 주민을 2~300만 명 굶어 죽이면서도 세계의 안전을 위협하는 핵을 개발한 '최악의

---

22) 《조선일보》, 2002.04.25. "한국의 보수와 진보".

국가'라고 일컬었다.[23]

2007년 Economist Intelligence Unit이라는 기관에서 세계 각
국의 '민주주의 지표'를 발표하면서 북한은 '언론자유' 부문에서 조사
대상국 195개국 중 195위, '경제자유' 부문에서 157개국 중 157위, 그
리고 총 민주주의 지표에서 북한은 167개국 중 167위를 차지했다. 북
한은 전 세계에서 최악의 독재국가이다.

미 하원 정보위원회 조사에 의하면 김정일의 재산은 40억 달러(4
조 원)로 추정되며, 벤츠자동차 500여 대, 코냑을 위시한 양주 1만
병을 보관하고 있다고 한다. 또한 김정일이 먹는 밥을 할 때 검정부
아낙네들은 '금이 간 쌀'과 '깨진 쌀'을 한 톨 한 톨 일일이 손으로 골
라낸다.

한편 북한은 사상 최악의 기독교탄압 국가로 일컬어지고 있다. 국
제 기독교 선교단체인 '오픈도어즈(Open Doors)'는 '2008년 세계 기
독박해지수'라는 보고서를 통하여 전 세계의 기독교탄압 국가 중에서
북한이 6년 연속 1위를 차지했다고 밝히면서 "전 세계에서 북한만큼
기독교인이 처참하게 그리고 끊임없이 고통을 받으며 전적으로 종교
의 자유가 박탈되는 나라는 없다."라고 밝혔다.

북한은 국제사회에서 그들의 전략목적을 위해서 '깡패국가'를 부인
하기보다는 오히려 자처하면서 건듯하면 '핵 공갈', '벼랑 끝 전술', 무
법천지로 막 나가고, 걷어치우고, 밀어붙이고 막가파식으로 의리도 원
칙도 없는 행태를 서슴지 않고 있다.[24]

남북관계에서도 북한은 "남조선 당국의 반민족적 죄행을 폭로 단
죄한다.", "남조선 사대매국적인 보수 당국의 파쇼통치를 쓸어버리며

---

23) 오히려 북한 외무성은 "미국이야말로 세계에서 최대의 불량배 국가요 망
나니 국가, 강도적이고 파렴치한 행위"라는 비난공세를 퍼부었다. 《조선일보》,
2001.09.07.
24) 미국정부는 북한을 이란, 이라크와 함께 러시아 중국에 이은 세계 3위의 '안
보위협국가'로 분류했다. 《조선일보》, 2001.12.06.

투쟁의 불길을", "우리의 선제타격은 불바다 정도가 아니라 잿더미로 만드는 것", "북·남 사이의 모든 합의를 백지화시킬 것", "종국의 파멸로 이어질 것", "임의의 시각에 전쟁 발발" 등의 극언을 쏟아 내고 있다.[25]

북한은 국제사회에서 합리적 정상국가로 인정받기보다는 비합리적 깡패국가로 취급받는 것이 전략적 실리를 챙기는 데 훨씬 유리한 것으로 판단한 것 같다. 핵문제와 관련해서 북한은 비핵확산 조약(NPT) 탈퇴를 위협해서 매년 50만 톤의 증유를 미국에게 받아 내는 데 성공했다.

이어 북한은 영변 50MW, 태천 200MW 핵개발 위협으로 46억 2,000만 달러 상당의 1,000KW짜리 2기 경수로를 건설하는 약속을 받아 냈다. 금창리에 대규모 지하 핵시설을 위장해서 민간용시설로 주장하면서 공개하는 대가로 60만 톤의 식량을 미국에게 받아 냈고, 4자회담 불참을 고집해 식량 60만 톤을 얻어 내는 한편, 한국과 군사 문제 논의를 기피하면서 남북 국방장관 회담을 1회 응해 주는 대가로 60만 톤의 식량을 끌어냈다. 또한 3단계 대포동 1호를 발사하여 미국과 일본의 안보를 위협하여 미사일 협상도 얻어 냈다.


## 5) 아래로부터 변화를 이끌어 내야

일반적으로 체제의 변화는 지도층이 이끄는 '위로부터'의 변화, 민중이 주도하는 '아래로부터'의 변화 그리고 외압에 의한 '옆으로부터'의 변화 유형이 있다. 북한과 같은 독재국가의 변화는 극히 제한적이거나 '위로부터'의 변화 또는 변화 자체를 거부한다. 변증법적 발전은

25) 북한은 2001년 9월 5일 외무성 성명을 통해 "우리 인민의 존엄을 건드린 대가가 얼마나 비싼가를 똑똑하게 알게 될 것"이라고 의협했다. 《동아일보》, 2001.09.15.

'모순'이 있어야 하는데 주체사상은 모순을 인정하지 않기 때문이다.

북한식 유형은 '우리식 사회주의'를 고수하는 것으로서 주체사상의 요구대로 사고하고 일하는 것이다. 북한이 개혁개방으로 변한다면 그것은 체제의 붕괴이며 기득권층의 자멸을 의미한다. 따라서 북한이 변화의 조짐을 보인다면 그것은 체제에 영향을 주지 않을 제한적이고 선별적일 수밖에 없다.

북한의 진정한 개혁개방으로의 변화는 '아래로부터'만이 가능하다. 고통받는 북한 주민들을 상대로 구제하고 선교하고 바깥 세상을 알리는 것이다. 북한의 권력체계나 군사전략은 변한 것이 없다. 그러나 북한은 주민의 차원에서 내부적으로 엄청난 변화를 겪고 있다. 사회주의를 지향하는 북한 정부가 주민들의 최저생활마저 보장해 줄 수 없게 됨에 따라 북한사회 내에 암시장 및 지하시장경제 선호, 화폐에 대한 가치변화, 개인소유주의, 뇌물의 성행, 부정부패, 절취의 이상화 등 개인주의와 물질주의가 확산되고 있다. 암시장 등 유사 자본주의적 요소들의 등장으로 인해 자본주의적 가치관들이 점차 확산되고 있으며,[26] 북한 주민들에게 제일의 목표는 '돈'이 되고 있다.

이전에는 국가에 자신의 충성도를 인식시켜 당원이 되는 것을 유일의 사회적 신분상승의 기회로 여겨왔으나 이제는 갖고자 하는 물건을 구입할 수 있는 '돈'이 중요한 가치로 자리 잡게 된 것이다. 이것은 기존 가치관의 큰 변화이며 상대적으로 새로운 가치관이 자리 잡고 있는 것이다. 최근 북한 주민들은 불법 퇴직 후 수입이 좋은 자영업, 즉 사진 찍기, 밀주, 재봉, 편물, 신발 때우기 및 송이버섯, 미역 채취 또는 재배 등의 상행위를 하고 있다.

이와 같이 북한은 사회주의 체제에 대한 주민들의 충성에 변화가 일고 있는 반면에 개인주의 및 이기주의 경향이 노정되고 있어 큰 변

---

26) 북한사회에는 '저당'과 '고리대금업'이 성하고 자본주의 상징인 계약문화가 싹트고 있다. 《조선일보》, 2002.03.20.

화가 진전되고 있다. 이러한 주민들의 사회주의 일탈 현상을 우려하여 김정일 위원장은 1996년 2월 19일 자유 시장 폐쇄를 명하였다. 그리하여 자유 시장은 한때 모두 철폐되었지만 내용적으로는 크게 번창하게 되었고 다시 허가하지 않을 수 없게 되었다. 아무리 막아도 장마당은 눈에 띄게 커지고 있다.[27] 2008년 11월에도 북한은 매일 열리고 있는 '종합시장'을 2009년 1월부터 10일마다 열리는 '농민시장'으로 축소한다는 내용의 지시문을 전국 각시군에 하달하고 집행에 들어갔다. 그러나 주민들의 집단적 반발로 집행을 철회할 수밖에 없었다.[28]

이러한 현상은 점차 혁명의식 퇴색, 배금주의 확산, 사회 일탈 등으로 나타났다. 사회주의 경제체제에서는 볼 수 없었던 이자놀이와 먹고 입는 문제를 '암시장'에 의존하는 추세가 일반화되었다. 국가관에도 변화가 나타나 사회주의 체제에 대한 신념이 점차 희박해지고 무사안일 또는 보신주의가 만연해 '우선 나부터 살고 보자'는 풍조가 번지고 있다. 또 연애와 결혼을 분리해서 생각하는 경향도 나타났다. 이것은 결국 북한 주민들의 의식구조가 이미 '돌아올 수 없는 다리'를 건넌 것임을 보여 준다.

한국은행이 탈북자 84명을 설문조사를 했는데 탈북자의 88%는 민간시장에 해당하는 '농민시장'에서 장사를 했으며 적게는 월 84원에서 많게는 58,300원까지 벌었다고 응답했다. 불법인 사금융은 월 10~30%의 고금리로 거래되고 차입액은 대부분 북한 돈으로 2,000~3,000원인 것으로 조사됐다. 또 북한 도시지역은 주택의 10~20%가 '주택교환' 형식으로 거래되고 방 한 칸의 가격은 10,000~25,000원(북한 돈) 정도다. 평양은 10배 이상 비싸 방 2칸이 250,000원 수준이다.[29]

---

27) 청진의 수납장마당은 '물건을 파는 사람만 3만 명에 이른다.'고 소문이 나 있을 정도이다.《조선일보》, 2001.11.16.
28) 《미래한국》, 2009.01.24.
29) 《동아일보》, 2002.04.23.

북한의 변화는 '아래로부터' 시작해서 위를 바꾸는 것이다. 북한에 풍선을 날리고 성경을 배달하고 북한 주민들을 상대로 '광야의 소리' 방송을 계속하는 것은 이 때문이다. 두만강을 건너온 탈북동포들을 모아 기간별로 훈련을 시켜 북한에 들여보내 지하교회 지도자로 활동하게 하는 이유가 여기에 있다.

탈북여성들을 인신매매나 브로커에게서 보호하여 직업교육과 신앙 훈련을 시킨 후 북한으로 돌려보내고 조선족 보따리 장사들을 통해 북한 복음화에 앞장을 세우는 방법 등이 있다. 이제까지는 변경, 북방지역 중심으로 탈북민, 지하교회 양육 사업이 중심이 되었는데 앞으로는 북한에 양육해 들여보낸 지하교회 교인들이 자생할 수 있는 여건을 만들어 주는 것이 중심이 되어야 한다. 이를 위해서는 지하교인들이 계속 늘어나야 하고 지도자가 양육되고 방송을 통한 교육이 이루어져야 한다. 예배장소로서 교회가 준비되어야 하고 교회를 유지하기 위한 경제, 법, 문화의 기반도 필요하다.

북한이 복음화되고 주민들이 자유, 인권, 민주, 평화에 눈이 뜨여 이를 전체적인 힘으로 발전시켜 나갈 때 독재체제가 무너지는 '아래로부터 변화'는 그 결실을 맺게 될 것이다. 정부는 이러한 변화를 이끄는 한편 정부차원에서 북한이 점진적인 변화를 할 수 있는 여건을 조정해 주어야 할 것이다.


◆ 우리의 기도

우리에게 여러 가지로 볼 수 있는 안목을 주시고 분별하여 아버지의 뜻을 구하는 자리에 설 수 있게 하시는 주님을 찬양하며 기도합니다.

첫째, 철의 장막을 둘러치고 외부세계와의 교류를 차단한 북한에 대하여 우리가 올바른 이해와 그에 합당한 선교전략을 가질 수 있는 지혜를 주옵소서. 이를 위해 북한의 변화와 연구어 게으르지 않게 하시고, 북한실상을 정확하게 파악하여 효과적인 기도와 선교를 감당할 수 있게 하여 주옵소서.

둘째, 북한의 정치와 사회전반적인 부분에서 변화를 시도하고 있음을 아시는 주님, 이러한 노력들이 북한지도자들이 자신들의 왕국을 세우고 체제유지를 위한 악한 도모로 그치지 않게 하여 주옵소서. 하나님이 기뻐하시는 지도자들이 각 분야에 세워치게 하시고, 이것을 통하여 북한 땅에도 우리를 사랑하셔서 외아들을 주셨던 그 큰 하나님의 사랑으로 굶주림에 허덕이는 주민들을 사랑하고 섬기는 변화들이 북한 땅에 충만하게 하옵소서.

셋째, 지난 10년 동안 무조건적인 북한지원이라는 정책을 견지해 왔던 한국정부가 이러한 노선을 탈피한 것에 대하여 적대적인 대남정책을 단행하면서 냉랭해진 남북한의 관계를 화목케 하시려고 이 땅에 오셨던 주님의 손에 올려 드립니다. 냉각되고 있는 남북관계가 서로 어려운 부분을 돕고 세워 주는 건강하고 건전한 협력관계를 유지할 수 있는 물꼬를 터 주시옵소서. 이를 위하여 남북한의 관련자들이 겸손히 주님께 나아가 지혜를 구하게 하시고, 서로를 도울 수 있는 상생의 관계를 회복할 수 있게 하여 주옵소서.

넷째, '깡패국가'라는 오명과 세계 기독교탄압국가 1위를 매년 차지하고 있는 북한을 불쌍히 여겨 주옵소서. 하나님을 믿는다는 이유만으로 파리 죽이듯 기독교인들을 처형하고 탄압하는 악행이 중지되게 하시고, 핵무기를 보유하는 정책을 고수하며 주변 국가를 위협하는 악행도 주님의 강한 팔로 무력화시켜 주옵소서. 그리하여 북한이 하나님의 형상으로 창조된 주민들의 인권을 존중하는 국가로 거듭나게 하여 주옵소서.

다섯째, 북한의 변화가 구체적이고 실제적으로 다양한 측면에서 총체적으로 이루어지게 하여 주옵소서. 사회, 경제구조 등이 서민들을 중심으로 아래로부터의 걷잡을 수 없는 변화가 시도되게 하시고, 정치, 교육 등의 구조 또한 1인 숭배의 틀을 벗어던지고 북한의 문이 활짝 열려 마음껏 복음을 전할 수 있는 변화와 개혁의 급물살을 타게 하여 주옵소서.

예수님의 이름으로 기도합니다. 아멘.

# 2. 북한 이해

## 1) 북한의 정보산업(IT)

### 북한의 정보산업 현황

컴퓨터를 '콤퓨터', 프로그램을 '프로그람', 센터를 '쎈터', 소프트웨어를 '쏘포트웨어'로 쓰는 북한은 1990년대 후반부터 소프트웨어 연구에 집중하기 시작하여 현재 약 20여 개 정도의 연구기관이 있는 것으로 알려져 있다. 이 가운데 평양시 만경대 구역 청춘거리 선내동에 위치하고 있는 조선컴퓨터센터는 1990년 10월 24일 창립되어 독일, 중국, 시리아, 아랍에미리트(UAE) 등에 지사, 합작회사와 판매소를 두고 있다.

아울러 조선컴퓨터센터는 현재 평양에 10개의 개발 및 연구센터와 각 도에 11개의 정보센터를 가지고 있으며 북한 소프트웨어 산업의 모체로 북한 정보산업을 주도하고 있다.

총사장과 3명의 부 총장사장으로 구성되어 있는 조선컴퓨터센터는 김책 공업대학 안에 '조선컴퓨터센터 정보기술대학'을 설치하여 해마다 100~200명을 입학시킨 후 전문 정보산업 교육 과정을 통하여 조선컴퓨터센터에 필요한 인력을 충원하고 있으며 전체 인원은 약 2,000명이라고 한다.

즉, 조선컴퓨터센터는 북한 정보산업 발전 방향과 전략을 제시하며 정보산업의 중심기지로 소프트웨어 핵심 기술 연구개발 및 소프트웨어 품질 감독, 소프트웨어 기술의 표준화와 새 기술 보급, 북한의 정보산업 기술부문, 기술 인재양성 기지의 역할을 수행하고 있다.

1970년에 창립된 '국가과학원 프로그램 연구실'과 1986년 창립된 '평양정보센터'에서도 소프트웨어 연구개발을 하고 있다.

인터넷을 할 수 없는 북한은 외부 세계와 단절, 폐쇄된 인트라넷 통신망 '광명'을 운영하고 있다. 북한에서 외부 세계와 인터넷 접속은 국가안전보위부를 비롯한 수소의 특수 기관에서 정보 수집을 위해 이용 중이며, 해외 선전용 사이트도 해외에서 운영하고 있다.

'광명'은 일반 전화선으로 56Kbps의 속도로 전송되며 '170망'으로도 불리는데 이는 전화번호 170번을 사용하기 때문이라고 한다. 이러한 '광명'은 내각과 대학, 연구기관, 인민대학습당, 공장, 기업소 등 1,300여 개 기관 및 기업소 등에 연결되어 있다.

한편 지난 2009년 7월 청와대와 국방부 홈페이지 등 한국·미국 26개 인터넷 사이트에 대한 디도스(DDOS : 분산 서비스 거부) 공격에 북한 체신성 IP가 동원된 것으로 알려졌다. 국가정보원장이 2009년 10월 29일 국정감사에서 테러에 동원된 IP를 추적한 결과 북한 체신성이 사용해 온 IP인 것으로 확인됐다고 밝힌 것이다.

◆ 우리의 기도

"여호와여 내 기도를 들으시며 내 간구에 귀를 기울이시고 주의 진실과 의로 내게 응답하소서."(시 143:1)

첫째, 정보산업 육성으로 인민 경제 각 부분의 정보화를 실현하고 경제를 회복하려는 노력이, 북한 주민들의 실제적인 필요를 채워 단순히 생명을 유지하기 위해 사는 것이 아니라 하나님이 주신 삶의 목적(사 43:21, 막 12:29-31)을 이루며 살아가게 되기를 선포합니다.

둘째, 전문 정보산업 교육 과정을 통하여 조선컴퓨터센터에 필요한 인력으로 충원되고 있는 학생들이 올바른 교육을 통하여 자신들이 처한 현실의 문제와 어려움을 깨닫고 오로지 하나님 외에는 어떠한 어려움도 감당할 수 없음을 알게 하여 주시옵소서.

셋째, 인터넷조차 할 수 없는, 외부 세계와 단절, 폐쇄된 북한에 진실로 정의를 시행(사 42:3)하시는 그리스도의 말씀이 부어져 주의 백성들이 일어나기를 선포합니다.

예수님의 이름으로 기도합니다. 아멘.


## 2) 통일교육의 현실[30]

### 통일교육의 목표와 한계

현재 한국 고등학교 통일교육의 목표를 보면 다음과 같다. 국토와 민족 분단의 현실 및 남북한의 통일정책과 통일과제를 파악하여, 통일을 이룩하는 데 필요하며 통일 이후에 기대되는 바람직한 한국인 및 세계 시민으로서의 능력과 태도를 지니게 하는 것이 통일교육의 목표이다.

고등학교 교과과정에 의한 통일교육은 1학년을 대상으로 주당 1시간씩 진행되며, 교육청의 계획에 따라 학교 단위의 행사로 통일 글짓기 대회, 포스터 그리기, 나의 주장 발표 대회 등이 실시되고 있다.

---

30) 고려대북한학 연구소, "통일교육현황과 발전적 제안"을 주제로 한 세미나 자료 참고.

또한 1년에 1~2회에 걸쳐서 탈북자에 의한 통일 관련 교육이 이루어지고 있으며, 학생회 간부들을 대상으로 전방 견학, 땅굴 견학, 군부대 방문 등의 통일체험교육이 이루어지고 있다.

그러나 대부분의 학생들은 통일에 대해 무관심하며, 교과서에 통일 관련 부분이 실려 있어도 그 부분을 잘 펼쳐 보지 않는 것이 현실이다. 그것은 무엇보다도 대학입시와 직접적인 관련이 많지 않기 때문이다. 현재 우리나라의 교육 특성상 학생들은 입시와 직접 관련이 없고 시험에 나오지 않는 부분은 공부하려 하지 않고 있기 때문이다.

따라서 시험에 출제되는 북한과 통일 관련 문항이 다양하고 균형 있게 출제되는 것이 우선이다. 특정 부분에만 편중된 문항은 올바른 통일교육을 저해하는 요인으로 작용할 뿐더러, 학생들이 일부만을 보고 전체를 파악하려는 위험성도 안고 있다.

또한 통일교육의 시간이 부족한 것도 문제이다. 통일 관련 단원은 교과서의 제일 뒷부분에 있다. 학교의 수업 시간표에 의하면 이 부분은 겨울방학 직전이나 봄방학 직전의 수업 시간에 배정되어져 학생들이 올바르게 수업을 듣고 그 내용을 이해하는 것은 사실상 불가능 하다. 즉, 학생들이 제대로 된 시간을 투자하여 통일교육을 받지 못하고 있다.

교육대학교의 교육과정을 보면 별도의 통일교육에 대한 강의가 없다. 고등학교 교과목과 마찬가지로 사회 관련 교양 과목에서만 통일에 대한 부분을 일부 다루고 있다. 전문성 있는 교사도 부족한 실정이다.

전문성 있는 교사의 부족으로 통일 관련 수업은 사회·도덕·윤리 교사들 가운데 수업시간이 남는 교사들이 맡는 경우가 많다. 이는 수업 내용을 제대로 전달하지 못할 뿐만 아니라, 관련된 전문지식 부족으로 자칫하면 잘못된 내용을 학생들에게 학습하게 될 가능성도 없지 않다.

◆ **우리의 기도**

"지략이 없으면 백성이 망하여도 지략이 많으면 평안을 누리느니라."(잠 11:14)

첫째, 체계적이고 장기적인 통일교육을 통하여 학생들의 무관심과 전문성 있는 교사의 부족 등, 통일교육의 한계를 극복하며, 통일 역량을 갖춘 인재를 길러 내어 통일교육의 목적이 이루어지게 하여 주시옵소서.

둘째, 통일 기피 현상이나, 통일에 대한 환상을 극복하고 본격적으로 분단과 정전 상태를 청산하고 한반도의 평화 체제를 만들기 위한 노력이 지속되게 하소서.

셋째, 통일이 되어야 북한 복음화가 가능하다는 사고(思考)에서 벗어나 지금도 여전히 믿음을 지키는 성도들을 위한 중보기도와 말씀 배달, 후원 등에 이름도 없이 빛도 없이 헌신 하는 주의 군사가 많아지게 하옵소서.

예수님의 이름으로 기도합니다. 아멘.

## 3) 2008 통일의식 조사[31]

### 북한에 대한 인식

서울대학교 통일평화연구소는 2007년에 이어 2008년에도 일반 국민을 대상으로 통일의식 조사를 실사한 바 있다. 한국 국민들이 북한을 어떻게 인식하는지, 북한을 적에게 위협적인 존재 혹은 대화와 협력의 대상으로 받아들이는지에 관한 조사 결과를 살펴보면 2007년

---

31) 박명규 외,「2008 통일의식 조사」, 서울대학교 평화통일연구소.

조사 결과와 거의 동일하게 북한을 협력 대상으로 인식하는 비율이 전체 응답자의 57.6%로 가장 많았고 다음이 지원 대상이며, 경계 대상, 적대 대상, 경쟁 대상으로 도합 38.5%였다.

대북정책에 변화가 생기고 남북관계가 경색 국면임에도 불구하고 북한에 대한 인식에 대해 2007년 조사 결과와 비교해 보면 긍정적 인식은 78.4%에서 79.5%로 1.1%, 부정적 인식은 18.4%에서 16.6.%로 1.8%가 줄어 북한에 대한 국민들의 전반적 인식은 크게 바뀌지 않았음을 알 수 있다.

북한 변화에 대한 인식, 즉 '최근 몇 년간 북한이 얼마나 변하고 있다고 생각하십니까'에 대해서는 '변하고 있다'와 '변하지 않고 있다'가 각각 50%와 49%로 차이가 없었다. 2007년 조사에서는 '변하고 있다'는 응답이 68.8%로 '변하지 않고 있다'는 응답 31.2%보다 2배나 많았다. 2007년과 비교해 보면 '변하고 있다'는 답변이 18.4% 줄어들어 최근 북한이 '변하지 않고 있다'는 비판적 인식이 크게 늘어났음을 알 수 있다.

김정일 정권에 대해서는 응답자 중 6.6%만이 신뢰한다고 답했으며, 신뢰하지 않는다는 답변은 93.4%로 압도적이었다. 북한에 대해 79.5%가 긍정적인 인식을 갖고 있는 데 비해 김정일 정권에 대해서는 압도적 다수가 불신과 부정의 견해를 갖고 있어 북한이라는 일반적 이미지와 정치적 실체로서의 김정일 정권을 국민들은 전혀 별개의 차원에서 인식하고 있음을 보여 주고 있다.

2008년 조사에서 처음 시도한 '북한이 핵무기를 포기하지 않을 것이다'라는 질문에 '그렇다'고 대답한 응답자가 71.7%로 '포기할 것'이라는 의견 24.4%보다 3배나 많았다. 구체적으로 북한이 핵무기를 포기하지 않을 것이라는 의견에 '매우 동의' 34.9%, '다소 동의' 36.8%, '별로 동의하지 않음'이 19.1%였다.

한편 2007년 조사에서는 민족의 염원이자 역사적 당위성으로 통일을 열망하면서, 현실적으로는 통일 이후의 미래에 대해서는 큰 기대를 갖지 않거나 오히려 일부 부작용에 대해 우려를 나타내는 이중성이 통일에 대한 현재 국민들이 지닌 의식구조의 특징으로 나타난 바 있다.

### ◆ 우리의 기도

"우리가 이 보배를 질그릇에 가졌으니 이는 심히 큰 능력은 하나님께 있고 우리에게 있지 아니함을 알게 하려 함이라."(고후 4:7)

첫째, 남과 북이 과거의 아픔과 상처를 십자가의 사랑으로 용서하며 진정한 회복이 있게 하시고, 서로 용기 있게 결단하여 앞으로 통일의 긴 여정의 동반자로서 신뢰가 형성되게 하시옵소서.

둘째, 통일 기피 현상이나, 통일에 대한 환상, 즉 통일에 대한 이중성을 극복하고 본격적으로 분단과 정전 상태를 청산하고 한반도의 평화 체제를 만들기 위한 노력이 지속되게 하시옵소서.

셋째, 통일이 되어야 북한 복음화가 가능하다는 사고(思考)에서 벗어나 지금도 여전히 믿음을 지키는 성도들을 위한 중보기도와 말씀 배달, 후원 등에 이름도 없이 빛도 없이 헌신하는 주의 군사가 넘쳐나게 하여 주시옵소서.

예수님의 이름으로 기도합니다. 아멘 !

# Ⅱ. 북한정세와 생존전략

## 1. 북한정세와 전망, 대남 공격위협 통할까

## 2. 북한 동향

2009년은 남한과 북한뿐만 아니라 미국을 비롯한 주변국들에게도 매우 의미 있는 해이다. 남한은 이명박 정부 2년째를 맞이하여 초기에 겪은 어려움들을 거울삼아 새롭게 출발을 하는 해이다.

북한은 2008년 내부 사정으로 실시하지 못한 최고인민회의 대의원 선거를 실시하여 김정일 위원장을 국방위원장에 재추대하고 정권 지도기관도 재구성하는 해가 될 것이다.

미국에서는 역사상 최초로 버락 오바마 흑인 대통령이 새 정부를 출범시키고 새로운 변화를 향해 힘 있게 출발했다. 북핵 해결을 위한 6자회담이 시료채취를 통한 검증문제로 한계에 봉착, 주변국들이 손을 놓고 있다. 오바마 대통령의 대북정책, 그리고 북한의 체제보장과 맞물린 핵 폐기 결심에 따라 북한의 핵문제는 논의방향이 결정될 것이다. 바라기는 어느 경우라도 북한 핵 이전 금지의 약속이 북한의 핵보유국으로 인정하는 어리석음을 범해서는 안 될 것이다.

북한은 이명박 정부 2년째를 맞아 '6·15 공동선언', '10·4 공동선언'과 '민족공조'에 대한 기대가 사라지자 강경일변도로 돌변했다. 2009년 신년공동사설은 이명박 정부를 '파쇼독재'라고 규정하고 "남조선 인민들은 사대 매국적 파쇼정치를 쓸어버리는 투쟁"에 나서라고 선동했다. 2008년 말 북한은 "핵무기보다 더 위력한 우리식의 선제타격은 불바다 정도가 아니라 잿더미로 만들 것"이라고 위협했고, 2009년 들어서는 남한 정부의 대결정책을 "짓부수기 위한 전면 대결태세에 진입하게 될 것"이라고 엄포를 놓았다.

북한은 1월 13일 한반도 비핵화 실현보다는 북미관계 정상화가 먼저라고 주장했다. 그러나 1월 17일 북한은 "핵문제의 본질은 '미국 핵무기' 대 '우리 핵무기' 문제"라며 미·북 군축협상의 문제로 속내를 드러냈다. 북한의 이러한 태도는 북한의 체제유지나 생존에 전혀 도움이 될 수 없다. "또한 너희가 이 시기를 알거니와 자다가 깰 때가 벌써 되었으니"(롬 13:11전) 북한이 이제라도 개혁, 개방에 눈을 돌려 국제사회에 책임 있는 일원으로서 책임을 다하고 주민에 봉사하는 정권이 되게 해 달라고 함께 기도하기를 소망한다.

# 1. 북한정세와 전망, 대남 공격위협 통할까?

## 1) 2009년의 북한

북한은 2008년 내부사정으로 실시하지 못한 최고인민회의 대의원 선거를 2009년 3월 실시하겠다고 밝혔다. 2009년 1월 2일 북한 언론들은 최고인민회의 상임위원회가 최고인민회의 제12기 대의원 선거를 3월 8일 실시하기로 결정했다고 보도했다.

북한은 최고인민회의 대의원 5년 임기가 끝난 2008년 8~9월에 대의원 선거를 하기로 했으나 대내외에 아무 설명 없이 선거를 실시하지 않아 김정일 위원장 신변에 이상 징후가 있음을 드러냈다.

북한이 이처럼 최고인민회의 대의원 선서를 3월에 실시하기로 결정한 것은 김 위원장이 공중 앞에 나타날 수 있을 만큼 건강이 회복된 것을 의미하는 것으로 볼 수 있다.[32] 북한의 북한에서 선거는 자유경쟁선거가 아니라 조선노동당이 지명하는 후보에 대해 주민들이 거수기로서의 찬성표를 던지는 요식행위에 불과하다.

---

32) "NK. to hold parliamentary polls in march", The Korea Herald, January 8, 2009.

북한이 최고인민회의 대의원 선거가 끝나면 곧이어 김정일 위원장의 네 번째 국방 위원장 추대를 비롯한 정권지도 기관도 재구성하여 새로운 정부가 출범될 가능성이 높다. 새로 구성되는 정권지도부의 성격에 따라 앞으로 북한의 정책방향도 윤곽을 드러낼 것으로 보인다. 북한 지도부가 이번 선거를 통해 일부 노년층을 퇴진시키고 최근 경제 사업에서 모범을 창출한 노력영웅과 경제엘리트 등 장년층을 대거 진출시킬 가능성이 크다.

한편 2009년은 북한에게 매우 힘겨운 한 해가 될 것이다. 미국에 오바마 정부가 출범하여 새로운 북·미 관계를 설정해 나가야 한다. 북미관계가 순조롭게 이루어진다면 북한에게는 다행한 일이지만 남북 또는 북일 관계가 개선되지 못하고 있는 상황에서 북미관계까지 악화가 된다면 북한은 최악의 상황을 맞게 될지도 모른다. 북한은 2009년 새해 첫날 "총 진군의 나팔소리 높이 울리며 2009년을 새로운 혁명적 대고조의 해로 빛내이자."[33]라는 제목의 《공동신문》, 《조선인민군》, 《청년전위》 공동사설을 발표했다.

북한은 신년공동사설을 통해 2008년도 과업으로 2012년 강성대국건설을 중기 국가비전으로 하며, 경제 건설과 인민생활 향상을 최우선 과제로 제시했다. 2009년 북한 신년공동사설은 모든 초점이 김일성 탄생 100주년이 되는 2012년에 '강성대국의 문을 열기'라는 목표에 집중되어 있으며, 이 목표를 달성하는 방법으로 '새로운 혁명적 대고조'를 제시하고 있다. 여기에서 '새로운 혁명적 대고조'는 대외 개방보다는 50년대 천리마식의 노동력 동원을 통한 자력갱생을 목표로 하고 있다. 즉 대중 사회주의 경쟁운동, 대중 사상 혁명운동을 새롭게 시작함으로써 세계적인 경제위기를 '자력갱생'으로 이겨 나가겠다는 것이다.

---

33) 《데일리앤케이》(dailynk), 2009.01.01. "노동신문, 조선인민군, 청년전위 등 선전매체 공동사설발표".

신년공동사설은 2009년을 "전 인민적인 총공세로 강성대국건설의 모든 전선에서 역사적인 비약을 이룩하여야 할 새로운 혁명적 대고조의 해"라고 규정하고, "전후 천리마 대고조를 일으키던 그때처럼 온 나라 전체 인민이 당의 두리에 한마음 한뜻으로 굳게 뭉쳐 강성대국의 대문을 열기 위한 진군의 나팔을 불며 총 공격전을 과감히 벌려나가야 한다."라는 김정일의 어록을 내세우고 있다.

'혁명적 대고조'를 실질적으로 이끌어 내기 위해서는, 내각이나 군보다도 당의 역할이 부각될 수밖에 없다. 2009년 신년공동사설에서 '새로운 총 공격전', '전 인민적 총공세', '천리마 대고조', '대혁신', '대비약', '비약의 폭풍', '21세기의 새로운 대고조의 역사' 등의 구호가 등장하고 있는 것도 이 같은 맥락에 기인한 것으로 볼 수 있다.

2009년 공동사설은 어느 해보다 내부 결속을 강조하고 있으며 이를 위한 당의 역할이 부각되고 있다. "수령은 인민을 믿고, 인민은 자기 수령을 절대적으로 신뢰해야 한다."라고 강조하는 등 김정일 위원장에 대한 주민들의 충성심 약화에 대한 우려를 나타내고 있다.[34] 불확실한 북한대내 정세와 북한에 대한 개방 외압이 김정일 위원장의 위상을 약화시킬 가능성이 커지고 있기 때문이다.

북한은 1990년대 후반 '고난의 행군'과 '강행군'을 하면서 새로운 국가 목표로 '강성대국건설'을 제시하여 왔다. 그리고 이를 달성하기 위한 방법으로서 '제2의 천리마 대고조'를 내세웠다. 북한은 1998년 '성강의 봉화', 2000년 '낙원의 봉화', 2002년 '라남의 봉화' 등을 통해 '제2의 천리마 대진군'을 앞세워 왔다. 그러나 김정일이 1956년 천리마 대고조가 시작된 바로 그 장소인 '천리마 제강연합기업소'를 2008년 12월 24일 방문하여 '강선의 봉화'를 꺼내면서 본격적으로 '새로운 혁명적 대고조', 즉 '제2의 천리마 대진군'을 호소한 것은 이번이 처음

---

34) 일부 전문가들은 최근 북한 주민들의 정부일탈, 군인과 공무원 충성심 약화, 부정부패, 금전만능주의 현상이 두드러지게 나타나고 있다고 분석하고 있다.

이다.[35]

그러나 김정일의 이러한 의지가 주민 동원에 얼마나 실제적인 효과를 발휘할지는 의문이다. 이미 지난 10여년 동안 북한은 '제2의 천리마 대진군'이라는 슬로건으로 주민을 동원해 왔으나 북한경제는 여전히 침체의 늪을 벗어나지 못했다. 사회주의 자립경제와 계획경제에 대한 모순을 개선하려는 의지가 전혀 없어 보인다. 2009년은 획기적인 변신을 하지 않는 한 북한에게 또 하나의 어렵고 힘든 해가 될 수밖에 없을 것이다.


## 2) 북한의 대내 정세와 정책

### 신년공동사설에 비친 정책부문 우선순위

북한 신년공동사설은 2006년 때까지 관례적으로 '정책부문 우선순위'를 '정치사상', '군', '당', '경제', '남북관계' 그리고 '대외 관계'로 할 것을 언급했다. 2007년 북한은 절박한 경제상황을 반영, '경제'를 맨 앞에 두고 '경제', '군', '정치사상', '당', '남북관계', 그리고 '대외 관계' 순서로 내세웠다. '군'을 '정치사상'보다 앞세운 것은 이례적인 것이었다. 그런데 2008년에는 다시 '정치사상', '군', '경제', '당', '남북관계', '대외 관계'의 순서로 돌이켰다. 단지 '경제'와 '당'의 순위가 바뀐 것이다.

2009년 신년공동사설의 '정책부문 우선순위'를 보면, '수령', '당', '정치사상', '경제', '군', '근로단체', '남북관계' 그리고 '대외 관계' 순으로 되어 있다. 특기할 만한 대목이 몇 군데 눈에 띈다. 우선 '수령'을 맨 앞에 내세워 '수령결사옹위주의'를 강조하고 '군'을 뒷자리로 뺏

---

35) 공동사설은 김정일이 2008년 12월 24일 천리마의 진원지인 강선을 현지 지도한 내용을 소개하며 경제 건설을 향한 지도부의 의지가 확고함을 강조했다.

다. '당'이 이처럼 '수령'을 최우선 순위에 놓은 것도, 선군정치 밑에서 '군'을 뒤로 미룬 것도 최근에는 없던 일이다.

이러한 현상은 김일성 사후 군을 내세워 비상체제로 사회질서를 유지해 왔던 것을 '당' 우위의 사회주의 본래의 체제로 되돌리겠다는 뜻으로 보인다. '당'의 위상을 회복시켜 '당' 중심으로 정치적 안정을 이루는 한편 그동안 선군정치로 비대해진 군을 약화시킬 필요에서 나왔을 가능성이 크다. 김정일의 건강문제로 자신의 통치 후계구도와 관련하여 '당'에 힘을 실어 주고 '군'의 힘을 빼는 것은 불가피한 것인지도 모른다.[36]

### 수령, 당, 정치사상

북한은 2009년 김 위원장의 후계와 자신의 건강문제에 대비해 '수령독재'체제를 다소 이완시켜야 한다는 불가피한 정치적 과제에도 불구하고 이를 외면하고 '수령결사옹위주의'를 더욱 강하게 내세웠다. 신년공동사설은 "오늘 우리는 당의 혁명위업 수행에서 승리의 심신 드높이 오늘의 총 공격전에 박차를 가해 우리 사회주의 조국에 기어이 강성대국의 문패를 달아야 한다."라고 했다.

북한은 2008년 공동사설에서 김일성 출생 100년, 김정일 출생 70년이 되는 2012년에 "강성대국의 대문을 활짝 열겠다."라고 공언했기 때문에 2009년은 문패라도 달아야 한다는 것이다. 이는 주민들이 '혁명적 낙관주의를 가지고 어떠한 고난에도 불평하지 말고 김 위원장에게 충성하라.'는 메시지인 것이다.[37] 공동사설은 2008년 '전설적인 강행군'을 한 김 위원장을 중심으로 일치단결할 것도 강조했다. 공동사설은 이어 "제국주의 사상문화적 침투와 심리모략전을 단호히 짓부시고 온 사회에 사회주의 생활양식을 더욱 철저히 확립해 나가야 한

---

36) 제2의 천리마 운동이라는 대중사상 혁명을 시작하는 이유와 목적도 같은 맥락으로 분석된다.
37) 《동아일보》 2009.01.03. "강성대국 문패달자, 북의 신년 말장난".

다."라고 강조했다.

또 사설은 "사상의 위력, 정치사상 공세를 드세차게 벌려야 한다. 사상분야에서의 오늘의 총공세는 사회의 사상적 일색화를 새로운 높은 단계로 심화시켜 우리 사회주의 사상의 위력을 최대로 발휘하기 위한 일대진공전이다."라고 했다.

2009년 북한은 미국과의 관계개선을 추진하면서 어차피 북한사회를 제한적으로라도 개방시키지 않을 수 없을 것임에 대비해야 한다. 북미관계가 개선이 되면 한국과 일본과도 교류와 접촉이 확대될 가능성이 있고 북핵문제 해결과정에서 외부의 지원도 예상할 수 있다. 북한 경제가 어려워짐에 따라 북한 주민들의 외부접촉이 늘어날 수도 있어 이런 과정을 통해 유입된 자본주의 사상을 철저히 단속하고 통제를 강화시킬 것이 예상된다.

북한은 3월 8일 최고인민회의 대의원 선거를 실시해 권력 엘리트의 세대교체를 단행하는 등 김정일 위원장의 후계체제 구축을 위한 기반조성에 나설 전망이다. 그러나 김 위원장의 후계구도가 순조롭게 진행되려면 경제가 살아나야 하고, 당 조직을 장악해야 한다. 이에 따라 2009년 북한 권력구도에 가시적 변화가 있을 가능성이 있다. 북한은 김 위원장의 건강 이상 이후 발생할 소지가 있는 권위 약화를 차단하기 위해 다양한 조치를 취할 것이 예상된다.

언론보도에 따르면 67세 김 위원장은 2009년 1월 8일 3남인 김정은(26세)을 후계자로 결정했다고 발표했다. 리제강 당 조직부 제1부부장은 조직지도부의 과장급 이상 간부들을 긴급소집, 김정일의 결정사항을 전달한데에 이어 각 도당으로까지 후계관련 지시를 하달했다고 한다. 김정은은 2004년 유방암으로 죽은 고영희 사이에서 난, 김 위원장에게는 셋째 아들이다. 김정일 위원장의 권력을 승계하기는 아직 어린 나이이다. 김 위원장의 4번째 부인이며 그의 개인비서 역할을 하고 있는 김옥(44세)도 김정은을 지지하고 있는 것으로 알려졌다. 이와 함께 북한권력의 사실상 2인자로 알려져 있는 김 위원장의 매제 장성택이 김정은을 보호하도록 위임을 받았다는 보도도 있다.[38]

어느 누구도 김정일 신변이나 후계구도에 대해서 정확히 알 수가 없다. 이 문제에 대해서는 북한에서도 철저히 금기사항이 되고 있기 때문이다. 따라서 언론보도는 확실치 않으며 김정일이 정은을 총애하고 있다는 이야기가 잘못 전달될 수도 있다. 현 상황을 두고 판단한다면 북한의 3대 권력승계 가능성은 크지 않을 것으로 판단된다. 그것은 아직까지 김정일이 건재해 있고 북한의 내부 여건 등을 고려할 때 정확한 권력구도가 결정되지 않았을 가능성이 높다. 결국 김정일 사후 당과 군부를 중심으로 집단지도 체제가 출현할 가능성이 높은 것으로 보인다. 김정남, 정철, 정은 중 한 명이 당분간 집단지도 체제의 명목상 지도자로 추대될 가능성이 크다.

한편 권력승계와 관련 김정일 위원장의 이복동생인 김평일의 행보도 예의주시해야 할 것이다.[39] 김 위원장의 장남인 정남(37세)이 최근 차기 지도자를 의미하는 '샛별장군'이란 호칭으로 불리고 있어 후계구도를 둘러싼 내부 권력투쟁이 일어날 가능성을 예고하고 있다. 그는 최근 중국을 방문하면서 "권력문제는 아버지만이 알 수 있다."라고 하며 권력승계가 아직 이루어지지 않았음을 시사했다.

### 경제 ; 집단주의와 자력갱생

2008년 북한은 신년공동사설에서 정치사상을 가장 앞세우고 세 번째로 경제를 언급했다. 2007년에는 경제를 먼저 언급하고 나서 군,

---

38) 노동당 조직 지도부 중앙당을 맡은 리제강은 김 위원장의 차남 정철과 장성택은 김 위원장의 장남 정남과 가까운 것으로 알려져 있다.
39) 한 때 김일성은 당은 김정일에게 군은 김평일에게 맡겨야겠다는 뜻을 측근에게 전하기도 했던 것으로 알려져 있다.

정치사상 등 다른 부분을 언급하여 경제에 역점을 두는 해였다. 2007
년 북한은 첫째, 연초부터 한 해 동안 경제에 대한 관심을 끊임없이
고조시켰고, 둘째, 경제 활성화를 위해 대내적으로는 '자력갱생'을 원
칙으로 삼고 대외적으로는 제한적, 선별적인 개방추진, 셋째로는 모
든 부문에 걸친 과학화와 질적 수준의 향상을 통한 대내적 쇄신을 모
색하는 해로서 전환기적 의미를 가졌다.

2008년도 북한은 변함없이 경제 전선을 강성대국건설의 주공전선
으로 규정했다. 공동사설은 "식량문제, 먹는 문제를 해결하는 것보다
더 절박하고 중요한 과업은 없음"을 분명히 하고 있지만 2007년과 같
이 절박하고 시급한 모습을 보이지 않았다. 북핵문제 해결의 가닥이
잡히고 6자회담 참여 국가들로부터 에너지 자원 약속이 이행되고 있
는 상황을 감안한 것이었다.

2008년 북한의 신년공동사설은 경제와 관련한 내용이 전체의
50%나 되는 특징을 가졌다. '사회주의 경제'란 용어를 줄이고 '경제
강국 건설'이란 용어는 대폭 늘리고 있어[40] 경제 강국만 건설된다면 '
집단주의와 자력갱생'을 앞세우는 사회주의 경제를 반드시 지킬 이유
가 없음을 시사했다.

2009년 북한의 신년공동사설의 핵심 단어는 '새로운 혁명적 대고
조'이다. 이른바 '혁명적 대고조'는 대외개방을 통한 경제 지원을 얻는
것보다는 50년대 천리마식의 노동력 동원을 통한 자력갱생을 목표로
하고 있다. 북핵 해결을 위한 6자회담이 실패함에 따라 앞으로 외부
세계의 지원이 여의치 않을 것임을 감안 폐쇄적 노력동원으로 경제
회생을 이끌어 나가겠다는 것이다.

'사회주의 경제'란 용어도 늘어나[41] 개혁, 개방 시도를 되돌리고 사

---

40) '사회주의 경제'란 용어는 2000~2001년에는 각각 3회, 4회 사용했으나
2008년에는 2회뿐이었다. '경제 강국 건설' 용어는 전에는 1~2회 정도 사용했으
나 2008년에는 무려 8회를 사용했다. (자료 : 중앙일보 통일문화 연구소).
41) 2008년에는 2회뿐이었던 '사회주의 경제'란 용어는 2009년에는 무려 5회로

회주의 경제의 특징인 '집단주의와 자력갱생', 그리고 국가의 '중앙집권적 통일적 지도' 등을 강조하고 있다. 과거 '경제시설의 내각 집중' 방식을 버리고 '국가의 중앙집권적 통일적 지도'를 강화하겠다는 것이다. 북한은 신년공동사설을 통해 2012년 강성대국의 대문을 연다거나 2009년 강성대국의 문패를 단다는 당의 결연한 각오를 보이고 있다. 북한의 대내외 경제 사정은 암울하기만 하다. 북한은 2009년 신년공동사설에서 개방, 개혁이나 '대외경제관계'라는 용어를 한 번도 쓰지 않고 있다.

이는 2009년 북한이 대외경제관계에서 기대할 것이 없음을 반영한 것이며 체제 단속을 위해서도 대외 관계는 최소화시켜야겠다는 의지를 표명한 것으로 보인다. 세계경제가 전반적으로 침체되어 있는데다가 미국이나 중국경제도 침체에 빠져 그들로부터 필요한 경제자원을 기대할 수 없게 되었다. 더구나 남한에 이명박 보수 정부가 들어서 김대중, 노무현 정부 때와는 달리 북한이 기대하는 남한과의 경제협력을 추진할 수 없게 되었다는 판단을 한 것으로 보인다. 이런 맥락에서 김정일은 새로운 대중동원운동을 시작하기 위한 사전 정지작업으로서 2008년 12월 24일 천리마 제강연합기업소를 방문하여 '강선의 봉화'를 호소하였다. 김일성은 1956년 12월 '천리마 제강연합기업소'의 전신인 '강성제강소'를 방문하여 혁명운동을 일으켰다.[42] 김정일은 2009년 이러한 '역사적 경험'과 그 '이미지'를 되살려 또 한 번의 대규모 대중사상혁명운동을 시작함으로서 현재의 어려움을 극복하겠다는 것이다.

북한은 '인민경제 4대 선행 부문'으로 전력, 석탄, 금속, 철도수송을 차례로 내세워 왔으나 2009년은 이중 금속을 따로 분리하여 내세우고 있다. 이들은 "금속공업의 선차적 발전을 중심 고리로 틀어쥐고

늘어나 개방을 포기하고 자력갱생으로 복귀하겠다는 뜻을 분명히 했다.
42) 1956년 12월 조선로동당 중앙위원회 전원회의에서 채택된 '천리마 운동'은 경제 건설과 경제 발전을 위한 대중동원운동이었다.

인민경제 중요부문의 생산 잠재력을 최대한 동원하는 데 힘을 집중하여야 한다."라고 주장했다. 이는 전력부문 수력발전소 건설에서 어느 정도 성과가 있었고, 석탄은 2009년 중국 수출이 부진하여 이 늘어날 것이라는 전망에 근거한 것이다.

2008년 북한은 식량문제에 대해에 절박하고 시급한 모습을 보이지 않았으나 2009년 공동사설은 "식량문제를 해결하는 것은 현실의 절박한 요구"이며 "자체의 힘으로 해결하겠다는 비상한 각오"를 가져야 한다고 촉구했다. 북핵문제가 해결되지 못하면 북한의 식량난은 최악의 상황을 맞을지 모른다는 우려 때문인 것으로 보인다.[43]

### 군사 : 선군의 위력강화

2008년 신년공동사설은 '강성대국건설의 주공전선은 경제 건설'이라고 하면서도 "강력한 국방력은 선군조선의 자주적 존엄의 상징이며 부강 번영의 근본 담보"라고 주장했다. 공공사설은 군사부문에서 '정치사상적 위력'을 설명하면서 "핵무기보다 강한 군인의 정신력"을 주장했다. 핵무기를 개발한 마당에 한계에 달한 물리적 군사력 강화에 매달리는 것보다는 정치 사상적 훈련을 통해 군사력을 강화시킨다는 것이다. 즉 '관병일치', '군정배합'을 철저히 실현하고 '전투정치 훈련'을 강화하며, 부대지휘 관리를 개선하고 군기를 확립한다는 것이다. "전군의 혁명화, 사회주의 애국주의화를 적극 다그쳐 인민군대가 본보기를 보여야 한다."라고 주장했다. 북핵문제 해결과 함께 주변 국가들과의 관계개선 등으로 있을지 모르는 군의 동요를 사전에 차단하고 경제 건설에 최대한 동원 체제를 갖추겠다는 것이다.

그럼에도 불구하고 2008년 공동사설에서 선군정치에 대한 강조를 다소 완화시키고 있는 느낌이다.[44] 이는 북한이 2007년 이래 경제를

---

43) 2008년 남북관계가 경색되면서 정부차원의 대북식량지원이 전혀 다뤄지지 않고 있으며 이는 1999년 이후 9년 만에 처음이다.《미래한국》, 2009.01.03..
44) 2008년 신년공동사설에 나타난 '선군정치', '선군혁명', '선군시대', '선군사

최우선 순위에 두면서 나타난 것으로서 북한의 작은 변화조짐의 하나로 볼 수 있다. 북한이 경제에 역점을 두고 대외 개방을 선별적으로 시도하기 위해서는 선군정치를 외형상 조금씩 약화시키는 작업이 필요할 것이기 때문이다.

2009년도 신년공동사설은 '선군정치', '선군혁명', '선군시대', '선군령도', '선군사상' 등의 용어를 예전수준으로 회복시켰다.[45] 공동사설은 "선군의 위력을 백방으로 강화하여 사회주의 강성대국건설을 군사적으로 확고히 담보해야 한다."며 "조성된 정세와 혁명발전의 요구에 맞게 나라의 군력을 강화하는 데 최대의 힘을 얻어야 한다."라고 강조하고 있다. 이어 공동사설은 "선군시대 혁명적 대고조의 불길을 지펴 올리는 데에 인민군대의 핵심적이며 선도자적인 역할을 높여나가야 한다."라며 "우리의 자주권과 존엄, 사회주의 제도를 건드리는 자들에 대한 인민군대의 입장은 단호하다."라고 못을 박았다.

2009년은 북핵문제와 관련 북한에게 매우 어려운 상황이 될 것이라는 예측이 가능하다. 남북관계는 국민참여정부 때의 좋은 시절은 다 지나가고 갈등과 대결, 북일관계는 일본인 납치 문제로 돌파구를 찾지 못하고, 미국의 오바마 정부는 예상과는 달리 녹록치 않게 보여 북한은 어차피 사면초가가 된 셈이다. 이 난국을 돌파하기 위해서 북한은 강한 군사력을 동원 초강수를 쓰는 길을 택한 것으로 보인다.

이명박 정부 출범 이후 북한은 대남 군사적 위협 발언을 계속해 왔다. 2008년 3월 30일 북한은 "우리 식의 앞선 선제타격이 일단 개시되면 불바다 정도가 아니라 모든 것이 잿더미로 된다는 것을 명심해야 한다."라고 초강경 위협을 했다.[46] 이명박 정부의 대북정책을 지켜

---

상' 등의 키워드는 2003년 이래 그 횟수가 가장 작은 것으로 나타났다.《중앙선데이》, 2008.01.06.
45) 이러한 키워드는 2003년 17회, 2004년 25회, 2005년 29회, 2006년 26회, 2007년 20회, 2008년에는 15회로 줄어들었는데 2009년에는 25회로 다시 회복되었다.
46) 조선 중앙통신 군사 논평원, 2008.03.30.

보고 더 이상 기대할 것이 없다는 판단에서 나온 첫 위협이다. 그 후 북한은 위협수위를 다소 낮추기는 했지만 4월 3일, 5월 8일, 그리고 10월 28일에도 비슷한 군사적 위협 발언을 했다.

2009년 신년공동사설에서 북한은 "우리의 총대는 원수들의 그 어떤 도발도 용납하지 않고 무자비하게 징벌할 것"이라고 위협수위를 높였다. 급기야 1월 17일 북한군 작전지휘부인 총참모부 대변인은 대좌 계급장을 단 군복을 입고 조선중앙 TV에 나와 남한 정부가 대결정책을 선택했다면서 "우리의 혁명적 무장력은 그것을 짓부수기 위한 정면 대결태세에 진입하게 될 것"이라고 주장했다.

총참모부 대변인의 성명은 먼저 "이명박 역적 패당의 반 공화국 대결책동을 무자비하게 짓뭉개 버릴 것"이란 말로 시작했다. 그러면서 그는 구체적으로 "우리가 이미 세상에 선포한 서해해상 군사분계선을 그대로 고수할 것"이라며 서해 북방한계선(NLL) 해역에서 군사적 도발을 시도할 가능성을 시도했다.[47]

북한군 총참모부 대변인이 TV에 출연한 것은 1998년 12월 한·미 '작전계획-5027' 수립 계획을 비난한 이후 10년만이다. 북한의 대남, 대미 공세는 '전환기'를 돌파하고 체제를 유지하기 위한 고도의 계산된 전략으로 분석된다.[48]

첫째, 북한군부의 성명은 이명박 정부가 지난 1년 가까이 펼쳐 온 대북정책에 대한 불만이 폭발한 것으로 보인다. 2008년 12월 북한군부가 주도해 개성공단 출입제한 같은 강수를 뒀지만 남한 당국이 별다른 동요를 보이지 않자 직접 군사위협카드를 꺼낸 것이다. 2008년 9월 금강산 관광객을 피격하여 사망한 사건으로 꼬인 남북관계 경색의 책임을 남측에 전가하고 '국민참여' 정부 때와 달리 녹록치 않은

---

47) 1999년과 2002년 두 차례 해군 간 군사 충돌이 발생했던 곳인 만큼 대남위협의 효과를 거두는 데 최적이라고 판단한 것으로 보인다.
48) 북한의 성명 발표는 단순한 '협박'을 넘어서 언제, 어느 때 분란을 일으킬지 모른다. 따라서 이에 대한 철저한 대비가 필요하다.

이명박 정부의 대북 접근법을 뒤흔들려는 계산인 것으로 분석된다.

둘째, 북한군 총참모부 성명이 오바마 미행정부 출범 사흘 전에 나왔다는 점에서 대미 메시지가 담겨 있는 것으로 분석된다. 총참모부는 미국 등의 문제에 대해 직접 언급을 하지 않았다. 그렇지만 대북 유화책을 기대했던 것과 달리 2009년 1월 13일 힐러리 클린턴 국무장관 지명자가 청문회에서 "북한에 대해 새로운 제재를 가할 수도 있다."라고 밝히는 등 분위기가 심상치 않자 경고 메시지를 보낸 것을 알 수 있다. 북한과 한반도 이슈를 부각시켜 오바마 정부 대외 정책의 우선순위에 올리려 이목을 끌기 위한 것으로 볼 수 있다.

셋째, 총참모부의 성명은 북한체제 동요를 막기 위한 내부 긴장 조성의 가능성까지 나왔을 가능성이 있다. 3월 8일 최고인민회의 선거를 통해 김정일 체제 4기를 출범시키려는 북한으로서는 주민들이 불만 표출과 동요를 막기 위해 남북관계의 긴장을 고조시킬 필요성이 있을 수 있다. 북한 당국의 식량공급 실패로 주민들의 겨울나기가 어려운데도 설 명절과 다음달 16일 김정일의 67회 성일에 맞춘 특식배급이 여의치 않은 상황에서 남북 간 긴장을 고조시킴으로서 그 책임을 남한에 전가시키고 북한 주민의 불만을 해소시키려는 전략일 수도 있다.


## 3) 대외 생존전략

### 세계 자주화 위업 실현

2009년 신년공동사설을 통해 북한은 '자주'를 특히 강조하면서 세계 자주화 위업 실현을 꺼내 들었다. 6자회담을 통한 북핵 해결 논의가 막바지에 달해 있고 이 문제가 순조롭게 풀리지 않는 한 6자회담 참가국들뿐만 아니라 세계 많은 국가들로부터 엄청난 비난과 경제 및 군사적 제재를 감수할 수밖에 없다. 이러한 압력을 피하기 위해서는 북한의 자주적인 대외 정책의 정당성을 갈파해야 한다는 것이다.

공동사설은 "조선반도의 비핵화를 실현하고 동북아시아와 세계의 평화와 안전을 수호하기 위한 우리 공화국의 자주적인 대외 정책의 정당성은 날로 힘 있게 과시되고 있다."라고 주장하고 있다. '비핵화', '평화', '안전'에 기여하는 북한의 대외 정책은 '자주'의 원칙에 따라 존중되어야 한다는 것이다. '자주', '평화', '안전'을 내세우고 '우호적으로 대하는 나라들과는 관계를 발전'시킨다는 대목과 과거 공동사설과 같은 '세계의 자주화 위업 실현'을 내세운 것은 이번이 처음이다.

2007년 공동사설은 대외 관계에서 '자주, 평화, 친선'의 일방적 기조를 언급하는 가운데 '진보적 인민들과의 연대성 강화'를 강조했다. 공동사설은 대미관계에서 "우리 민족 문제에 대한 미국의 간섭과 반대책동을 단호히 배격"한다며, 결국 북한은 미국의 방해를 따돌리고 '민족공조'를 내세운 정상회담을 끌어내어 남한 기업의 대북 경협 확대 약속을 받아냈다.[49]

2008년 공동사설은 "자주, 평화, 친선의 기치" 아래 "우호적으로 대하는 모든 나라들과의 친선협조 관계"를 강조했다. 오늘의 시대적 흐름은 "세계 평화와 안전을 수호하고 자주의 길로 나아가는 것"이며 "제국주의의 강권과 전횡이 그 어디에도 통할 수 없다."라고 주장하여 6자회담과 대미관계에 대한 입장을 우회적으로 표현했다. 2009년 북한은 "조선반도의 비핵화 실현"을 강조함으로써 핵문제 돌파구를 위한 대미관계에 적극성을 드러내고 있다.

미국의 오바마 행정부에 대해서는 상당한 기대를 가지고 있으므로 '공세적인 외교'를 통해 '대북적대시 정책의 철폐'와 북한의 '자주적 외교'에 대한 존중을 주장하면서 적극적인 관계개선을 추진할 것

---

49) 2007년 북한은 제2차 남북정상회담을 개최하여 '10 · 4 남북공동선언'과 '민족공조'를 끌어 냄으로써 남한 기업의 대북경협확대 약속을 받아 냈다.

으로 예상된다.[50]

## 북한의 핵과 북미관계

올 신년공동사설은 '대외 정책'부문에서 "조선반도의 비핵화를 실현하고 동북아시아와 세계의 평화와 안전을 수호하기 위한 우리 공화국의 자주적인 대외 정책의 정당성이 날이 갈수록 더욱 힘 있게 과시되고 있다."라고 주장했다. 미국과 주변국에 대해서는 일언반구 언급이 없이 미국과 주변국에 대한 유화 메시지를 던진 것이다.[51]

북한은 새로 출범하는 오바마 대통령과 민주당 정부에 대해 기대를 하면서 오바마 정부가 북한에 대해 긍정적이그 신뢰할 만하게 나온다면 북한도 6자회담에 성실하게 임하겠다는 데시지로 분석된다.

부시정부 때에 최악의 북미관계를 경험해 온 북한으로서는 오바마와 그의 참모들이 그동안 대통령 선거운동기간 그리고 대통령직 인수위원회를 통해 반복적으로 밝힌 '대북포용 정책'에 대해 큰 기대를 갖게 된 것으로 보인다.

오바마와 그의 외교안보팀은 부시정부의 대북 정책은 북핵문제에 관한 한 대량살상 무기의 '비확산'이라는 미국의 핵심안보이익을 달성하는 데 실패한 정책이었다고 평가해 왔다. 오바마 정부는 북핵문제 해결을 위해 이 문제를 다른 나라에 맡기지 않고 자신이 직접 나서서 '미국의 리더십'을 확립하여 북핵문제를 주도적이고 적극적으로 해결함으로써 미국의 국익을 극대화하겠다는 입장을 천명해 왔다.

따라서 2009년 북미관계는 오바마 정부의 새로운 대북정책에 힘입어 우여곡절과 복잡한 과정은 있겠지만 북핵문제 해결, 북미관계 정상화, 에너지 및 경제협력 등의 문제에 있어서 어느 정도의 진전이 예

---

50) 북한의 핵 비확산을 보장받는 대신에 북한이 개발한 기존 핵을 미국이 인정하도록 하는 외교를 적극 전개할 것이 예상된다.
51) 북한이 '비핵화'를 언급한 것은 1995년 '핵문제의 전반적이며 완전한 철폐'라는 표현을 사용한 이후 14년만이다.

상된다. 문제는 북한의 체제보장과 핵 폐기의 결심이다. 이 문제들을 해결할 방법을 아직 찾지 못한 것이다.

베이징 6자회담이 북핵 검증을 위한 '시료채취'를 놓고 견해차를 좁히지 못한 채 끝나, 북핵 해결을 위해 2003년부터 가동되어 온 6자회담은 기로에 서게 되었다. '단호하고 직접적인' 협상 방식을 천명한 미국 오바마 행정부가 6자회담 형식을 계승할지 불투명하기 때문이다.

그동안 6자회담은 일정 부분성과를 거둔 것도 사실이다. 북핵시설의 동결 및 불능화, 플루토늄 핵물질 신고 등이 그것이다. 영변 원자로의 냉각탑 폭파 장면을 전 세계에 중계함으로써 북핵문제 해결에 대한 북한의 의지를 국제사회에 과시했으며, 미국은 50만 톤의 식량 지원을 하기로 했다. 또 미국이 20년 동안 묶어 두었던 테러지원국 명단에서 북한을 삭제해 주었다. 북한으로서는 비핵화의 의지를 전달함으로써 6자회담에서 협상력을 높이고 경제 지원을 확보함과 동시에 체제보장을 받을 수 있는 기회를 얻은 것이다. 그러나 북핵 해결의 결정적 관건 중의 하나인 '검증'이라는 벽을 넘지 못한 것이다.[52]

이런 상황에서 2009년 1월 13일 북한은 한반도의 비핵화 실현보다는 북미관계 정상화가 먼저라며 관계정상화 후 비핵화를 달성해야 한다고 주장했다. 북한은 이날 외무성 대변인 담화를 통해 "미국의 대조선 적대시 정책과 핵 위협의 근원적인 청산이 없이는 100년이 가도 우리가 핵무기를 먼저 내놓는 일은 없을 것"이라며 선(先)관계 정상화를 거듭 주장했다. 이 담화에서 북한은 "우리가 9.19 공동 성명에 동의한 것은 비핵화를 통한 관계개선이 아니라 바로 관계 정상화를 통한 비핵화"라고 했다. 이는 오바마 미국 차기 행정부 출범을 앞두고 북핵문제 해결에 앞서 북미관계 정상화를 요구하고, 북핵 검증의정서 채택을 뒤로 늦추려는 전략인 것으로 풀이된다.

---

52) 가장 큰 이유는 북한 협상전략의 본질을 꿰뚫지 못하고 오락가락했던 미국 부시정부의 협상자체에 있다는 것이다. 《중앙일보》, 2008.12.13.

담화는 특히 "전 조선반도 비핵화가 철저히 검증 가능하게 실현돼야 한다."라며 "미국핵무기의 남조선 반입과 배비(배치), 철수 경위를 확인할 수 있는 자유로운 현장 접근이 담보되고 핵무기가 재 반입되거나 통과하지 않는지 시찰할 수 있는 검증 절차가 마련돼야 한다."라고 주장했다. 북한이 '한반도 비핵화의 역점을 자신의 핵폐기보다 남한의 비핵화에 있다는 속셈을 들어낸 것이다.

담화는 또 핵 검증 문제에 대해서도 "행동 대 행동 원칙에 따라 비핵화가 최종적으로 실현되는 단계에 가서 조선반도 전체에 대한 검증이 동시에 진행돼야 한다."라고 주장했다. 북한이 겨냥하는 것은 북한과 직접 대화를 추구하고 있는 오바마와 만나 북미관계 정상화를 밀어붙이되 6자회담에서 결론을 내지 못한 북한 사료채취 문제는 최대한 늦추는 명분을 찾겠다는 것이다. 그러나 북한은 1월 17일 인민군 총참모부대변인을 통해 "조선반도 핵문제의 본질은 '미국 핵무기'대 '우리 핵무기'문제"라고 주장했다.

또한 "설사 조·미 관계가 외교적으로 정상화된다 해도 미국의 핵위협이 조금이라도 남아 있는 한 우리의 핵보유지위는 추호도 달라지지 않을 것"이라 강조했다. 13일 외무성 대변인 담화에서 '선(先) 관계개선, 후(後) 비핵화'의 메시지를 담았던 것과는 아주 다른 기조다.[53]

2009년 신년공동사설과 13일 대변인을 담화가 미국 차기 행정부 출범을 앞두고 미국에 보낸 '러브콜'이라면, 17일 담화는 힐러리 클린턴 차기 국무장관과 수전 라이스 차기 유엔대사의 의회 인준 청문회를 지켜본 뒤 나온 북한의 대응인 셈이다.

북한은 오바마가 천명한 '강경하고 직접적인(tough and direct) 외교'에서 '직접'부분에 기대를 걸었지만, 클린턴 차기 장관은 청문회에서 '직접'은 한 차례 언급을 했을 뿐 '강경대응'만을 거듭 강조했다.[54]

---

53) 김성한 고려대 교수는 "북한이 미국에 대해 '핵 국가' 대 '핵 국가'로 군축 협상을 하자는 속내를 드러낸 것"이라고 말했다. 《동아일보》, 2009.01.19.
54) 힐러리는 "북미관계 정상화는 북한이 핵무기 개발을 완전하고 검증 가

북한으로서는 '핵 포기' 대신 '핵보유국'임을 내세워 핵군축 협상을 주장하면서 미국을 압박하겠다는 것이다.

"미국과의 관계 정상화 없이는 살아갈 수 있어도 핵 억지력이 없이는 살아갈 수 없다."라는 주장은 이같은 맥락에서 나온 것이다. 결국 북한이 믿을 수 있는 것은 오로지 핵무기밖에 없다는 본심을 드러냈다는 점에서 당분간 북핵 6자회담에서 북미관계 개선은 겉돌 수밖에 없을 것이 예상된다.


## 4) 대남 강경 당분간 지속될 듯

### 신년공동사설에 나타난 대남전략

2007년 공동사설은 남북관계와 관련하여 "민족중시, 평화수호, 단합실현으로 6·15통일 시대를 빛내여 나가자"라는 구호를 제시했다. 공동사설은 '민족중시'의 입장을 특별히 강조하고 결국 "우리 민족 내부문제에 대한 미국의 간섭과 방해책동을 단호히 배격해야 한다."라고 했다.

북한은 핵보유를 기정사실화하면서 '우리 민족끼리'를 내세워 남북정상회담을 이끌어 내는 데 성공했다. 북한은 남한 내 국론분열을 책동하고 친북 진보 세력들을 결집시키기 위하여 6·15 민족대축전과 8·15 통일축전 등 각종 민족 행사를 주도했다.

2007년 11월 초까지만 해도 한나라당의 이명박 후보의 대북정책을 북한은 강렬하게 비난했다. 그러나 이명박 후보로 대세가 기울자 북한은 이 후보에 대한 비난을 자제함으로써 대선 이후 남북관계를 대비하는 모습을 보여 주었다.

---

능한 방식으로 폐기하지 않는 한 불가능하다."라고 못을 박았다. 《중앙일보》, 2009.1.20.

2008년 신년공동사설은 경제에만 초점을 맞췄다. 그러면서 "우리 민족끼리 힘을 합쳐 자주통일 평화번영의 새 시대를 열어 나가자"라고 강조했다. 한나라당에 대한 비난도 이 당선인에 대한 평가도 일체하지 않았다.[55] 2007년 공동사설에서 "남한에서의 반 브수 투쟁은 통일운동의 전진을 위한 관건적 요인"이라며 한나라당 집권을 막아야 한다고 주장했던 것과는 딴판이다. 이명박 당선인에 대하여 사실상 타협적인 태도로 나왔던 북한은 이명박 정부가 출범하여 대북정책이 구체적으로 나타나면서부터 이명박 정부에 대한 비난을 퍼부었다.

북한은 "6·15 공동선언, 10·4 선언을 전면 부정하고 파쇼 독재시대를 되살리며 북남 대결에 미쳐 날뛰는 남조선 집권세력"이라고 비난했다. '파쇼'라는 표현은 냉전시대에는 관행적으로 사용된 것이지만, 90년대 이후에는 김일성 사망 당시 조문을 불허한 김영삼 정부에 대해 노골적으로 사용했던 비난의 표현이었다.[56]

공동사설은 "역사적인 북남 공동선언에서 탈선하는 그 어떤 요소도 허용하지 않겠다."라며 남한 당국에 6·15선언, 10·4 선언 이행을 요구했다. 이어 "남조선인민들을 사대 매국적 파쇼정치를 쓸어버리기 위한 투쟁의 불길을 세차게 지펴 올려야 한다."라고 선동했다.

공동사설은 남한 정부의 집권세력을 '민족을 등진 정상배들'과 '숭미 사대주의와 동족에 대한 적대의식에 사로잡혀 자주통일의 시대적 흐름에 역행하는 반 통일세력' 등으로 매도하고 2008년 남북관계가 경색된 책임을 남한 정부에 전가했다. 2009년 공동사설에서 전례 없는 대남 비난에 나섬에 따라 2009년에도 남북관계 경색을 해소하기가 쉽지 않으리라는 전망이 나오고 있다.

---

55) 이명박 정부와 협조를 할 테니 북한경제 회생의 관건인 남북경협은 그대로 지속해 달라는 요청이었던 것으로 풀이된다.
56) 1999년 신년사에서도 김대중 정부에 대해 '파쇼'라고 비난의 수위를 높인 적이 있으나, 2000년 남북정상회담 이후에는 사용하지 않았다.

## 북한의 초강경 대남 태도

2007년 12월 24일 북한의 조국통일연구원이 발표한 "남북관계를 전면 차단의 위기에 몰아넣은 남조선 당국의 반민족적 죄행을 폭로 단죄한다."라는 제목으로 된 '고발장'에서 북한은 남북관계의 파탄의 '장본인'으로서 남한 정부를 지목하였다.

북한은 2009년 신년사를 통하여 이명박 정부를 '파쇼 독재시대를 되살리고 있는 정권'으로 비난하며 케케묵은 냉전적 어휘를 동원한 것은 아무래도 심상치 않은 분위기다. 공동사설은 "2008년 남조선 보수 당국의 집권으로 엄중한 도전에 부딪히게 되었다."라며 "정세 흐름은 과감한 투쟁으로서만 조국통일을 앞당겨 올 수 있다."라고 주장했다.

북한은 지난 1년 동안 남한 새 정부 인사들의 대북관련 발언을 문제 삼아 이명박 대통령을 '력도'로 비방했고 금강산 사태를 계기로 이명박 정부에 대한 기대를 완전히 접은 것으로 보인다. 2009년 공동사설은 이명박 정부를 '반 통일세력'으로 규정하며 "남조선인민들은 사대매국적인 보수당국의 파쇼통치를 쓸어버리며 투쟁의 불길을 더욱 세차게 지펴 올려야 한다."라고 극렬한 투쟁을 선동하였다. 이런 맥락에서 볼 때 2009년 북한은 대화거부뿐만 아니라 안보불안을 조성하는 위협적 발언이라든가 무력시위 같은 공세적 대남정책을 구사할 것으로 보인다.[57]

북한군의 위협적 발언은 2008년 12월 23일 김일철 인민무력부장이 그 강도를 한 차원 높였다.[58] 그는 남한의 '선제타격' 가능성을 언급하며 '사소한 움직임에 대해서도 그보다 신속하고 더 위력한 우리식의 선제타격으로 대응한 것'이라고 주장했다. 북한은 "우리식의 선

---

57) 6·15 공동선언과 10·4 선언을 '조국통일의 푯대'로 간주하고 있는 만큼 10·4 선언에서 약속한 대북지원을 주장하고 강경한 태도를 보일 것이다.
58) 평양 4·25 문화회관에서 열린 김정일 국방위원장의 최고사령관 추대 17주년 중앙보고 대회의 날이었다.

제타격이 불바다 정도가 아니라 반민족적이고 반통일적인 모든 것을 잿더미로 만들고 그 위에 통일조국을 세우는 가장 단호하고 무자비한 정의의 타격전이 될 것이라는 것을 명심해야 한다."라고 경고했다.

2009년 신년공동사설은 "우리의 총대는 원쑤들의 그 어떤 도발도 용납하지 않고 무자비하게 징벌할 것"이라고 강경수위를 유지했다. 1월 17일에는 북한군 총참모부 대변인은 조선중앙TV에 출연하여 남한 정부가 대결정책을 선택했다면서 "우리의 혁명적 무장력은 그것을 (남한 정부의 대결 정책) 짓부수기 위한 전면 대결태세에 진입하게 될 것"이라고 엄포를 놓았다.

총참모부 대변인은 특히 "우리가 이미 세상에 선포한 서해 해상 군사분계선을 그대로 고수할 것"이라며 서해 북방한계선(NLL) 해역에서 군사적 도발을 시도할 가능성을 시사했다. 한국정부는 북한의 대남 공세에 의연하게 대처하기로 했다. 정부는 북한의 성명 발표 직후 관계 부처 회의를 통해 단순한 '협박'으로 보지 않고 북한군의 움직임을 예의 주시하기로 했다.

합동참모본부는 17일 오후 6시를 기해 전군에 대북경계 태세 강화를 지시했다.[59] 군 당국은 서해 북방한계선(NLL) 인근 지역과 군사 분계선(MDL) 지역의 북한군 이상 동향에 대한 감시를 강화한 상황에서 북한군의 위협적 발언이 현실적으로 나타나기는 쉽지 않을 것으로 보인다.


## 5) 한국의 선택

2009년 북한은 대내외적인 경제여건이 좋지 않은 상황에서 천리마식의 노동력 동원을 통한 자력갱생을 목표로 하고 있다. 그러나 이것

---

59) 전군 경계태세 강화 지시는 북한 핵실험(1006년 10월) 이후 처음이다.

은 북한 경제난을 해결시키는 방법이 아니다. 북한이 경제를 활성화시키기 위해서는 어디까지나 개혁개방을 통한 외부세계와 경제협력을 추구하고 이를 억제하는 북한의 핵을 폐기토록 하는 것이다. 2009년은 북한이 핵 포기 결단을 내림으로써 북미관계를 정상화하고 북한이 국제사회의 책임 있는 일원으로 활동하도록 여건을 조성하는 데 역점을 두어야 할 것이다.

지난 기간 한·미 정부는 이 목표 달성을 위하여 나름대로 노력을 했으나 노력한 것만큼 성과를 얻지 못했다. 대북정책에 대한 원칙과 전략이 일관성을 결여했으며 한·미 간에도 대북정책에 대한 시각의 차이로 바람직한 공조를 이루어 내지 못했다.

오바마 미 대통령은 취임사에서 "당신이 주먹을 펼 의양이 있다면 우리도 손을 내밀어 줄 것"이라고 했다. 그렇다. 북한이 주먹을 펴야 우리도 북한에 손을 내밀 수 있다는 것이다. 북한은 주먹을 쥐고 있는데 기본적인 전략을 바꾸지 않고 있는데, 우리만 손을 내밀었다 당겼다 하면서 원칙과 전략을 수시로 바꾸어서는 안 된다는 것이다. 무조건 대화를 위한 대화를 하겠다는 것이 아니라 북한이 핵을 포기해야만 대화에 나설 것임을 오바마 대통령은 분명히 한 것이다.

이명박 대통령은 1월 2일 신년국정연설에서 "북한은 이제 더 이상 남남갈등을 부추기는 구태를 벗고 협력의 자세로 나와야 한다."라는 강경한 톤으로 말했다. 이 대통령은 "언제라도 북한과 대화하고 동반자로서 협력할 준비가 돼 있다."면서 북한에 대해서도 전향적인 자세를 촉구했다. 이는 북한도 전술, 전략적 발상에서 벗어나는 자세변환을 보일 것을 촉구한 것이다.[60] 한·미 당국은 어떤 경우라도 북한의 핵은 폐기토록 하고, 어느 누구든 핵 이전 금지에 만족하고 북한을 핵보유국으로 인정하는 어리석음을 범해서는 안 될 것이다.

이명박 정부의 대북정책은 먼저 원칙에 충실해야 한다. 원칙은 정

---

60) 《중앙일보》 2009.01.03. "대북 강경표현은 직접 삽입".

하면 끝까지 지켜서 북한의 태도나 상황이 조금 변했다고 해서 우왕좌왕해서는 결코 안 될 것이다. 협력에는 협력으로, 강경 일변도에는 협력의 유보로 맞서 북한이 남한과 협력하는 것이 자신들에게도 도움이 된다는 사실을 깨닫게 하는 것이다.

한국정부의 대북 정책은 무엇보다 정확한 북한의 실체파악 위에 그 방향을 잡아가야 한다. 남북 간의 기존 합의는 가능한 존중해야 하지만 정치적인 차원에서 성급한 합의를 했다거나 북한이 이미 그 합의를 지키지 않고 있다면 냉정한 입장에서 이해득실을 가려내어 판단을 하는 지혜를 가져야 할 것이다.


◆ 우리의 기도

"내가 장차 너를 보호하여 너로 백성의 언약으로 삼으며 나라를 일으켜 그들에게 그 황무하였던 땅을 기업으로 상속하게 하리라."(사 49:8)라고 말씀하시는 하나님, 황무한 땅 북한에 하나님의 말씀이 방송으로, 또 언약 백성들로 말미암아 배달되어져 여호와께서 자기 백성에게 주시는 평강의 복이(시 29:11) 임하는 2009년이 되어지기를 올려 드리며 하나님께 기도드립니다.

첫째, 최근 북한은 경제난으로 인해 이완된 사상 무장을 강화시키기 위해 주민들에 대한 비사회주의 현상 확산을 차단하는 노력과 또 김정일 와병설 이후 발생할지도 모르는 김정일 권우 약화 방지를 위해 안간힘을 쓰고 있습니다. 김정일 절대 권력 강화를 위한 조치들이 2009년에 예상되는 가운데 마귀를 대적하고 하나님께 순종(약 4:7)하여 하나님의 말씀이 북한에 더욱더 활발하게 배달되기를 주 예수 그리스도의 이름으로 기도합니다.

둘째, 북한 위정자들이 귀를 기울여 지혜 있는 자의 말씀을 들어서(잠 22:17), 재앙을 피하는 슬기로운(잠 22:3) 자들이 되게 하여 주시옵소서. 선군정치와 선군사상에 경제가 종속되어 성장이 멈추지 않게 하시고, 자력갱생 경제 건설 방식 강화로 북한에 식량난이 가중되어 굶어죽는 하나님의 백성이 없게 하시옵소서.

셋째, 남과 북의 잘못된 정책으로 벼랑 끝으로 가지 않게 하시고 악을 버리고 선을 행하며 화평을 찾고(시 34:14), 모든 악독과 악의를 버려(엡 4:31) 진노를 이루는 악인의 소망이 아니라 선을 이루는 의인의 소망이(잠 11:23) 되기를 원하나이다.

넷째, 대립되는 북미관계 속에 세상 만물의 주인이신 하나님(창 1:1)을 인정하며, 하나님께서 주신 귀한 생명을 위협하는 핵무기가 폐기되게 하시고 두려움을 내어 쫓는 사랑의 하나님(요일 4:18)을 경험하게 하옵소서.

다섯째, 대남강경 정책을 내세우며 남한을 위협하는 말들을 쏟는 것이 아니라 하나 됨(요 17:21)을 이루기 위한 거룩한 부담감으로 입술의 권세(민 14:28)를 사용하게 하시옵소서.

예수님의 이름으로 기도합니다.

# 2. 북한 동향

## 1) 북중 변경무역[61]

### 변경무역 현황

북한과 중국의 무역은 크게 3가지로 볼 수 있다. 중앙정부가 주체가 되어 이루어지는 국가 무역인 일반무역과 무상지원 그리고 북한과 중국 국경 지대에서 행해지는 변경(邊境)무역이다.

북한과 중국의 변경무역이 이루어지는 지역은 주로 요녕성의 단동과 길림성의 연변, 통화, 백산 등이다. 이 지역들은 지리적으로 압록강 및 두만강 유역과 접경을 이루고 있어 육로를 통한 교역이 원활히 이루어질 수 있는 곳이다.

변경무역은 대부분 중국의 중앙정부가 지정한 국경지역에서 '변경소액무역권'을 허가받은 기업이나 변경지역에 개설된 시장에서 이루어지고 있다. 단동에는 북한의 대외무역허가를 받은 130여 개 무역회사 중 100여 개 업체가 사무소를 개설하고 있는 것으로 알려져 있다.

변경무역에서 교역 물품의 통관과 운송은 통상구(通商口)로 불리어지는 세관을 통해서 이루어진다. 이러한 통상구는 길림성 연변 지

---

61) 《조선일보》, 2009.11.20. "북중 국경 지역서 성행하는 이유는?".

역에 8곳이 존재하며, 그 가운데 7개가 두만강을 따라서 북한과 마주하고 있다. 이 중 도문은 대형화물의 중요한 통로로 북한과 중국 변경무역 가운데 연변 지역 변경무역의 제1관문이다.

압록강 유역에서는 단동과 집안이 대표적이다. 특히 북한과 중국 무역 가운데 약 80%가 신의주-단동 경로라고 한다. 요녕성에는 통상구가 13개가 있는데 그 중에서 단동이 수로와 철도를 겸비한 가장 중요한 통상구로 대북 무역에 직접 종사하는 사람이 약 1만 명에 달하며, 5만 명 이상이 직간접적으로 북한과 관련된 사업에 종사하고 있는 것으로 파악되고 있다.

이러한 변경무역은 중국 지방정부 소속의 무역회사나 개인회사와 북한의 중앙이나 지방의 무역회사 사이에서 일어나는데, 개인이나 개인 회사 사이의 변경무역을 보따리무역이라 하며 1990년대에는 북한과 중국 변경무역의 30~40%가 보따리무역이었다고 한다.

이러한 보따리무역, 보따리장사는 개인이 소규모 형태로 신용장 없이 인적 거래를 통해 거래하는 것으로 일반적으로 수출 통계에 잡히지 않는다. 공식 무역이 아닌 개인이 행하는 밀(密)무역의 형태로 볼 수 있는 것이다.

즉 변경지역에서 북한 기업과 중국 기업 간의 거래가 활발하여, 중국 지방정부의 고위 관료를 포함하여 현지 기업인과 화교 일반 주민 등 광범위하고 다양한 기업과 계층의 사람들로 인적 거래 관계가 형성되어 무역이 성행하고 있는 것이다.

## ◆ 우리의 기도

"마른 떡 한 조각만 있고도 화목하는 것이 제육이 집에 가득하고도 다투는 것보다 나으니라."(잠 17:1)

첫째, 개인이 소규모 형태로 하는 보따리무역이나 보따리장사꾼들을 통하여 북한 주민들이 퇴폐 문화와 물질만능주의에 사로잡히는 것이 아니라 여호와 하나님께서 인정하시는 의인의 길을 걷게 하여 주시옵소서.

둘째, 일반무역 무상지원과 변경(邊境)무역이 궁핍함으로 고통받는 북한 주민들의 필요가 채워지는 하나님의 도구가 되어져 "학대 받는 자로 부끄러이 돌아가게 하지 마시고 가난한 자와 궁핍한 자가 주의 이름을 찬송하게 되는"(시 74:21) 역사가 나타나게 하여 주시옵소서.

셋째, 현지 기업인과 화교 일반 주민 등 광범우하고 다양한 기업과 계층의 사람들로 인적 거래 관계가 형성되어 정코교환과 외부소식이 북한에 전해지는 상황 속에서 주의 백성들은 입과 혀를 지켜 환난에서 보전(잠 21:23)되고, 천국 복음을 전파하게 하여 주시옵소서.

예수님의 이름으로 기도합니다. 아멘.


## 2) 2008년 하반기 북한 동향[62]

**김정일 건강 이상설 이후의** 북한

2008년 한 해 김정일 위원장은 총 95회의 외부활동을 벌인 것으로 집계돼 '건강이상설' 속에서도 2006년, 2007년과 엇비슷한 활동을 한 것으로 드러났다. 김 위원장은 뇌혈관 질환으로 쓰러진 것으로 알려진 2008년 8월 중순 이후, 50여 일간 두문불출했으나 건강이 상당이 회복된 11월부터 비교적 활발하게 시찰, 관찰 등의 외부활동을 전개했다.

이러한 활동은 군부대 시찰 및 군 관련 행사 참석이 54%를 차지하고, 경제 분야 현지지도 가 그 다음으로 높은 비중이었고, 외빈 면담 등 대외 활동은 5회였다.

---

62) nk vision 통권 11호.

북한의 언론 보도에 따르면 현철해 총정치국 상무부국장, 이명수 국방위원회 행정국장, 김정각 총정치국 제1부국장, 김명국 총참모부 작전국장, 김격식 군 총참모장의 수행 비중이 높아 '선군정치'가 반영된 것으로 풀이된다.

세계식량정책연구소(IFPRI)의 「2008 세계 기아지수」 보고서에 의하면 1990-2008년까지 지난 20년 동안 기아지수(GHI) 악화 순위에 북한이 콩고 다음으로 세계 2위를 차지한 것으로 나타났다. 기아지수(GHI)는 총 인구대비 영양부족률, 5살 미만 아동 저체중률, 사망률 등을 종합한 것인데, 북한은 심각한 수준인 것이다.

또한 8월 자강도 고풍군, 강원도 세포군, 황해남도 신원군 등에 "위대한 수령 김일성 동지는 영원히 우리와 함께 계신다."라는 글귀가 새겨진 모자이크 벽화 건립, 금강산 지구에 김정숙 형상화 모자이크 벽화 건립 등 주민 사상 교양 강화와 관련하여 우상화 시설물 건립이 지속적으로 확대되었다.

한편 최근 사업차 평양을 다녀온 김○○(37세, 화교 무역상) 씨에 따르면 "요즘 당국이 전쟁분위기를 고조시키기 위해 걸핏하면 비상소집을 발령해 각종 훈련을 시키고 있다."라고 했다.

비상소집은 2008년 11월에 세 차례, 12월에 세 차례, 2009년 1월은 5일경에 각각 진행되었으며, 다시 1월 27일부터 비상소집 훈련에 들어갔다. 평균 월 3회 정도 비상소집을 발령했을 정도로 훈련이 잦아졌다고 한다.

비상소집이 발령되면 대략 15kg 정도의 무게가 나가는 배낭과 소총을 지급하게 되는데 배낭에는 식량과 세면도구(칫솔, 치약), 의약품(약, 붕대), 화생방장비(마스크, 방독면, 눈 가리게), 소금 등을 챙겨 넣는다. 훈련용 소총은 '목총'으로 해당 인원 전원이 지참하게 되며, 비상소집 시에는 실탄은 지급하지 않는다고 한다.

## ◆ 우리의 기도

"지혜로운 자와 동행하면 지혜를 얻고 미련한 자와 사귀면 해를 받느니라."(잠 13:20)

첫째, 지속적으로 확대되는 우상화 조형물 건립의 불순종이 하나님이 구하시는 제사인 상한 심령(시 51:17)으로 인하며 중지되며, 두렵고 떨림으로 하나님 앞에 나아가게 하여 주시옵소서.

둘째, 김정일 '건강 이상설' 이후 북한에서 발견되는 악과 패역함이 하나님 앞에 담대히 나아가는 순결한 그리스도의 신부들의 순종으로 회복되게 하여 주시옵소서.

셋째, 북한의 선군정치가 민족의 자주권과 나라의 평화를 지키고 조국 통일의 앞날을 열어 나가는 민족자주의 정치. 애국애족의 정치라는 거짓, 어두움에서 해방되고, 흑암에 앉은 백성이 큰 빛을 보고 사망의 땅과 그늘에 앉은 자들에게 빛이 비추어(마 4;16) 예수 그리스도를 아는 깊은 은혜를 체험하게 하여 주시옵소서.

예수님의 이름으로 기도합니다. 아멘.

# Ⅲ. 북한의 최근 대남전략

### 1. 북한의 군사위협 무엇을 겨냥하나?

### 2. 대남협박과 유화병행전략

북한이 하루가 멀다 하고 대남강경조치와 발언을 쏟아내고 있다. 한동안 관조적 자세를 보이던 북한이 그렇게 돌변한 이유가 무엇인지 분석해 보고자 한다.

아마 "핵무기가 있을 만한 곳을 확인해 타격한다."거나 "핵문제 타결 없이 개성공단 확대가 불가하다."라는 남측의 발언이 기화가 되어 북한의 심기를 건드렸는지 모른다. 그러나 그보다 더 결정적 이유는 수조 원의 경제 지원이 기대됐던 10·4 공동선언 이행이 어렵게 되었고 '비핵·개방 3000'을 내세워 '묻지 마 퍼주기'식 지원도 옛날 이야기가 되어버린 데 있다. 게다가 이명박 정부는 지난 정부에서는 조용했던 북한 인권문제를 들고 나오고 있고 '자유민주주의 통일', '기다리는 것도 전략'이라며 북한의 위협 발언을 무시해 버렸기 때문이다.

북한의 대내정세도 심상치 않게 돌아가고 있다. 북한은 그동안 미루었던 최고인민회의 대의원 선거를 실시하여 '대남라인을 대폭 정비하고 안정된 후계 확립을 위해 친정체제를 다지는 한편 만일의 사태에 철저한 대비책을 세우고 있는 것으로 보인다.

북한이 대남군사위협을 통해서 얻고자 하는 것은 첫째로 중단된 대북지원을 다시 끌어내고, 둘째로 '보수정권'에 타격을 주고 친북좌파를 지원, 반정부 투쟁을 격화시켜 대북정책을 폐기케 하는 것이다. 또한 셋째로 대남군사 대결과 같은 위기국면 조성으로 북한 내부의 동요와 불만을 잠재우고, 넷째로 핵보유국으로 인정받으며 통미봉남(通美封南) 전략 목표를 달성하는 것이다.

우리의 대응은 이미 세워진 원칙에 따라 북한의 도발에 강경으로 맞서는 것이다. 북한의 '벼랑 끝 전술'이 더 이상 설자리가 없음을 분명히 해야 하며 이는 한·미 간 확고한 공조가 이루어졌을 때만 가능할 것이다. "싸울 날을 위하여 마병을 예비하거니와 (북한이 아무리 벼랑 끝 전술을 써도) 이김은 여호와에 있느니라."(잠 21:31)는 말씀에 의지하여 함께 기도하기를 원한다.

# 1. 북한의 군사위협, 무엇을 겨냥하나?

## 1) 북한의 지속적인 강경발언

### 이명박 대통령에 대한 노골적 비난

노무현 정부 때에도 한나라당 비난에 주력했던 북한은 18대 대통령 선거기간인 2007년 10월 말부터 2008년 3월까지 이명박 후보나 당선인에 대한 비난을 일체 삼갔다. 2007년 12월 24일 북한의 조국통일 연구원이 발표한 "남북관계를 전면 차단의 위기에 몰아넣은 남조선 당국의 반민족적 죄행을 폭로 단죄한다."라는 제목으로 된 '고발장'에서도 북한은 남북관계의 파탄의 '장본인'으로서 남한 보수 정부를 지목하는 정도였다. 북한의 이러한 태도는 앞으로 이명박 정부로부터 지난 정부처럼 경제 지원을 끌어내려는 북한의 의도였던 것으로 분석된다.

그러다 2008년 3월 말부터 북한은 직접적인 대남 비난 발언하기 시작했다. 3월 26일 김태영 합참의장이 국회 인사 청문회에서 "제일 중요한 것은 적(북한군)이 핵(무기)을 가지고 있을 만한 장소를 확인해 타격하는 것"이라 답한 것이 기화가 되었다. 김하중 전 통일부장관의 "핵문제 타결 없이는 우리가 개성공단을 확대시키기 어렵다."라고 말한 것도 빌미가 되었다.

북한 언론 매체들은 "매국역적 리명박 역도는 새해벽두부터 핵문제 해결 없는 협력만 가지고는 북남관계를 개선할 수 없다고 한다. 리명박은 악명을 떨친 히틀러식으로 집권하며 히틀러 못지않게 민족의 재앙을 불러오는 위험인물이다. 10·4 합의에 대한 로골적인 부정이며, 6·15 통일시대의 흐름에 역행하는 공공연한 대결선언이다."라는 말로 우리 국가 원수에 대한 공갈 협박의 포문을 열었다.

이명박 정부 출범과 함께 기대했던 6·15와 10·4 공동선언 이행이 난망하게 되었고 식량, 비료 등 일방적으로 무조건 '퍼주던' 지원도 기대할 수 없게 되었다. 대북정책으로 '비핵·개방 3000'을 내세워 '7·4공동성명'과 '남북기본합의서'를 남북관계의 기본지침으로 삼겠다는 이 대통령의 발언이 김 위원장을 분노하게 만들었다.[63] 거기에다 이명박 정부는 북한의 인권문제를 유엔 인권위원회에서 공동제안국으로 나섰고 한·미정상회담 시 '자유민주주의 통일'을 언급하였으며, '기다리는 것도 전략'이라며 북한의 지속적인 공격적 발언을 무시해 버렸다. 북한체제에 심각한 위협이 될 수 있는 탈북자 중심의 민간단체의 대북전단 살포를 묵인하고 있는 것도 북한에게는 참을 수 없었던 것이다.

2008년 4월 1일 북한은 이 대통령에 대한 노골적인 비난을 가했다. 이날 《노동신문》은 "남조선 당국이 반북대결로 얻을 것은 파멸뿐이다."라는 기사에서 이 대통령을 '역도'라 표현한 후 하루가 멀다 하고 '도당', '반역자', '호전광' 등 비속어를 사용하며 비난의 수위를 높였다.[64] 5월 7일 《민주조선》을 통하여 북한은 촛불정국에 "미친 소

---

63) '7·4 공동성명'과 '남북기본합의서'는 국제사회의 급격한 변화로 북한이 심각한 체제위협을 모면키 위해 불가피하게 합의한 것으로서 김정일 위원장이 항상 불만을 표시했던 것으로 알려지고 있다.
64) 북한은 한국의 경제 살리기 노력을 "양대가리 걸어 놓고 말고기 판다."(《민

고기에 미친 실용정부"라 표현하는 등 비방 전선을 남북관계에 국한
하지 않았다.

### 직접적 군사위협

북한군의 위협적 발언은 2008년 12월 23일 김일철 인민무력부장
이 그 강도를 한 차원 높였다. 그는 남한의 '선제타격' 가능성을 언급
하며 "사소한 움직임에 대해서도 그보다 신속하고 더 위력한 우리식
의 선제타격으로 대응할 것"이라고 주장했다. 북한은 "우리식의 선제
타격이 불바다 정도가 아니라 반민족적이고 반통일적인 모든 것을 잿
더미로 만들고 그 위에 통일 조국을 세우는 가장 단호하고 무자비한
정의의 타격전이 될 것이라는 것을 명심해야 한다."라고 경고했다.[65]

2009년 신년공동사설은 이명박 정부를 '반 통일세력'으로 규정하
며 "남조선 인민들은 사대매국적인 보수당국의 파쇼통치를 쓸어버리
며 투쟁의 불길을 더욱 세차게 지펴 올려야 한다."라고 극렬한 투쟁을
선동하였다. 북한은 지난 1년 동안 남한 새 정부의 인사들의 대북관
련 발언을 문제 삼아 이명박 대통령을 '력도'로 비방했고 금강산 관광
객 피격사건을 계기로 이명박 정부에 대한 기대를 완전히 접었던 것
으로 보인다.

2009년 1월 17일 북한군 총참모부 대변인은 군복을 입은 채 조선
중앙 TV에 나와 남한 정부가 대결정책을 선택했다면서 "우리의 혁명
적 무장력은 그것을 (남한 정부의 대결정책) 짓부수기 위한 전면 대
결 태세에 진입하게 될 것"이라고 엄포를 놓았다. 총참모부 대변인은
특히 "우리가 이미 세상에 선포한 서해해상 군사분계선을 그대로 고
수할 것"이라며 서해 북방한계선(NLL) 해역에서 군사적 도발을 시도

_____

주조선》 1월 24일)고 조롱했고 "남북적십자 회담재개를 우해 노력하라."는 대통
령의 지시를 "살인자가 조상(조문)한다."(《민주조선》 2월 3일)고 비꼬았다.
65) 평양 4 · 25 문화회관에서 열린 김정일 국방위원장의 최고 사령관 추대 17
주년 중앙보고대회의 날이었다.

할 가능성을 시사했다.

이날 《노동신문》은 대남 '전면 대결태세'를 선언한 북한 인민군 총참모부 대변인의 성명과 관련 "우리는 빈말을 모른다."며 자신들의 경고를 명심해야 한다고 주장하고 "우리의 대답은 무자비한 징벌이다."라고 논평했다. 이어 조선중앙통신도 "도발에는 천백배의 강력하고 무자비한 징벌로 대답하는 것"이라고 대남협박을 지속했다.

이어 북한은 1월 30일 대남선전 기구인 조평통 명의의 성명을 내고 이명박 정부의 대북정책을 비난하면서 "지난 시기 북남 사이에 채택된 모든 합의들은 이미 사문화되고 백지화되어 우리만 구속받을 필요가 없다."라고 주장했다. 북한은 성명에서 '남북기본합의서 2장 11조'와 관련 북측합의서 3장 10조를 폐기 대상으로 명시했는데 이는 북한이 스스로 NLL을 인정했던 조항이다.[66]

북한의 이날 성명대로라면 북한은 이 같은 합의를 지킬 의무도, 남한과 앞으로 이런 문제를 협의할 의무도 없어진다. 이는 군축이나 평화체제 논의 등과 같은 핵심이슈에서 남한을 배제할 명분을 만드는 것이다. 따라서 이번 성명은 NLL무력화 이상의 대남, 대미용 중장기 포석일 수 있다.

한편 북한은 2009년 2월 1일자 《노동신문》을 통해 "우리의 준엄한 경고를 외면하고 반공화국 대결책동에 계속 매달린다면 그것이 종국적 파멸로 이어지게 된다는 것을 명심해야 한다."라고 협박했다. 조평통은 2월 12일 "하루 세 끼 밥 먹는 것을 걱정하는 사회주의라면 그런 사회주의는 안 하는 게 좋지 않겠나"라고 말한 이 대통령을 지칭하며 "우리의 존엄과 체제를 심히 중상모독 하는 악담"이라고 강하게 반발했다.

또 조평통은 2월 26일 대변인 담화에서 "전면적 대결태세", "물리

---

66) 정부는 "NLL 조항 등 남북한의 합의는 쌍방이 합의했을 때 수정될 수 있으며 일방의 주장에 의해 폐기되는 것이 아니다."라고 밝혔다. 2009.02.02.《중앙일보》"북·정치·군사 합의사항 38건 중, 3건만 이행".

적 충돌은 시간문제", "우리는 가장 무자비하고 단호한 결산으로 역적 패당과 끝까지 결판을 보고야 말 것"이라며 "앞으로 시간은 이명박 패당의 말로가 얼마나 비참한가를 실천으로 뇨여줄 것"이라고 주장했다.

조평통은 2월 26일 이상희 국방부장관의 "북한 군사 도발 시 발사지점 대응 타격" 발언(20일)에 대해 "신성한 우리의 존엄을 털끝만치도 건드린다면 도발자들은 물론 그 아성까지도 초토화될 것"이라고 위협했다.

### 육·해·공 안전 협박

서해 북방한계선의 도발 가능성을 언급했던 북한이 대포동 2호 장거리 미사일 발사 준비에 나서고 2월 28일 육상충돌을 경고하는 통지문을 남측 군 당국에 보내더니,[67] 3월 5일에는 이것도 모자라 국제적으로 절대 안전을 보장하게 되어 있는 민간 항공기까지 위협하고 나섰다. 육·해·공에 걸친 협박이다.

북한의 대남기구 조평통은 이날 한국과 미국이 9일부터 합동군사훈련 '키 리졸브'를 진행하는 것을 비난하며 "이 근사 연습기간 우리의 동해상 영공 주변을 통과하는 남조선 민용 항공기들의 항공안전을 담보할 수 없게 됐다."라고 밝혔다. '키 리졸브'는 해마다 해 온 방어훈련이다. 한·미는 2009년 2월 18일 북측에 훈련 계획과 일정까지 통보했다.[68]

1997년 남북합의에 따라 북한 비행정보구역(FIR)을 우리 국적 항공기가 하루 평균 14.4차례, 제3국 항공기까지 포함해 33회 가량 통과하고 있다. 북한은 통과료로 한 해 50억~60억 원씩을 거두고 있다. 북한 스스로 영공을 열었고 북한 경제 규모로 콜 때 적지 않은 수

---

67) 조선중앙통신, 2009.02.28.
68) 미 국방부는 "이번 훈련에서 북한 영공에 들어갈 어떤 계획도 없다."라고 밝혔다.

익을 챙겨 왔으면서 느닷없이 '키 리졸브'를 문제 삼아 민항기 안전을 위협하고 나선 것이다.

북한은 1987년 대한 항공기 858기 폭파사건의 주범이다. 미국이 북한을 테러지원국으로 지정한 계기도 KAL기 폭파사건이었다. 한·미 정부는 2008년 북한 핵 해결에 도움이 되리라는 기대를 갖고 북한을 테러지원국에서 삭제했지만 그 뒤로도 북한은 핵을 굴리며 한반도 정세를 어지럽히더니 급기야 민항기 운항까지 협박하기에 이르렀다. KAL기 참사를 겪었던 우리는 북한의 협박을 단순한 공갈로 받아들일 수 없고 단호한 자세로 대처해야 할 것이다.

북한군 총참모부는 3월 9일 대변인 성명을 통해 한·미 합동군사훈련인 '키 리졸브' 실시기간(9–20일) "북남 군 통신선을 차단할 것"이라며 "우리의 평화적 위성에 대한 요격행위에 대해선 즉시적인 대응타격으로 대답할 것"이라고 했다.[69] 대변인은 "위성 요격은 전쟁을 의미"하는 것으로서 "미일 침략자들과 남조선 본거지에 대한 보복 타격전을 개시할 것"이라고 경고했다. 북한군 최고 사령부도 이날 이례적으로 '보도자료'를 통해 "공화국에 단 한 점의 불꽃이라도 튄다면 무자비하게 징벌할 것"이라고 했고, "전체 인민군 장병들이 전투 준비를 갖췄다."라고 주장했다.

지속적인 북한의 전쟁위협은 남남갈등과 체제결속을 노린 고도의 심리전이라는 점에서 이에 대한 철저한 대비책이 필요하다. 국민의 안전을 위해 불가피하다면 개성공단 전면 중단까지도 고려할 수 있다는 결연한 자세가 필요하다.

---

69) 대부분의 전문가는 북한이 대응 타격에 성공할 가능성은 크지 않다고 분석하고 있다.

## 2) 북한은 권력체제 재정비 중

### 3·8 최고인민회의 대의원 선거

북한 최고인민회의 상임위원회는 2009년 1월 6일 전원회의를 열어 대의원 선거에 대한 결정을 채택하고 "조선민주주의 인민공화국 사회주의 헌법 제90조에 따라 최고인민회의 제 12기 대의원 선거를 2009년 3월 8일에 실시한다."라고 발표했다. 북한 헌법 제90조에 의하면 최고인민회의 대의원의 임기는 5년이기 때문에 현 제11기 대의원 임기가 끝난 2008년 9월에 제12기 대의원 선거가 실시되어야 했지만 북한은 여러 가지 이유로 미뤄왔다.

북한이 2008년에 제 12기 대의원 선거를 하지 않은 이유는 6월 중 북핵시설 및 핵 프로그램 신고 이후 미국의 테러지원국 해제를 기다렸기 때문이다. 또한 8월 이후에는 김정일 위원장의 건강악화 때문이었다. 그러다 결국, 2009년에는 미국의 테러지원국 해제 및 김 위원장의 건강회복, 더 이상 미루기 어려웠던 내부사정 등으로 선거를 결정했다는 판단이다.

제12기 대의원 선거가 특별히 주목을 받을 만한 이유가 있다. 이번 선거를 계기로 김정일 국방위원장의 지도체제가 3기에 접어들고 여기에서 김 위원장과 그의 후계자를 옹립할 것으로 예상되는 핵심 엘리트들의 윤곽이 드러날 것이기 때문이다.

북한에는 5년마다 최고인민회의 대의원 선거로 '김정일 통치'의 분기점을 만들어 왔다. 1999년 최고인민회의 제10기의 유훈통치 마감, 2003년 제11기의 국방위원장 추대 – 선군정치가 그간의 분기점이었다. 제12기의 대의원선거 역시 67세 김 위원장의 향후 5년 '통치코드'를 알아 볼 수 있는 전기가 될 것이다.

북한의 선거는 대외용 요식행위이다. 당국이 국민의 대표를 뽑는다는 명분 아래 독재체제 유지에 필요한 주민 실태를 조사한다. 선거

때만 되면 장마당을 떠돌던 '꽃제비'도, 중국으로 도망쳤던 이들도 일부 집으로 돌아온다.[70] 당국은 100% 투표율을 확보하기 위해 선거 3개월 전부터 출장과 여행 등 주민 이동을 엄격하게 제한한다. [71]민간단체가 운영하는 대북방송인 열린북한방송은 3월 2일 "당국의 통제가 심해져 중국 국경을 넘나드는 탈북 브로커가 3분의 1로 줄었다."라고 전했다.

북한이 3월 9일 밤, 새로 선출된 최고인민회의 제12기 대의원 687명의 명단을 공개했다. 그러나 김정일 위원장의 후계자로 내정됐다는 소문이 나돌던 3남 정은(26세)은 물론이고 장남 정남(38세), 차남 정철(28세) 등 세 아들 모두 새 대의원 명단에 없는 것으로 확인됐다.

북한 조선중앙통신이 보도한 대의원 명단을 분석한 결과 김 위원장은 3기 체제 출범을 위한 이번 3.8 최고인민회의 선거를 통해 남북교류, 협력을 주도했던 대남라인을 대폭 정비한 것으로 나타났다.[72] 남한에 이명박 정부가 들어서면서 종래의 대북정책을 크게 바꾸어 놓은데 대한 불만과 이러한 정책변화에 대한 무방비의 책임을 묻는 차원으로 보인다. 이런 맥락에서 북한의 대남전략은 김정일 정권 3기를 맞아 새로운 모습으로 나타날 가능성을 예고해 주고 있다. 명분보다는 실리에 맞추는 대남전략으로 변모될 것이 예상된다.

한편 이번 선거에서 김정일 위원장의 측근 군부 인사들은 큰 변화를 주지 않은 것으로 분석된다. 신임 인민무력부장 김영춘, 총참모장 리영호, 총정치국 상무국장 현철해, 국방위원회 부위원장 오극렬 등

---

70) 투표를 앞두고 당국이 공민증을 확인하는 과정에서 가족 중 누구 하나라도 사라진 것이 발각되면 그 가족은 작살나기 때문이다.
71) 함흥에 살았던 탈북자 김 모 씨(45)는 선거를 일주일 앞두고 신의주에 살던 삼촌이 죽었지만 상가에 갈 수 없었다고 말했다. 또한 환자들에게는 선거관리위 관계자들이 이동선거함을 들고 방문한다.
72) 2007년 남북정상회담이 북측 주역인 최승철, 남북 경협의 북측 책임자였던 정운업, 남북장관급 회담의 북측 단장인 권호응, 개성공단 조성에 관여했던 김경식 대장, 개성공단을 담당했던 주동찬 등이 대의원에서 탈락되었다.

은 그대로 자리를 지켰다.[73] 김일성 주석 때부터 권력 핵심부를 차지했던 인물들, 그리고 기존 측근들을 중심으로 권력승계를 비롯한 체제를 안정시키는 것이 급선무인 것으로 보인다.

또 하나 주목되는 것은 대의원 324명(47.2%)이 교체된 것으로 보이는데 대의원 명단에는 이름이 같은 사람이 2명씩, 3명씩 모두 27명이나 있다는 것이다. 이런 현상은 1998년이나 2003년에는 없었던 이례적인 일로서 일각에서는 이 중 일부가 실제 이름을 드러내지 않기 위해 만든 가명(假名)일 수도 있는 것으로 보고 있다.[74]

### 북한 3대 권력 승계, 이루어질까?

북한이 3월 9일 밤 최고인민회의 제 12기 대의원 687명의 명단이 공개되었으나 김정일 위원장의 후계자로 내정되었다는 3남 정은의 이름은 없는 것으로 밝혀졌다. 이번 대의원 선거에서는 어떤 방법으로든지 후계문제가 좀 더 구체화될 것이라는 예상은 빗나갔고 앞으로 승계문제는 한동안 수면 아래로 감추어질 가능성이 높아졌다.

언론에서는 2009년 1월 8일 김 위원장은 김정은을 후계자로 결정했다고 보도했다. 리제강 당조직지도부 제1부부장은 조식지도부의 과장급 이상 간부들을 긴급소집, 김정일의 결정사항을 전달한 데 이어 도당으로까지 후계관련 지시를 하달했다는 것이다. 이에 김 위원장의 현재 부인인 김옥(44세)이 정은의 승계를 지지하고 있고, 사실상 북한 권력의 2인자로 알려져 있는 김 위원장의 매제 장성택이 그를 보호하도록 지시를 받았다는 것이다.

그러나 어느 누구도 김정일 위원장 신변이나 후계 구도에 대해서 정확히 알 수가 없다. 이 문제에 대해서는 적어도 북한에서 철저히 금기

---

73) 오극렬 대장은 9선을 기록했으며, 양형섭 최고인민회의 상임위 부위원정은 최장 '10선 의원'이 됐다.
74) 김광철, 이철호라는 인물은 각각 3명, 김경희, 김광일, 김명희, 김영남, 김인남, 김창식, 이광남, 이승호, 이용철 등의 인물은 2명씩이다.

사항이 되고 있기 때문이다. 이런 맥락에서 중국을 방문한 장남 김정남도 승계문제는 오로지 "아버지만 안다."라고 했다.

김정남은 유교사회의 전통 때문에 김정일 위원장 후계자 순위로 첫 번째이긴 하지만 김정일과 공식적 결혼하지 않은 배우 출신 성혜림 사이의 아들이란 한계를 가지고 있다. 그는 주로 해외로 떠돌았기 때문에 지배구조를 강화하는 데 필요한 인맥과 조직을 가지고 있지 못할 뿐만 아니라 비만 등으로 건강도 좋지 못하다.[75]

김정철은 한때 후계구도에 상당히 접근해 있었던 것으로 알려졌다. 그는 스위스에서 사립학교를 다니며 몇 개의 외국어를 배웠고 북한으로 돌아가 김일성 군사종합대학을 졸업하고 권력의 핵심부서인 노동당 중앙위원회 조직부에서 일해 왔다. 그러나 그는 여성 호르몬이 과다 분비되는 등 몸과 성격이 여성과 같다는 평가를 얻고 있어 후계자로서는 부적합하다.

정철에 비해 정은은 강인한 성격을 가지고 있어 김정일이 총애를 받고 있고 생모인 고영희도 고위간부들에게 정은을 장군이라고 부르고 후계자 경쟁에 참여할 수 있도록 하라고 지시한 적이 있다. 그러나 후계자 경쟁에 너무 늦게 뛰어들었고 아직도 나이가 어리다는 한계를 가지고 있다.

김정일 위원장은 2006년 말 앞으로 15년 이상 장기집권하겠다고 선언하고 북한에서 후계자 논의를 금지하도록 지시했던 것으로 알려졌다. 그는 뚜렷한 후계자의 선두주자가 없는 상황에서 시간을 가지고 준비하면서 기다리겠다는 것이다. 2008년 신년공동사설에서 북한은 공화국 창건 60돌과 2012년 김일성 탄생 100돌까지 "강성대국의 대문을 활짝 열어 놓는 것이 당의 결심이고 의지이다."라고 주장했다.[76]

---

75) 결정적인 것은 그가 2001년 위조여권을 가지고 일본에 입국하려다가 공항에서 적발된 후 부자 관계가 매끄럽지 못했다는 것이다.
76) 북한은 이미 2007년 11월 30일 전국지식인 대회에서 2012년을 '강성대국

북한이 2012년을 강성대국 달성의 해로 내세운 것은 후계문제와 관련이 있는 것으로 볼 수 있다. 2012년이면 김 위원장은 만 70세가 되며, 김정철은 만 31세, 김정은은 만 29세로 김정일이 후계자로 지명된 만 32세에 근접하게 된다. 이때 어느 하나를 후계자로 지명하기 위해 은밀하게 당내에서 그의 권력기반을 구축하고 군대에 대한 영향력도 강화해 나갈 것이라 예상된다.

2009년 공동사설은 "강성대국의 대문에 문패를 달아야 한다."라고 주장했다. 향후 당분간은 북한 후계 체제에 대한 논의를 금기시하겠다는 의미로 해석된다. 아직까지 김 위원장이 건재해 있고 북한 내부 여건 등을 고려한다면 권력승계를 서둘러야 할 이유가 없다.

당 비서국 장성택 부부장이 김정은을 보호하도톡 지시를 받았다고는 하나 김정남과 오랫동안 긴밀한 관계를 가져온 그가 자신을 적대시해 온 중앙당조직부 이제강이 적극 밀고 있는 김정은을 적극 후원할지는 아직 미지수이다.

현재 북한의 대내외 상황을 두고 보면 북한의 3더 권력승계는 쉽지 않을 것이다. 오히려 김 위원장 사망 후 권력투쟁이 본격화되면서 당과 군부가 중심이 되어 정남, 정철, 정은 중 하나를 명목상의 지도자로 추대하는 집단지도 체제가 출현될 가능성이 크다.

한편 권력승계와 관련 김 위원장의 이복동생인 김평일의 행보도 예의주시해야 할 것이다. 김일성은 한때 당은 김정일에게, 군은 김평일에게 맡겨야 한다는 뜻을 측근에게 전하기도 했던 것으로 알려져 있다.

### 군부의 대대적 인사 이동

북한은 2009년 2월 11일 국방위원회와 중앙군사위원회 결정사항으로 인민무력부장(국방부장관)에 김영춘 국방위원외 부위원장을 총

---

의 대문을 여는 기한'이라고 밝혔다.

참모장(합참의장)에 이영호 평양방어사령관을 각각 임명했다. 그리고 후속인사로 오극렬을 국방위원회 부위원장에 임명하였다.

김영춘 인민무력부장은 1994년 북한군 6군단의 쿠데타 시도를 진압하면서 승승장구한 인물이다. 김정일 국방위원장은 1994년 1월 2일 6군단장이 특별한 이유없이 사망하자 이상한 낌새를 채고 당시 군수동원 총국장으로 있던 김영춘 대장을 6군단장에 임명했다.

김영춘 대장은 부임 즉시 6군단 정치위원 등 쿠데타 고위 주모자들을 함남 이원 비행장으로 유인해 일거에 제거한 뒤 무자비한 숙청을 단행했다.[77] 이듬해 6군단 산하 사단을 잡음 없이 전방사단들로 재편성하는 데 성공한 김대장은 그 공로로 1995년 10월 쟁쟁한 선배들을 물리치고 차수직과 함께 총참모장에 임명됐고, 2000년 4월에는 '영웅' 칭호를 받았다.

이영호 총참모장도 쿠데타 진압방법에 정통한 사람이다. 그가 사령관으로 있던 평양방어사령부의 첫째 임무는 평양에 진입하는 병력을 방어하는 것이다. 따라서 평양방어사령관은 쿠데타를 가장 잘 진압할 수 있는 능력과 함께 충신 중의 충신이어야 한다.

오극렬 북한 국방위원회 부위원장은 김영춘 인민부장과 함께 '혁명 2세대'를 대표하는 인물이다. 그는 북한 공군대학 학장과 공군사령관을 거쳐 김 위원장이 후계자로 대외에 공포(80년)되기 직전인 1979년 북한군 참모총장에 올랐다. 시기적으로 1980년 이후 공식 후계자로 본격 활동한 김정일 위원장이 군부를 장악하는 데 결정적인 기여를 했다. 오극렬은 군 원로 중에서 김정일의 신임이 매우 높다는 평판을 받고 있다.[78]

김 위원장이 이런 인물들을 군 수뇌부에 임명한 것은 와병설 이후

---

77) 황장엽씨는 "당시 주동자들을 강당에 모아 죽였는데 이를 집행한 사람은 김영춘이었고, 정치적으로 지도한 사람은 장성택이었다."라고 증언했다.
78) 오극렬은 87년 오진우 인민무력부장이 독일에서 치료받는 동안 군내개혁을 추진하였고 오부장 복귀 후 갈등을 빚다 지방으로 좌천되는 아픔도 겪었다.

술렁이는 군부를 확실히 장악해 '만일의 사태'를 막겠다는 의도로 풀이된다. 최근 북한에는 후계자 문제를 둘러싸고 심상찮은 움직임이 일고 있다. 앞서 지적한 것과 같이 3남 김정은이 후계자로 지명되었다는 언론보도가 있는가 하면 장남인 김정남이 중국 베이징에서 이례적으로 후계자 문제를 언급하고 이어 권력투쟁의 기미를 보이기도 했다.

김정일 위원장은 후계체제 확립을 위해 친정체제를 다지는 한편 만일의 사태에 철저한 대비책을 세우고 있는 것으로 보인다. 한편 강경파인 장성택 부장이 복귀한데 이어 그의 측근들이 군 수뇌부를 장악함에 따라 북한은 앞으로 대내외적인 강경노선을 취할 것으로 예상된다.

김정일 위원장은 지난 2년간 공군사령관(이명철)과 해군사령관(정명도), 작전국장(김명국), 총정치국 제1부국장(김정각), 선전부국장 (정태근), 김일성 군사종합대학총장(여춘석) 등 군 지휘부 전면 세대교체를 단행했다. 이들은 6·25 전쟁을 직접 치르지 않아 전쟁의 무서움을 모르는 강경 인물들이어서 남북한의 긴장을 고조시킬 가능성을 한층 높였다. 그러나 김영춘 인민무력부장은 73세나 되는 고령인데다 2년 가까이 국방위원회에서 김 위원장을 직접 보좌해 왔다는 점에서 세대교체보다는 대남·대외 정책에서 군부의 전면 등장이라는 분석이 더 설득력을 얻는다.[79]

결론적으로 김정일 위원장은 미국 오바마 행정부와의 담판, 그리고 '비핵·개방 3000'을 입안한 현인택 통일부장관 체제를 염두에 두고 군부 최강경파인 김영춘 부장을 내세워 군사적 긴장을 통한 압박에 나서고 있는 것으로 분석된다.

---

79) 1998년 김정일 체제 등장 이후 인민무력부, 총참모부, 총정치국 등으로 군부권한을 쪼갰던 것을 다시 김영춘 부장 중심으로 결집한 것으로 볼 수 있다.

## 3) 북한, 무엇을 노리나?

### 중단된 대북지원 끌어내기

북한이 대남 도발의 수위를 급격히 높이고 군사적 협박을 담은 강경발언을 하고 주변국들을 미사일로 위협하는 것은 한반도 정세를 악화시켜 그들의 의도대로 끌고 가겠다는 계산된 전략이다. 아마도 북한은 군사적 대치나 충돌위협으로 원하는 것을 얻어낼 수 있을 것으로 여길지 모른다. 남북관계를 악화시켜 남남갈등을 부추기면서 이명박 정부의 대북정책을 폐기시키도록 하는 것이다. 미국정부로부터 핵보유국 지위를 인정받으면서 평화협정체결 및 국교정상화를 위한 협상을 조기에 끌어내고 한반도의 긴장고조를 원치 않는 남한과 중국 정부로부터 대북지원을 얻어내겠다는 것이다.

북한의 1차적인 목표는 '햇볕정책'에 비판적인 시각을 가지고 무조건적 대북지원을 중단한 이명박 정부가 지원을 재개하라는 것이다. 북한이 대남 도발 수위를 높여가며 일관되게 주장한 것은 "남북정상 간의 6·15, 10·4 공동선언을 이행하라."는 것이었다. '공동선언 이행 요구'는 한마디로 김대중, 노무현 정권이 10년간 '퍼주기 식'으로 지원했던 대로 이명박 정부에서도 지속하라는 것이다.[80]

지난 정부에서 북한이 누려 온 엄청난 혜택의 규모가 북한의 입장을 이해하는 데 도움을 준다. 한나라당 진영 의원실이 정부 자료를 받아 집계한 자료에 따르면 김대중, 노무현 정부 동안 북한이 거둔 경제적 지원은 8조 3,800억 원이다. 노무현 전 대통령이 김정일에게 도장 찍어준 '10·4 선언'의 이행에 들어갈 돈은 150조 원으로 추산된다. 2007년 한 해 북한의 GNI(국민총소득)가 24조 원 규모였던 것

---

80) 홍관희 안보전략 연구소장은 북한의 도발은 남한의 대북정책을 '묻지 마 퍼주기'식이었던 10년 전으로 되돌리려는 기도라고 주장했다. 김장수 전 국방장관은 "10·4 합의가 북 입장에선 노다지인데, 그걸 이명박 정부가 안 해 주니 몽니를 부리는 것"이라고 했다.

에 비춰보면 그 돈이 북한에 얼마나 큰 액수인 지는 쉽게 알 수 있다.

북한은 남한이 준 돈을 가지고 무엇을 했나? 지금 당장 남한 국민을 위협하고 몰살시킬 수 있는 핵무기를 만들었고, 미사일을 비롯한 모든 살인무기를 대량으로 생산해 남한을 비롯한 주변국들을 협박하고 있다. 그러나 남한에 이명박 정부가 들어서자 사정은 달라졌다. 북한의 요구에 응하지 않고 '비핵·개방 3000'으로 '선 핵 해결, 후 경협' 등의 원칙적 대응을 고수해 왔다. 지난 정부들을 생각하면 북한에게는 분통이 터질 일이다. 그래서 모든 수단을 총동원하여 남한 정부의 태도를 바꿔 보자는 것이 북한의 가장 큰 목표이다.

### 남남갈등 부추겨 대북정책 폐기

북한은 대남 무력위협을 통해 한국의 '보수정권'에 타격을 입힘으로써, 친북좌파를 심리적으로 지원하고, 사기를 고양시키며, 반정부 투쟁을 부추김으로써 이명박 정부의 대북정책을 폐기토록 하려는 것으로 분석된다.

대북정책에 대한 한나라당의 입장이 구체화되면서 북한은 신경질적인 반응을 보여 왔다. "한나라당 반동 보수 세력의 매장을 위해 투쟁을 힘 있게 벌여 나갈 것을 선동하고 한나라당이 집권하면 전쟁이 날 것"이라고 선동하여 왔다. 총선이 끝나고 한나라당이 집권하면서 광우병 촛불시위 등으로 남한이 극도의 혼란에 빠지자 북한은 정권 붕괴로 이어지게 하기 위해 시위기간 중 내내 정권퇴진 운동을 선동하였다.

북한은 남한내부의 보혁갈등, 남남갈등을 유발시키려는 데 전략의 역점을 두었다.[81] 특히 남한에 북한 대변자 단체들인 실천연대 등이 '한국정부의 대북정책 실패'를 주장하는 등 종북활동을 격화하고

---

81) 미사일발사와 호전적인 대남강경 메시지는 이제까지 남북관계에 임하는 남한 정부의 입장을 전쟁 위협적인 분위기 조성을 통해 흔들고 포기하게 만들겠다는 것이다.

6·15 공동선언, 10·4 선언 파탄에 맞서 '이명박 정부 퇴진'을 요구하는 등 맞불질을 하였다.

촛불시위가 진정되자 북한은 이명박 정부의 대북정책을 매국행위로 맹비난하고 금강산 관광객을 살해한 후 현지 건설 현장 감독관을 추방하였다. 이어 2008년 3월에는 개성공단의 남측 당국자 11명을 추방, 남측 당국자의 개성공단 왕래를 차단하는 등 관민을 이간 책동해 왔다.[82]

김영남 최고인민회의 상임위원장은 2009년 2월 16일 김정일의 생일을 하루 앞둔 15일 '경축보고'를 통해 '대남철추투쟁'을 선동했다. 김영남은 "북과 남, 해외의 온 겨레는…민족의 머리 위에 핵전쟁의 재난을 몰아오고 있는 남조선이 반통일 호전세력에게 무서운 철추를 내리기 위한 투쟁에 한결같이 떨쳐 나서야 한다."라고 선동하면서 남한 내 친북좌파에 대해 반정부 투쟁을 주문했다.

이는 '동족화해'와 '우리 민족끼리' 그리고 '자주통일' 슬로건을 수용하도록 긴박한 분위기를 조성하는 한편, '혁명적 무장력'이 빈말이 아님을 한국 내 친북좌파 세력에게 확신시키고 이들에게 힘을 실어 주려는 것이다. 결국 북한은 이명박 정부의 강경한 대북정책 때문에 남북관계가 경색되고 있다는 논리를 펴면서 남한 내 친북좌파 세력을 동원하고 남한 내 남남갈등을 증폭시켜 남한 국민들이 이명박 정부의 대북정책을 폐기토록 하려는 것이다.

한편 북한의 대남강경책 구사는 한반도의 위기감을 고조시키고 국제적으로 한반도 안정에 대한 신뢰를 추락시켜 남한 경제를 파탄시키는 우회적인 전략목적이 있는 것으로 풀이된다. 북한이 2009년 3월 5일 '키 리졸브' 한·미합동군사 훈련기간 중 한국 국적기의 북한 비행정보구역 이용을 사실상 불허한 것도 민간인의 불평을 통해 남한 정

---

82) 조공을 해 온 것이나 다름없는 과거 정권과는 달리 현 정권이 자신들 마음대로 되지 않자 불만이 커지고 있었던 것이다.

부를 압박하려는 의도로 분석된다.[83] 북한의 이러한 협박술은 여론을 악화시켜 오히려 북한을 궁지에 몰리게 하는 좌충수가 될 뿐이다.

### 시급한 내부결속 챙기기

최근 북한은 '키 리졸브' 훈련을 강력히 비난하며 육·해·공 도발 가능성을 모두 예고하고 있다. 현재 북한은 체제 단속과 대미 협상, 대남 압박을 위해 한반도 긴장이 필요한 시점으로 보고 있다.

김정일 위원장은 1998년 7월과 2003년 8월 최고인민회의 선거를 통해 권력기반을 재편하면서 내부 단속을 위해 한반도 긴장을 고조시키는 수법을 써 왔다. '김정일 체제 1기'가 출범한 1998년에는 잠수정을 속초 해안에 침투시킨 데 이어 장거리 미사일인 대포동 1호를 쏘아 올렸다.[84] '김정일 체제 제2기' 출발점인 2003년 최고인민회의 선거 때는 고농축우라늄(HEU) 의혹을 둘러싼 제2차 북핵 위기가 정점으로 치닫고 있었다. 김 위원장은 이런 위기 상황 속에서 대의원의 64%(1998년)와 50%(2003년)를 각각 갈아 치웠다.

통일연구원은 이명박 대통령 취임 이후 북한의 대외 비방 92건을 분석한 「북한의 대남 비방 공세의 의도와 전망」 보고서에서 "대남 비방의 본질은 '변화에 대한 거부'이며 그 목적은 대남용→대미용→대내용으로 변화해 왔다."라고 주장했다. 대남 비방의 목적이 2008년 상반기에는 남한의 대북정책을 바꾸려는 대남용, 2008년 하반기에는 핵문제를 둘러싸고 미국과의 직접 대화를 노리는 대미 성격이 강했지만 최근에는 엘리트와 주변 결속을 다지는 대내용 성격이 강하다는 것이다.

최근 북한 내부사정이 매우 어렵게 돌아가고 있는 것으로 알려지

---

83) 북한이 이 기간 통과료 3억 2400만 원의 손실에도 불구하고 이 같은 조치를 한국 국적기에만 차별적용하고 있는데서도 북한의 의도를 찾을 수 있다.
84) 속초에 침투한 승조원 6명은 자폭을 했으며 북한은 대포동 1호를 인공위성으로 주장했다.

고 있다. 북한의 후계 작업을 위한 불안 요소는 체제내부의 권력층이
나 당사자들 간의 대립과 갈등, 후원세력들 간 암투가 심각하다. 김
위원장의 건강이 호전되었다고는 하나 재발 가능성으로 지도력 훼손
때문에 예전과 같은 정상적 활동은 어렵다. 게다가 김정일 정권에 대
한 북한 주민들이 노골적인 비판으로 돌아섰다. 인민들을 굶겨 죽이
고, 온 나라를 감옥으로 만든 김정일 독재정권에 등을 돌리거나 반항
하는 반사회적 경향이 날로 높아지고 있다는 것이다.[85] 이 같은 경제
난에 대한 주민의 반감과 저항이 가시화되고 외부 개방사회로부터의
끊임없는 접촉과 정보유입 등으로 체제 이완이 상당 수준에 달한 것
이다. 특히 남한의 대북전단 살포는 북한 주민들을 동요시키는데 한
몫을 해 오기도 했다. 이 때문에 북한은 내부 통제의 필요성을 절감
하게 된 것이다.

이러한 때에 남한에 대한 군사대결과 같은 위기국면의 조성은 내부
불만을 단숨에 잠재우고 단결을 가져오는 정권통제 강화에 있어 가장
효과적인 방법이 되고 있다. 북한은 2009년 신년공동사설에서 1950
년대 사회주의 건설의 상징인 '천리마 운동'을 다시 꺼내 들고 경제 건
설의 획기적인 전환점을 맞겠다고 주장한 것도 같은 맥락이다. 이와
함께 북한 당국은 체제 단속을 위해 최근 주민들의 중국 왕래를 엄격
히 제한하고 화물차 운행도 제한하였다.

### 핵보유 인정받고, 통미봉남

2009년 2월 8일 평양 방문을 마치고 서울에 온 모턴 아브라모위츠
전 미국무부차관보는 "북한은 오바마 행정부와의 대화를 바라고 있
으며 새 행정부의 대북정책에 변화가 있을 것으로 기대하고 있다."라
고 말했다. 방문단의 일원인 조너선 폴락 미 해군 대학교수는 "북한은
북핵 6자회담의 다자협상보다는 북·미 간 직접대화를 선호하고 있다

---

85) 자유북한방송, 2009.01.21, 김대성 기자.

는 느낌을 받았다."라고 말했다.[86]

북한이 한·미에 대해서 강경책을 구사하는 배경은 한마디로 이른바 통미봉남 전략을 성공시키기 위한 전략이다. 이것은 북한이 핵보유국으로 인정을 받기 위한 수순이며 결국 오바마 정부를 통해 이명박 정부를 고립시키고 대북정책을 폐기케 하려는 것이다.

북한은 우선 미국과 대화를 통해 북미관계를 정상화한 다음 북한의 60여 년 숙원인 주한·미군 철수 및 한·미동맹 약화 또는 폐기 등을 획책하려는 것이다. 북한의 목적은 미국과 직접대화를 통해 북한이 보유하고 있는 핵을 폐기하지 않고 핵보유국 자격으로 미국과 핵협상을 하면서 비핵보유국인 한국은 제외시키려는 것이다.[87]

북한은 2009년 2월 3~7일 민간인 신분으로 방북했던 스티븐 보즈워스 미국 대북정책 특별대표 일행에게 핵무기를 포기하기 위한 전제조건으로 한·미동맹을 파기해야 한다고 주장한 것으로 알려졌다. 함께 방북했던 모턴 아브라모위츠는 6자회담 북측 수석대표인 김계관 부장 등 북측 관리들이 핵무기 포기를 위한 전제조건으로 미국의 대북 적대시 정책 철회, 한국에 대한 핵 우산 제거, 한·미동맹의 파기를 제기했다고 밝혔다.

북한이 주한·미군 철수를 주장한 사례는 많지만 5자회담과 연계된 핵무기 포기조건으로 한·미동맹 파기를 주장한 것은 극히 이례적이다. 힐러리 클린턴 미 국무장관이 2월 19일 서울에서 북한의 이른바 '통미봉남' 의도를 일축했던 것도 이 같은 북한의 한·미동맹 파기 공세를 차단하기 위한 분명한 메시지였다. 이날 그는 "북한은 한국과의 대화를 거부하고 한국을 비난함으로써 미국과 다른 형태의 관계를

---

86) 이들은 2월 3일부터 4박 5일간 평양에서 외무성과 군부관계자, 경제 관료들의 여러 차례에 걸쳐 북미관계 전반에 대해 의견을 나누었다.《중앙일보》, 2009.02.09.
87) 프랑스 일간《피가로》는 전문가들의 진단을 인용해 "북한이 미국과 대화를 더욱 잘하기 위해 한국과 등을 돌리는 것은 북한의 전략에서 고전적인 무기라고 강조하고 있다."라고 했다. 2009.02.13

얻을 수 없다."라고 분명하게 말했다. 앞으로 미국은 북한에 대해 분명한 태도를 취해야 하며 우리도 손 놓고 있을 때가 아니다. 그러나 클린턴 미 국무장관의 분명한 언급에도 불구하고 북·미 간의 움직임은 예사롭지 않다. 3월 12일 북한은 "다음달 4~8일 인공위성을 발사하겠다."라는 내용을 국제기구 외에도 별도로 미국에도 직접 알려 주는 '친절'을 베풀었다. 앞으로 미국의 만류에 따라 북한이 미사일 발사를 중지할 경우, 북한은 자신의 능력은 과시하고 미국의 화해 내지 대화 노력에 극적으로 부응하는 형식으로 북미협상을 극적으로 반전시킬 수 있을 것이다. 북한과 미국의 협상은 북한에 유리한 쪽으로 급진전되고 이는 한국 내 친북좌파를 기승케 하는 파장을 몰고 올 수 있다.

북한이 미사일 시험발사에 성공한 뒤에도 미국이 그 제재에 미온적일 경우 한국이 할 수 있는 선택은 많지 않다. 한때 북한 미사일 '요격'을 주장해 왔던 미국에서 요즘에는 '요격' 이야기가 쑥 들어간 점, 데니스 블레어 군사정보 국장이 '인공위성 발사체' 라는데 힘을 보태준 점, 북한의 핵무기는 '전쟁 억지에 필요한 수단'으로 보는 것 등이 심상치 않다.[88] 미국 북한이 어떠한 계기가 발단이 되어 협상을 급속히 추진하게 될지 모르는 상황에서 한·미 관계를 돈독히 하는 것은 가장 시급한 과제가 될 것이다.


## 4) 그러니 어떻게?

### 원칙적 강경대응

이명박 정부의 대북정책은 '비핵·개방 3000'으로 요약된다. 북의 핵무기 완전 포기가 최종 목표지만, 그 이전에라도 북한이 대화에 나

---

88) 블레어 국가정보국장(DNI)은 2월 12일 "평양은 핵무기를 전쟁을 위한 것이라기보다 전쟁억지, 국제적 지위 또는 강압외교에 필요한 수단으로 보는 것 같다."라고 말했다.

오면 당장 쌀과 비료도 줄 수 있다는 입장이다. 남한 정부는 북한이 핵 포기의 마지막 목표에 동의하는 시점을 본격적인 경협의 출발점으로 삼는다는 것이다. 개방이라는 것도 현 단계에서는 3통(通) 즉 통신, 통행, 통관을 점차적으로 해 나가자는 정도이다. 그러면 북한 주민 1인당 연 평균 소득이 3,000달러에 이르도록 돕고, 국제사회의 다각적인 지원을 끌어내겠다는 약속이다.

이에 대해 야당과 친북, 종북(從北)세력은 "이명박 정부가 비핵을 앞세우는 것은 결국 대북화해 협력을 안 하려는 속셈"이라고 북한의 주장을 되풀이하고 있다.[89] 이는 북한의 비핵화를 정부와 국민이 포기하고 핵을 인정해야 된다는 소리로 들린다. 지난 김대중, 노무현 정부 10년간 북한에게 얼마나 엄청난 '묻지 마 식' 지원을 해 주었는가? 그것으로 북한은 핵과 핵의 운반체인 미사일 개발을 했고, 육·해·공 권력을 강화시켰으며 북한 주민이 굶주리는 가운데서도 북한군 첨단화 작업을 했다. 결국 우리에게 돌아온 것은 다량살상무기와 최첨단 무기로 우리의 생명을 위협하는 것이었다.

이명박 정부는 '묻지 마 식' 현금 퍼주기를 줄이는 대신 남북경협을 제도화하려는 것이고 북측은 이를 뒤집으려고 협박공세의 극한까지 가겠다는 태세를 보이고 있다. 이제 남한 정부는 북한의 협박에 휘둘려서는 안 된다. 이미 원칙은 서 있다. 이 원칙에 따라 북한의 도발에 강경으로 맞서는 것이다.

북한이 서해상에서 해안포나 지대함 미사일을 사용할 경우, 우리 군의 공군력이나 함포사격을 이용, 북한의 포 진지를 아예 무력화시키는 방안을 검토하고 있다는 보도는 우리 국민을 안도하게 한다. 군 당국은 오는 2012년까지 3천억 원의 예산을 투입해 북한 미사일(탄도유도탄) 탐지, 요격 작전통제소(AMD-Cell)를 구축할 계획임을 밝

---

89) 이러한 왜곡된 주장이 북한이 노리는 것이고 남남갈등이 격화돼 이명박 정부가 대북정책을 바꾸도록 하는 것이다.

히고 있다.

차제에 정부는 북한의 무력도발 징후를 국민 안보의식 제고의 기회로 삼아야 할 것이다. 북한의 협박에 대해서는 원칙에 따라 강경하게 대처하되 미국과의 긴밀한 사전정보 및 의견교환과 정책 공조를 통해서 국가안보태세에 만전을 기해야 한다.[90] 북한의 우리에 대한 그릇된 인식과 태도를 바꾸고 국제사회의 보편적 기준이 존중되는 정상적인 상호관계를 확립해야 한다. 바로 이런 때일수록 중요한 것은 튼튼한 한·미동맹이다. 그래야 보다 유연한 대북정책도 가능한 것이기 때문이다.

남한은 앞으로 북한이 협박적인 태도를 버리고 성실하게 협조를 해온다면 '비핵·개방 3000'원칙에 따라 대화를 재개하고 과감한 지원을 통해 북한 주민들의 생활개선을 위해 최선을 다해야 할 것이다.[91]

### 확고한 한·미 공조

힐러리 클린턴 미 국무장관은 2009년 2월 13일 한국, 중국, 일본 등 아시아 순방을 앞둔 기자 회견에서 "북한이 핵을 폐기할 준비가 진정되어 있다면 양국 관계를 정상화하고 한반도 정권체제를 평화조약으로 대체할 용의가 있다."라고 말했다. 그러나 그는 "북한의 도발적 행동은 우리가 북한과 함께 가는 길을 어렵게 만들 수 있다."라고 경고했다. 미국 오바마 정부의 대북정책 기조인 '강경하고 직접적인 외교'의 구체적 내용이 처음으로 나온 것이다.

클린턴 장관은 또 "오바마 행정부는 북핵 해결을 위한 6자회담을 지지한다."며 "북한 정부가 모든 핵무기를 포기하고 NPT 체제로 복

---

90)  자유선진당 이회창 총재는 "과거 정권은 대북투자로 남북관계가 구축되면 북한이 함부로 좌우할 수 있는 상황이 된다고 주장했지만, 이것이 얼마나 무지하고 무책임한 말이었는지 실증된 것"이라고 주장했다. 《중앙일보》, 2009.03.17.
91)  김현희 씨와 다구치 씨 가족의 만남이 북한을 자극할 수 있지만 그래도 정부가 이를 허용할 것은 우리의 원칙대로 끌고 나가겠다는 것이다.

귀하기로 한 약속을 계속해서 준수하도록 할 것"이라고 말했다. 이
는 "기존 약속을 반드시 준수하라."는 북한에 대한 경고성 발언인 동
시에 대북관계 정상화와 대규모 경제 지원 등을 검토할 용의가 있음
을 천명한 것이다.

  클린턴 장관은 2009년 2월 20일 이명박 대통령과 오찬 및 유명
환 외교통상부 장관과의 회담에서 최근 북한의 도발적 언사와 행동
에 대한 엄중한 경고와 6자회담으로의 복귀를 강력히 촉구했다. 한·
미양국은 "어떤 경우라도 북핵을 용인할 수 없다."는 입장을 다시 한
번 확인했다. 그는 또 "북한이 한국과 대화를 거부하고 한국을 비난
하면서 미국과 다른 형태의 관계를 이룰 수는 없다."라고 강조했다. 이
는 북한이 대남강경정책을 계속하는 한 북한이 바라는 대미관계 개
선은 있을 수 없다는 메시지였다. 양국은 북한의 통기봉남 전술에 말
려들지 않을 것임을 분명히 하며 남북대화 재개를 촉구한 것이다. 클
린턴 장관은 북한에 대한 경고와 함께 북핵문제 해결의 틀로 6자회
담을 계속 유지해 나갈 것임을 명확히 하면서 북한에 기존 합의사항
을 준수할 것을 요구했다.

  북한의 미사일 발사와 관련, 한·미·일 3국은 미사일 발사가 유엔
안보리 결의 1695호와 1718호를 위반하는 것이란 점을 분명히 하고
있다.[92] 북한이 미사일을 발사한다면 안보리 결의안 위반에 대한 대가
를 치러야 한다. 미국은 한·일과 함께 공동비난 성명을 내고 유엔 안
보리 제재를 강력하게 요구해야 한다. 미사일을 발사한 북한이 어떤
제재도 받지 않을 경우 6자회담도 급속하게 탄력을 잃게 될 것이다.

  한·미 외교장관 회담에서 클린턴 장관이 유엔 안보리 결의 1718호
를 내세워 탄도미사일 발사 중단을 촉구한 것은 매으 의미 있는 일이

---

92) 2006년 10월 북한핵실험 직후 채택된 1718호는 "북한은 탄도미사일 프로그
램과 관련된 모든 활동을 중지하고 기존의 미사일 발사 유예 공약을 재확인할 것
을 결의한다."라고 명시했다.

다. 한·미가 한 목소리로 북한의 도발가능성에 강력한 경고를 함으로 써 한반도 안보불안 해소에 기여할 수 있기 때문이다. 한·미는 기존 동맹을 글로벌 전략동맹으로 발전시켜 나간다는 기존방침을 지켜 나 가고 한·미 외교장관이 천명한대로 "여하한 경우에도 북한의 핵보유 를 용인할 수 없는"것이다.

◆ 우리의 기도

"여호와의 손이 짧아 구원하지 못하심도 아니라 오직 너희 죄악이 너희와 너희 하나님 사이를 갈라 놓았고 너희 죄가 그의 얼굴을 가리 어서 너희에게서 듣지 않으시게 함이니라.(사 59:1-2)"

세상의 구원자이신 하나님을 찬양합니다. 오늘도 일하시는 유일한 소망이신 하나님께 기도드립니다.

첫째, 지난 정부 10여년 동안 지속된 경제 지원을 통해 핵무기를 구 축하는 등 군사력을 강화해 온 북한이 이명박 정부의 새로운 대남정 책으로 실질적 지원이 끊기자 전쟁위협을 하며 세계정세를 뒤흔들고 있습니다. 북한 지도자들의 눈을 가리고 있는 죄악과 두려움으로 말 미암아 인류를 죄악 가운데 빠뜨린 첫 아담의 실수가 되풀이되지 않 도록 하여 주옵소서.(사 59:2)

둘째, 3·8 최고인민회의 대의원 선거를 통해 권력체계가 개편되고 내부적 인민통제를 강화하면서 독재체제를 유지해 나가려는 북한을 무력화 시켜주시고 만군의 통치자이신 하나님의 통치 질서만이 회복 되게 하옵소서.

셋째, 북한은 핵무기, 미사일 등 대량살상무기를 개발하여 한국을 위협하고 미일을 견제하며 세계의 평화와 안전을 교란시키고 있지만 "

여호와의 구원이 창과 칼에 있지 아니하고 전쟁은 여호와께 속해 있음을"(삼상 17:47) 깨달아 알게 하시고 미지역의 평화를 위해서 기여하는 북한이 되게 하여 주시옵소서.

넷째, 남남갈등을 유도하여 남한 정부 내의 붕괴를 노리는 북한정부의 악한 마음과 정세에 흔들리고 갈피를 잡지 못했던 남한 정부의 분별력 없음을 스스로 되돌릴 수 있게 하시옵소서. 칼을 쓴 자는 칼로 망한다 하시고(마 26:12) 너희가 천지는 분간하면서도 시대를 분별하지 못하느냐고 책망하신 하나님께서 회복시켜 주시옵소서.

다섯째, 지금 이 시간에도 남한은 많은 사람들이 파산하고 북한은 수없이 많은 형제자매들이 굶어 죽어 가고 있습니다. 일용한 양식을 허락하시고 들에 핀 백합화도 돌보시는 하나님 우리에게 애통하는 마음을 허락하시어 거룩한 하나님의 백성으로 만들어 가시옵소서. 남북이 서로 위협하는 어리석음에서 벗어나게 하시고 서로 돕고 사는 아름다운 관계를 회복 시키셔서 하나님 안에 하나가 되게 하시옵소서.

예수님의 이름으로 기도합니다. 아멘.

## 2. 대남협박과 유화병행전략

### 1) 햇볕정책 복귀전략, 군사위협과 압박

**이명박 대통령 직접 비난과 군사위협**

북한은 이명박 정부 출범을 전후하여 사실상 타협적인 태도를 보이면서 북한 경제 회생의 관건인 남북 경협을 '햇볕정책' 정신에 따라 지속해 줄 것을 기대했다. 그러나 이명박 정부의 대북정책이 구체화되면서 그 기대를 접을 수밖에 없게 되었음에도 북한은 이 대통령 개인에 대한 비난은 비켜 갔다.

하지만 북한은 이명박 대통령과 새 정부 인사들의 대북관련 발언을 문제 삼아 2008년 4월 1일부터 이 대통령을 '력도', '매국노', '도당'으로 직접 비난하는 태도로 돌변했다. 여성 관광객 피살로 금강산 관광마저 중단된 마당에 북한의 선택은 한 가지였다. 대남 도발의 수위를 급격히 높이고 군사적 협박을 담은 강경발언과 핵·미사일 위협으로 남북한정세를 악화시키는 것이었다.

북한의 1차적인 목표는 '햇볕정책'에 비판적인 시각을 가지고 무조건적 대북지원을 중단한 이명박 정부가 내부 친북진보 세력으로부터 압력을 받아 지원을 재개케 하는 것이다. 북한의 남한 정부에 대한 '6·15, 10·4 공동선언 이행요구'는 한마디로 김대중, 노무현, 정권이 10년간 '퍼주기식'으로 지원했던 것처럼 그대로 해 달라는 것이다.[93]

북한의 대남 위협적 발언은 김일철 인민무력 부장의 '선제타격', '잿더미' 경고 이후 2008년 1월 17일 '전면 대결 태세 진입', 1월 30일 '모든 합의 무효화', 2월 26일 '아성까지 초토화', 3월 9일 '무자비한 군사적 행동', 4월 18일 '서울까지 불과 50km' 등 위협으로 이어졌다.[94]

### 개성공단 압박

북한은 2009년 3월 9일 한·미 합동 군사 훈련 키 리졸부(Key Resolve)를 이유로 개성공단 육로 통행 차단 이후 10일 통행 허용, 13일 통행 차단, 16일 남측으로의 귀환만 허용, 17일 쌍방통행 다시 허용으로 정부와 입주업체를 압박했다. 이어 북한은 3월 30일 현대아산 근로자 유성진(44세) 씨를 대남 압박 카드로 억류시켰다.

북한은 개성공단 계약을 전면 재검토하겠다고 으름장을 놓고 휴전선 일대에서 군사적 긴장을 조성하는가 하면 한편으로는 개성공단을 유지하고 싶다는 뜻을 밝히며 남북대화를 재촉하여 겉과 속이 다른 '강온 양면 전술'을 썼다.

또한 9년 가까이 지속해 오던 개성공단 사업을 북한은 5월 15일 느닷없이 폐쇄할 것을 불사한다고 했다. 북한은 6월 11일 개성공단에서 열린 접촉에서 북측근로자 임금을 현재 수준의 4배로 인상하고, 토지 임대료는 이미 납부한 금액의 31배나 되는 5억 달러를 요구했다.[95] 허

---

93) 김장수 전 국방장관은 "10·4 합의가 북 입장에선 노다지인데, 그걸 이명박 정부가 안 해 주니 몽니를 부리는 것"이라고 했다.
94) 이는 1994년 3월 북한 박영수의 '서울 불바다' 발언 ㅇ후 처음 있는 서울에 대한 군사적 위협 발언이다.
95) 개성공단 1단계 부지 100만평의 토지 임대료는 2004년 4월 토지공사와 현대아산이 50년간 토지 임대료 명목으로 1,600만 달러를 지불하고 마무리된 상태이다.

무맹랑한 주장이다. 그러나 유 씨 억류문제가 해결되지 않고서는 남측 마음대로 남북접촉을 중단할 수도 없다. 남측은 유 씨 문제로 북한에 코가 꿰인 격이 되었다.

이런 상황에서도 북한은 후발 입주업체들에게 700여 명의 근로자들을 새로 배정했다는 것이다. 이는 북한이 처음서부터 개성공단을 포기할 생각이 없었음을 말해 주는 것이다. 6월 11일 북한이 "식량으로 받을 수도 있다."라고 하여 지난 한국정부가 매년 50만 톤 정도의 식량을 북한에 지원했던 것을 받아 내려는 심산이었던 것이 분명해졌다.

### 전략목표

북한은 이러한 군사위협과 압박을 통해서 얻어 내려는 분명한 전략목표가 있다. 남한의 중단된 대북지원을 끌어내고, 보수정권에 타격을 주면서 친북좌파에게 반정부 투쟁에 힘을 실어 주며, 위기국면 조성으로 북한 내부의 동요와 불만을 잠재우는 한편 핵보유국으로서 위력을 과시해 보겠다는 것이다.

이러한 북한의 전략은 빗나간 반면에 국제사회나 내부의 총제적인 위기에서부터 오는 김정일 정권에 대한 압박은 체제를 심각하게 위협하는 수준에 도달했다. 이제 북한에게 남아 있는 선택은 스스로의 전략변화뿐이다. 그러나 섣부른 급격한 전략변화는 더 큰 화를 부를 수 있음을 감지한 북한은 극히 조심스런 변화를 시도해 보기로 한 것이다.

2009년 8월 15일 북한은 담화를 내고 17~27일 열리는 한·미 연합군사연습인 을지 프리덤 가디언(UFG)과 관련 "제재와 '강한압박'을 공개적으로 표방하면서 그것을 실제 행동으로 옮기려는 이번 핵전쟁연습은 철두철미 우리를 과녁으로 설정한 침략적인 전쟁행위"라고 비난했다. 이 담화는 극히 선동적인 것이지만 북한의 생존위협을 솔직히 나타낸 것이다. 북한은 이어 "우리를 핵으로 위협하면 우리도 핵으로 맞설 것이며, 미사일로 위협하면 미사일로 맞설 것이며, '제재'를 행동으로 옮기고 '대결'을 극한점에 끌고 간다면 우리식의 무자비한 보복으로, 정의의 전면전쟁으로 대응할 것"이라고 위협했다.[96]

통일부 관계자는 "이번 담화는 북한이 2009년 UFG에 대해 내놓은 첫 반응으로, UFG 한 달 전부터 비난 담화를 냈던 예년에 비해 시기가 늦은 편"이며 "2009년 3월의 '키 리졸브' 때보다는 약한 편"이라고 말했다.

사실상 북한은 이 담화에서 시종일관 '~하면'이라는 가정법을 사용함으로써 그들의 위협의 강도를 약화시켰으며 그 반대의 가정인 경우 북한은 그에 걸맞은 행동을 할 것임을 시사함으로써 긴장 고조보다는 긴장완화에 역점을 두고 있음을 엿볼 수 있다.

### 전략 변화 징후

한편 북한 매체들이 이명박 대통령을 실명으로 비방한 보도가 7월 들어 급감해 북측의 대남태도 변화의 징후가 엿보였다. 정부당국자에 의하면 "비방의 횟수가 줄었을 뿐만 아니라 비방을 하는 기관의 급도 낮아졌으며 내용도 순화됐다."라고 말했다.[97] 이는 북한이 이 대통령에 대한 비방을 자제함으로써 남한과의 의미 있는 접촉과 대화를 염두에 두고 있음을 감지해 볼 수 있는 대목이다.

이와 함께 조선중앙통신과 조선중앙TV 등 북한 매체들이 2009년 8월 23일 북한 특사 조문단의 청와대 예방 사실을 보도하면서 이명박 대통령에 대해 처음으로 '대통령'이란 호칭을 사용했다. 이 대통령 실명 뒤에 '역적', '패당' 등의 말을 붙였던 북한의 타도를 감안하면 의미 있는 변화라 할 수 있다. 이는 이 대통령을 대화상대로 인정한다

---

96) 북한 조선중앙통신, 2009.08.16.
97) 정부에 따르면 올 들어 비방보도 횟수는 1월 293건, 3월 335건, 6월 454건으로 늘었다가 7월 275건으로 줄었다.《동아일보》, 2009.08.07.

는 의미일 수도 있으나 북한이 어느 날 갑자기 이러한 태도를 뒤집는 행동을 보일 수 있음을 의미하기도 한다.


## 2) 남측태도 떠보기전략 : 현대 끌어안기

### 김정일 특유의 극적 효과 노려

북한은 2009년 8월 4일 김정일 위원장의 김일성대 동기인 리종혁 아태평화위 부위원장을 통해 현정은 현대그룹 회장을 금강산에서 만나 방북을 논의했다. 남북 당국 간 접촉이 끊긴 상황에서 북한으로서는 정부당국자보다는 현 회장을 통해 대남 메시지를 전달하는 편을 택한 것이다. 그동안 정부는 현안을 매듭지을 수 있는 사실상 특사역할이 가능한 인물 몇 명을 북측에 제시했고 북측은 그중 현 회장을 낙점했다. 그리하여 현 회장은 8월 10일 정부의 사실상 '비공식 특사' 격으로 평양을 방문하게 되었다.

평양 방문 이후 현 회장의 체류일정은 잡혀 있지 않았다. 김정일 위원장과의 면담이 불확실했기 때문이다.[98] 현 회장은 김 위원장과 면담이 성사되면 북한에 억류되어 있는 현대아산 근로자 석방문제를 비롯해 2008년 7월 관광객 피살 사건으로 중단된 금강산 관광 재개 문제와 개성공단 유지, 발전 방안 등을 논의한다는 생각이었다.

미 클린턴 특사가 북한에 방문했을 때 그의 도착상황부터 요란스럽게 언론에 보도했던 북한은 현 회장의 방북에 대해서는 "평양에 도착했다."라는 짤막한 보도만 했다. 현 회장 초청장에도 '10일부터'라는 방북 시작 날짜만 있고 귀환날짜가 적혀 있지 않으나 숙소는 클린턴 전 미국 대통령이 머물렀던 '백화원 초대소'로 배려를 한 흔적

---

98) 체류일정은 2박 3일이지만 상황에 따라 더 빨리 올 수도 있고, 더 늦어질 수도 있게 되었다.

이 엿보였다.

북한은 김 위원장과 현 회장의 면담을 납득할 만한 이유도 없이 무작정 지연시켜 상대를 초조하게 하는 북한 특유의 전술을 폈다. 조선중앙통신은 13일 오전 김정일이 "함남 함흥시에 있는 김정숙 해군대학을 시찰했다."라고 보도한데 이어, 오후에는 "함흥 대극장에서 연극을 관람했다."라고 전했다. 상식을 벗어난 '안하무인'격인 행동이다. 현 회장이 평양에서 기다리고 있는 것을 뻔히 알고 시급한 일도 아니면서 능청을 부려 사람을 열불나게 만드는 일이다.[39]

북한은 현대아산 근로자 유성진 씨(44)를 북한 억류 136일 만에 석방시키는 성의를 보여 주기도 했다. 그러나 이러한 태도는 유 씨를 억류하고 있는 것이 더 이상 실익이 없다고 판단했기 때문일 수도 있다. 현 회장은 당초 8월 13일 김 위원장과 만날 것으르 생각했으나 이날 만난 것은 김양건 노동당 통일전선부장이었다. 현 회장은 김 부장에게 한국정부의 입장이 아닌 자신의 의사, 즉 우선 금강산 및 개성 관광 재개를 호소했던 것으로 보인다.[100]

현 회장이 이렇게 애를 태우고 있는 동안 악재가 겹쳤다. 북한 내각 기관지 《민주조선》은 8월 1일 이명박 정부의 대북정책을 비난하면서 "북남관계는 최악의 상태에 처해 있으며 그 책임은 남한 정부의 반 공화국 책동에 있다."라고 주장했다. 8월 17일부터 시작되는 을지프리덤 가디언(UFG) 연습도 악재가 되어 김 위원장과의 만남을 어렵게 만들었다.

이런 상황에서 김 위원장은 8월 16일 전격적으로 현정은 회장을 만나 오찬을 함께 했다. 김 위원장과 현 회장의 만남은 현 회장이 체류 일정을 다섯 차례나 연기한 뒤 방북 7일 만에 성사된 셈이다.[101] 김 위

---

99) "현 회장이 들고 간 '보따리'가 북한 기대보다 작기 때문에 면담이 늦어지고 있는 것"이란 관측도 한 국책연구소 연구원이 내 놓았다.
100) 현대아산은 2009년 1분기(1~3월) 257억여 원의 당기 순 손실을 봤다.
101) 현 회장이 김 위원장과 만난 것은 2005년 7월과 2007년 10월, 그리고 11

원장의 극적인 효과를 노리는 스타일로 보아 놀랄 일이 아니다. 김 위원장은 현 회장을 초청해 현대아산 근로자 유성진 씨를 석방하는 등 남한 여론에 호소하는 모양새를 보였다.

### 남측 당국 제치고 현대와 합의

김 위원장은 현정은 회장과 만나 5대 합의를 해 주었다. 이것은 상대방과의 대화를 원하는 남북한의 이해관계가 맞아떨어진 것이다. 북한 아태평화위가 현대그룹과 5개항에 합의한 것은 사실상 남한 당국에 대한 대화 제의라고 할 수 있다. 5개항 가운데 4개항은 남북한 당국 간 합의가 필수인 사항이기 때문이다. 5대 합의는 첫째, 금강산 관광재개 및 비로봉 관광 시작, 둘째, 군사분계선 육로 통행 등 원상회복, 셋째, 개성관광 재개 및 개성공단 사업 활성화, 넷째, 백두산 관광 시작, 다섯째, 금강산에서 이산가족 상봉 행사이다.

북한은 유엔 안보리와 미국이 주도하는 강력한 제재 국면을 풀기 위해서는 북미관계와 남북 관계의 국면 전환을 동시에 풀지 않을 수 없는 상황이다. 이번 합의를 통해서 북한이 보여 주려고 하는 몇 가지 대남전략이 엿보인다.

첫째, 합의문 맥락은 마치 김정일 위원장이 현대에 시혜를 베푸는 투로 작성되어 있으며 민간이 아닌 당국차원의 합의를 암시하고 있어 문제가 발생하면 남측에 책임을 전가하려는 속셈을 보이고 있다. 둘째, 합의문은 남한 정부의 추가 승인 없이 당장 실행할 것처럼 선언했고, 셋째, 북한의 이득을 숨기고 김 위원장의 '통큰 결단'을 강조하는 식이었다. 넷째, 북한은 김 위원장의 '특별지시'를 홍보함으로써 금강산 관광객 피격 사망 사건에 대한 유감표명 등을 피해 가려 했다. 다섯째, 북한은 보도문에서 6·15를 한차례 10·4 정상선언을 두 차례 명시하면서 북한도 선심을 썼으니 남측도 이 선언들을 이행하라는 메

---

월에 이어 네 번째 만남이다.

시지를 보낸 것이다.[102] 여섯째, 합의문은 '우리 민족끼리'의 대남전략에 호소했다는 것이다. '우리'와 '민족'이라는 단어를 통해 북한에 동정적인 여론을 조성해 정부를 압박하고 남남갈등을 조성하려는 선전선동의 노력도 엿보이는 대목이다. 북한은 "김 위원장이 현 회장의 모든 청원을 풀어 주었다.", "김 위원장의 특별조치에 따라 모든 편의와 안정이 보장될 것이다"라고 선전공세를 폈다.[103]

버락 오바마 미행정부는 이번 합의를 북한이 이달 초부터 구사하고 있는 '대화전술'의 하나로 보고 있다. 2009년 상반기 대포동 미사일 발사와 핵 실험으로 군사력을 강화하고 '김정은 후계 체제 토대를 닦는 한편, 미국이 주축이 된 유엔 제재를 피하기' 위해 손을 내미는 것으로 파악하고 있다.

오바마 행정부는 개성공단 사업 활성화와 이산가족 상봉 등에 원칙적으로 반대하지 않는다는 입장이다. 그러나 남북한 간의 교류가 우선시되면서 유엔 안보리의 대북제재 결의 1874호의 이행에 좋지 않은 영향을 주는 것을 원치 않는다. 남북한 간의 교류 협력 강화가 북한의 '6자회담 복귀, 비핵화 합의 이행 재개'와 함께 이루어지는 것이 바람직하다고 보고 있다.

## 3) 남측의중 타진전략, DJ 장례식 특사

### 조문정치 발동

북한은 그동안 필요할 때마다 조문단을 파견하거나 조전을 보내 애도하고 자신들의 정치적 메시지를 전달하는 조문정치를 전개해 왔다. 1994년 1월 문익환 목사가 사망하자 이튿날 김일성 주석 명의의 조

---

102) 북한에 10·4 선언이 중요한 것은 남측이 북한에 제시한 '선물리스트'이기 때문이다.
103) 북한조선중앙통신, 2009.8.17.

전을 유가족 측에 전달했고 문목사 추모 10주기 행사가 열린 2004년에는 대표단 7명을 파견했다. 2001년 3월 21일 정주영 전 회장 사망 때는 이튿날 김정일 위원장 명의의 조전을 보내왔고, 24일 송호경 아태평화위 부위원장 등 4명의 조문단이 빈소를 찾았다. 2005년 김대중 전 대통령이 폐렴으로 입원했을 때 마침 8.15 행사를 위해 서울을 방문하고 있던 김기남, 조평통 부위원장을 병원에 보내 김 전 대통령을 위문하도록 했다.

김대중 전 대통령이 서거한 다음날 8월 19일 조전을 보내고 고위급 조문단 파견을 지시했다고 알려왔다. 김 전 대통령의 서거를 대남 '조문정치'의 기회로 활용하겠다는 의지를 엿볼 수 있다. 북한은 이 기회에 대남화해 국면 조성을 앞당겨, 앞으로 남북관계의 주도권을 잡으려는 것으로 분석된다.

북한은 김 전 대통령 서거 하루 만에 조전을 보내고 "그가 민족의 화해와 통일 염원을 실현하기 위한 길에 남긴 공적은 민족과 함께 길이 전해지게 될 것"이라며 고인을 찬양했다.[104] 북측이 예고한 조문단의 지위도 상당하다. 노동당 중앙위원회 비서와 부장 등 5명을 보내겠다고 밝혔기 때문이다.

### 통민봉관(通民封官) 전술

북한은 이번에 김 전 대통령의 측근인 임동원 전 통일부장관에게 중국 베이징을 경유한 국제 팩스로 전보를 보내 조문단 파견을 통지했으며 당국 간 채널로 온 통지는 없었다는 것이다. 북한은 앞서 정부 차원의 승인과 검토가 필요한 주요 대북 사업을 민간인인 현정은 현대그룹 회장과 합의했다. 북한의 이 같은 태도는 전형적인 '통민봉관(通民封官)' 전술에서 이루어진 것으로 남측사회를 교묘히 분열시키려는

---

104) 북한은 노무현 전 대통령이 사망한지 이틀째인 5월 25일에야 조전을 보냈고 내용도 "유가족들에게 심심한 애도의 뜻을 표한다."라는 건조한 내용이었다.

고도의 노림수가 깔려 있는 것이다. 조문단이 방한하기 위해서는 남북 당국 간 실무 협의가 선행돼야 한다는 것을 북한이 모를 리 없다.

한편 북한은 8월 20일 김기남 노동당 비서와 김양건 통일전선부장, 원동연 조선아태평화 위원회 실장 등 6명으로 구성된 조문단이 21~22일 1박 2일 일정으로 방문한다고 알려왔다.[105] 이와 함께 북한은 조문단이 본부 보고를 위한 서울-평양 간 직통전화 개설을 요구했고 당장 21일부터 군사 분계선 육로 통행 제한 조치를 해제하겠다고 나섰다. 이들은 모두 남북 당국자 간 만남을 염두에 둔 조치였다.

북한의 이번 조문단은 규모면에서 역대 최대일 뿐 아니라 지위도 최상급이다. 김기남 비서는 상징적인 대표를 맡았지만 이하 김양건 부장 등 4명은 대남 협상 전문가로 알려져 있다. 김 비서는 김정일 정권과 북한체제를 대내외에 선전하며 체제유지의 핵심 업무를 맡고 있다. 2009년 김 위원장의 현지지도 수행에 측근 엘리트 중 최다를 기록했다. 2005년 8.15 민족대축전 당시 북측 방문단 대표로 방한 해 6.25 전쟁 이후 북측 당국자로는 처음으로 국립 서울현충원에 헌화하고 당시 입원중이던 김 전 대통령을 병문안 한 바 있다.

김 부장은 노동당 대남사업 전반을 관장하고 있으며 최근 북한의 대외 정책 변화를 주도하고 있는 것으로 보인다. 8월 4일 김 위원장과 빌 클린턴 전 미국 대통령의 접견에 배석했고 16일 김 위원장과 현정은 현대그룹 회장의 회동도 이끌어 냈다. 2007년 10월 2차 남북정상회담 때도 두 차례 서울을 극비리에 방문한 바 있다.

원동연 실장은 20여 년 동안 주요 남북 접촉에 빠짐없이 참여해 온 베테랑이다. 조국 통일 연구원 부원장을 겸한 그는 2007년 2차 남북정상회담과 총리회담 때 막후에서 합의 문안을 조율했던 것으로 알려졌다. 실무자로 서울에 온 맹경일, 이현 아태평화위 참사와 김은

---

105) 조문간은 김기남 비서, 김양건 통전부장, 원동연 실장, 맹경일, 리현 아태위 참사, 김은주 북한 국방위 기술일군 등 총 6명으로 구성됐다.

주 북한 국방위 기술일꾼 등도 2007년까지 각종 회담에 참여한 차세대 일꾼으로 꼽힌다.

이들은 서울 도착 후 바로 국회 빈소를 찾아 조문을 한 뒤 김대중 도서관으로 이동해 이희호 여사 등 유가족에게 김정일의 메시지를 전달했다. 조문단은 홍은동 그랜드 힐튼 호텔에 투숙했으며 저녁 만찬에서는 임동원 전 국정원장 등 김 전 대통령 측 인사 등을 만났다.

### 남북관계 개선 의지 적극 피력

조문단으로 서울에 온 김기남 비서는 남측 인사들을 만나 적극적인 남북관계 의지를 나타냈다. 그는 김형오 국회의장 실을 방문하고 "고인의 명복을 비는 의미에서 고인의 북남 화합과 북남 관계 개선의 뜻을 받들어 할 일이 많다. 저희도 노력하겠다."라고 말했다. 또 김 비서는 "김 위원장은 역사적인 6·15 정상 간 만남을 회고하면서 김 대통령께서 생전에 민족을 위해 많은 일을 하셨다고 언급하고 김 대통령께서 하셨던 일을 유가족이 잘 이어 나가시길 바란다."라고 말했다.[106] 한마디로 김 비서는 6·15 공동선언의 '우리 민족끼리'를 되살려서 남북한 '균형적인 경제 발전'을 위해 김 전 대통령 당시 남북 경제 관계로 돌아가자는 것이다.

북한은 조문단을 서울에 보내면서 경의선 육로 통행제한 조치를 해제했고 개성 남북경협 협의소도 재가동하자는 유화적 태도를 보였다.[107] 김양건 부장은 8월 22일 현장관과의 회동에서 "북남 관계가 시급히 개선돼야 한다."라며 청와대 예방을 요청했다. 이어 그는 "남북 현안을 해결하기 위해선 수뇌끼리 만날 필요가 있다."라는 언급을 했

---

106)  김 비서는 "김 위원장은 남보다 먼저 가서 직접 애도의 뜻을 표해야 한다며 사절단의 급도 높이라고 했다."라고 덧붙였다.
107)  이 조치들은 북한이 2008년 12월 "다시는 이명박 정부를 상대하지 않겠다."며 일방적으로 취했던 것들로 조문단 파견에 맞춰 북한 스스로 풀어버린 것이다.

다. 김 부장은 또 현장관에게 포괄적으로 정부차원의 대북지원 재개를 희망한 것으로 알려졌으며, 북한 조문단은 체류일정을 하루 연장하면서 결국 23일 9시부터 30분간 이명박 대통령을 면담했다. 김 비서는 청와대 방명록에 "앞으로 남북관계 개선에서 획기적인 계기가 되기를 바랍니다."라는 글을 남겼다. 조문단은 23일 12시 10분 고려항공 특별기를 타고 한국 땅을 떠났다.

북한 조문단은 시종일관 유화적인 태도를 보이면서 남북관계 개선에 의욕적인 모습을 보였다. 김정일 위원장도 이명박 대통령에게 구두메시지를 전하면서 6·15와 10·4 정상선언의 기조 위에서 전면적인 대화와 협력을 하자는 취지를 전달한 것으로 보인다.[108] 또 북한의 핵과 미사일 도발에 국제사회가 강도 높은 제재와 봉쇄조치를 취하자 사정이 다급해지면서 변화된 모습을 보여 주기 우한 한 전략일 수도 있다. 결국 북한은 미국과의 관계 회복과 후계구도 확립 등 대내외 상황을 고려해 남북관계를 관리하면서 당국 간 대화의 틀 속에서 쌀과 비료지원 등 구체적인 경제 지원이 필요한 것이다.


## 4) 대남 유화전략, 극적 효과 노려

### 적십자회담

한적은 8월 20일 북한 적십자사에 통지문을 보내 '추석(10.3) 이산가족 상봉' 협의를 위한 회담을 26~28일 금강산에서 갖자고 제의했다. 북측은 즉답을 피했으며 조문단의 서울 방문을 계기로 복원했던 남북 판문점 직통전화 채널도 24일 오전 다시 단절하여 회담 개최 전

---

108) 이동관 청와대 대변인은 "남북 협력이 진전에 관한 메시지"라고만 밝혔다. 그러나 이 메시지는 김 위원장이 이 대통령에게 전하는 인사말, 6·15와 10·4 남북합의 정신이 퇴색되고 있다며 유감토로, 지금도 늦지 않았으며 남북관계 진전을 위해 조력하자는 내용 등 크게 세 가지로 구성된 것으로 알려졌다.

망을 어둡게 했다. 그러나 북측은 25일 남측이 제안한 적십자 회담 개최를 받아들이면서 최성익, 조선적십자회 중앙위원회 위원장을 포함한 3명을 참석시키기로 했다.[109]

북한은 25일 적십자사 연락을 계기로 2008년 11월 남한 정부의 유엔 대북 인권 결의안 공동제안을 트집 잡았다. 그러나 북측은 전부 끊었던 판문점 직통전화를 다시 연결했으며 금강산으로 가는 동해 통행로도 여는 긍정적인 태도를 보였다. 26일 금강산에서 열린 남북 적십자 회담에서 북측은 남북 각각 100명씩 상봉단을 꾸려 10월 3~5일에는 남측 상봉단이, 10월 6~8일에는 북측 상봉단이 각각 상대측 가족을 만나는 일정을 내놓았고 상봉 장소는 종전대로 금강산 호텔로 하되 추석 이산가족 상봉 문제에 국한시켰다.

8월 26~28일, 금강산에서 열린 남북 적십자회담에서 남측은 이산가족 상봉 외에 납북자와 국군포로 문제를 제기하며 공세적인 협상에 나섰고, 북측도 나름대로 유연한 대응을 보이는 등 남과 북 모두 과거의 회담과는 다른 모습을 보였다. 특히 과거 북측 당국자들은 남측이 민감한 돌출의제를 내놓으면 "듣지 않은 것으로 하겠다."라며 회담장을 박차고 나가곤 했다. 그러나 이번 북측 대표들은 남측의 주장을 경청하는 태도였다.

북측은 회담 마지막 날까지 고민을 하다가 이산가족 상봉행사 장소로 금강산 이산가족 면회소를 받아들인 것은 앞으로 이산가족 상봉을 정례화, 상시화하자는 남측 주장에 한발 다가섰다는 의미가 있다.[110] 남북은 8월 28일 이산가족 상봉행사를 추석 전인 9월 26일부터 10월 1일까지 열기로 합의했다. 이에 따라 9월 26~28일 남측 상봉자 100명이 먼저 북측 가족을 만난 뒤 9월 29일~10월 1일 북측 상봉자 100명이 남측 가족을 상봉한다.

---

109) 2007년 11월 이후 1년 9개월 만에 열리는 적십자 회담이다.
110) 남북은 단체 상봉은 이산가족 면회소에서, 개별상봉은 금강산 호텔 등 기존과 같은 장소에서 진행하기로 했다.

북한은 최근 한국과의 관계 개선을 통해 미국이 주도하는 국제사회의 제재 국면을 벗어나겠다는 '통남통미(通南通美)'전략을 추구해 왔다. 이번 남북 이산가족 상봉합의는 북한의 이러한 대미, 대남 유화 공세의 일환으로 분석된다. 북한 입장을 대변하는 조총련 기관지《조선신보》는 8월 25일 "조선 반도를 둘러싼 정세가 크게 전환돼 가고 있다."며 "이제는 되돌리지 않는 변화가 시작돼야 한다."라고 하여 남북한 관계를 의도적으로 부풀리려 하였다.

이번에 열린 남북 적십자 회담에서 북한은 남한으로부터 식량지원을 기대했던 것으로 보인다. 실제로 북측 대표단은 남한에 쌀이 남아도는 문제를 거론하며 우회적으로 인도적 대북식량 지원을 희망했다. 만성적인 식량부족 상황을 벗어나지 못하는 북한으로서는 남한의 쌀 지원이 절실한 상황이기 때문이다. 북측대표단은 남측대표단과 대화를 나누면서 "남한에는 쌀이 남아돌아서 정부와 농민들이 고민이 많은 것으로 알고 있다."라고 노골적인 지원을 원하는 취지의 발언까지 했다.[111]

### 현대근로자 유성진 씨 석방

북한은 2009년 3월 30일 개성공단에서 "공화국의 정치체제를 비난하고, 여성 종업원을 변질 타락시켜 탈북 시키려 책동했다."라는 혐의로 유성진 씨를 억류시켰다. 유 씨는 개성공단 숙소의 청소를 담당하는 북한여성과 교제하면서 수차례 보낸 편지에 북한 최고지도자(김정일)과 체제에 대한 비판, 남한 내 탈북자들의 생활과 탈북 과정, 그녀에게 탈북을 권유하면서 방법을 알려 주는 내용 등을 썼다가 북한 당국에 적발되었다. 북한이 편지를 물증으로 제시한 것으로 볼 때 이 여성이 북한 당국에 신고했을 가능성이 있다.

---

111) 비록 우회적이지만 북측이 남측 당국자들에게 쌀 지원을 희망한다는 의사를 비친 것은 이명박 정부 들어 처음이다.

또 유 씨는 2003년 금강산 사업소 직원으로 근무할 당시 과거 리비아에서 사귀던 북한 여성 간호사의 근황을 알려 달라고 북한 여성에게 요청한 것도 억류의 한 원인이 됐다. 유 씨가 1998~2000년 건설회사 직원으로 리비아에 파견돼 사귄 이 간호사는 유씨와 탈북에 관한 얘기를 나눈 사실이 발각돼 북한에 소환된 것으로 알려졌다.

북한은 이후 유 씨에 대한 한국 정부의 접견권과 변호인의 조력권리를 인정하지 않고 조사해 왔다. 유 씨 억류는 개성공단에 대한 북한의 억지주장에도 남한이 개성공단을 폐쇄하고 철수를 할 수 없도록 하는 최상의 카드였다. 남측은 유 씨 억류 문제로 이러지도 저러지도 못하는 코가 꿰인 겪이 되었다.

하지만 북한의 전략은 빗나갔다. 유 씨의 억류 때문에 개성공단에 대한 북한의 억지주장이 통하는 분위기는 없었다. 북한은 장거리 미사일 발사와 2차 핵실험 등 '벼랑 끝 전술'을 폈지만 국제사회의 관심을 끌지 못한 채 고립 상태에 빠지자 대화 국면을 조성하기 위해 '위기관리 전술' 쪽으로 방향을 수정했다.

이런 맥락에서 북한은 2009년 8월 13일 현대아산 직원 유 씨를 억류 136일 만에 석방시켰다. 북한이 자초한 국제사회의 봉쇄와 제재국면에서 벗어나는 그리고 남한과의 관계를 개선하는 유일한 돌파구로 판단되었기 때문이다. 북한은 당초 미국 여 기자 들과 개성공단 유씨의 신변을 각각 대미, 대남관계의 지렛대로 활용하려 했던 것으로 보인다. 대미 관계가 여의치 않으면 남쪽에서 활로를 찾고, 반대로 대남관계가 어려워지면 미국 쪽으로 유연성을 조이며 한·미공조체제를 흔드는 전략이다.

그러나 한·미 정부의 공조 시스템은 '북의 기대'와는 달리 견고하게 유지돼 왔다. 북한은 미국 여 기자 들과 유 씨를 인질삼은 대미·대남 강경노선이, 대가는커녕 시간이 흐를수록 부담이 커진다는 현실을 받아들이고 차례로 석방한 것으로 분석된다. 북한이 이들을 석방시키는 유화적인 전술변화로 대미·대남 접근을 추구하여 곤경을 벗어나려는 꾀었다.

2009년 7월 초 중국 선양에서 남북인사들이 만나 유 씨 문제를 협의하면서 북한은 유 씨를 풀어 주고 남한 정부는 민간을 통한 대북 인도적 지원을 재개하기로 의견이 모아졌다.[112] 정부가 묶어 두고 있던 남북 협력기금 지원(35억여 원)을 하기로 결정하고, 민간단체의 방북 제한도 풀기 시작한 배경이 이런 물밑 의견 접근이라는 것이다. 결국 북한은 남한의 대북지원을 끌어내는 데 온통 관심을 집중시켰다.[113]

북한은 또 하나의 유화조치로서 2008년 12월 1일 단행한 군사분계선 육로통행 및 개성공단 등 체류제한 조치를 21일 자로 해제했다. 또 판문역과 파주역을 오가는 남북 화물열차 운행을 재개하고 개성공단 내 남북 경제협력 협의사무소를 다시 열었다. 북한은 이로써 개성관광 중단을 제외한 '12·1조치'를 약 9개월 만에 모두 해제한 셈이다.

### 800 연안호 선원 석방

북한은 7월 30일 동해에서 기계고장으로 항로를 잃고 북측으로 넘어간 '800 연안호' 선원 4명을 억류했다. 북한은 다음날 연안호의 월경을 '불법침입'으로 규정하는 전통문을 보낸 뒤 연안호 조사 상황을 알려달라는 남측의 요구에 "해당 기관에서 구체적인 조사를 진행하고 있다. 더 알려줄 것이 없다."라는 답을 되풀이했다.

그러던 북한이 8월 28일 추석 이산가족 상봉과 '800 연안호' 선원 석방 방침을 발표했다. 북한은 이미 연안호 선원 석방을 여러 경로로 예고해 왔다. 김정일 위원장은 16일 묘향산에서 현정은 회장을 만나

---

112) 현대아산 서예택 관광경협 본부장이 중국선양에서 북한 보위부 인사들을 만나 유 씨 문제를 협의하면서 "양측의 입장 차이가 조금씩 좁혀지기 시작했다."라고 정부 관계자는 전했다. 《조선일보》, 2009.08.15.
113) 북한은 유 씨 억류 기간 중 하루 숙박 및 식비로 114.9달러(약 14만 3,000원)씩 계산해 거액 1만 5,747달러(약 1956만 원)를 챙긴 것으로 알려졌다. 《동아일보》, 2009.08.25.

"연안호를 빨리 석방하겠다."라고 말했다. 김대중 전 대통령 조문단으로 서울에 온 김기남 노동당 비서는 22일 정세균 민주당 대표 등을 만난 자리에서 "연안호 송환 문제는 안전상 절차에 따라 시일이 걸릴 뿐"이라며 조기 송환을 예고했다. 29일 '800 연안호' 선원 4명은 북한 경비정에 끌려간 지 30일 만에 속초항에 무사히 귀환했다.

북한은 8월 달 들어 13일 억류근로자 유성진 씨 석방, 16일 현정은 회장과 김정일 위원장 면담, 17일 금강산 개성공단 재개 등 현대 그룹과 북한 간 5개 합의안 발표, 21일 북한지역 출입 체류 제한 해제, 23일 북한 특사 조문단의 이명박 대통령 예방 등의 유화 조치를 잇달아 취했다.[114]

최근 북한 매체들도 이명박 대통령에 대해 처음으로 '대통령'이란 호칭을 썼다. 북한이 현 정부 출범 이후 계속 강도를 높였던 대남 압박 조치들을 최근 20일 사이 한꺼번에 풀었다. 8월 26일 적십자 회담 기조발언에서 북측 단장인 최성익 조선적십자회 부위원장이 "이명박 정권 출범 후 북남관계 개선의 새로운 계기점"이라고 말한 것도 이런 맥락에서이다.

북한이 이 같은 노력은 국내외 상황에 대한 내부적인 초조함과 조바심을 반영한 것이다. 미국이 아직도 북한과의 양자대화를 거부하는 상황에서 북한은 남한과의 거래를 통해 위기를 면해야겠다는 전술적 판단인 것으로 보인다. 이를 반증하듯 김 위원장은 강성대국의 문을 여는 해인 2012년을 3년 앞두고 "목표는 비상히 높고 주어진 기간은 짧다."라고 말했다.[115]

북한은 자신들이 원하는 것도 이미 분명히 밝혔다. 김정일 위원장은 현정은 회장과 만나 남북교류 협력 5개항에 합의했다. 금강산과 개성관광의 재개, 백두산 관광 논의, 개성공단 활성화 등이 그것이다.

114) 김기남 노동당 비서는 이 대통령을 면담하면서 매우 정중한 태도로 "연안호는 원하는 날짜에 풀어 주겠다."라고 말했다.
115) 《로동신문》, 2009.08.28.

북한은 또 2007년 이후 지원이 끊긴 남한 정부의 쌀과 비료 지원, 나아가 10·4 정상 선언을 통해 노무현 정부가 약속한 해주항 개발 등 대규모 경협 프로젝트의 가동도 내심 원하고 있는 것으로 보인다.[116]

북한 《노동신문》은 연안호가 돌아오던 29일 "북남 공동선언들(6·15와 10·4 선언)을 이행하는 데서는 당국과 민간이 따로 없다."며 선언이행을 위한 남북 당국 간 대화 필요성을 우회적으로 주장했다. 같은 날 북한 주간지 《통일신보》는 이명박 대통령-북한 특사조문단의 면담에 대해 "민족을 위해 참으로 다행스럽고 북남관계의 새 지평을 여는 환영할 만한 일이 아닐 수 없다."라고 보도했다. 그러면서 "북남관계를 정상화하는 것은 민족사의 요청이고 시대의 절박한 요구"라고 했다. 북남 관계 전환의 돌파구는 이미 열렸다고도 했다. '북남 관계 정상화'란 표현을 4차례나 쓴 것을 보면 북한이 얼마나 절박하게 남북관계 개선을 원하는가를 엿볼 수 있다. 그러나 핵심 문제는 북한이 아직도 핵을 포기하지 않고 있다는 것이다.


## 5) 이런 때는 어떻게?

### 치고 빠지기 전술 안 통하게

요즈음 북한은 이명박 정부 출범 이후 취했던 대남 제재 및 통제 조치를 잇달아 풀고 남측과의 대화를 재개하는 등 대대적인 '대남 유화 공세'를 펼치고 있다. 얼핏 보아서는 남북관계가 다시 정상궤도에 들어선 것처럼 착각하게 할 정도이다. 그러나 그것은 우리를 혼동케 만드는 착시 현상일 뿐이다. 왜냐하면 북한은 정작 남북한 간에 해결해야 할 핵심 현안인 핵문제에 대해서는 요지부동이기 때문이다.

오히려 북한은 2009년 9월 4일 "폐연료봉의 재처리가 마감 단계에

---

116) 그러나 한국 정부는 '급할 것이 없다'는 분위기다.

서 마무리되고 있으며 추출된 플루토늄이 무기화되고 있다.”며 “우라늄 농축 시험이 성공적으로 진행되어 결속 단계에 들어갔다.”라고 남한을 위협했다.[117] 북한의 주장은 자신들이 종래의 플루토늄 추출 방식뿐만 아니라 우라늄 농축 프로그램(UEP)을 통한 핵무기 제조 기술도 확보했다는 의미이다.

또 북한은 9월 7일 황강 댐 무단 방류로 남한 국민 6명을 숨지게 했다. 물론 북한은 남측의 항의 통지문을 받은 지 불과 6시간 만에 이례적으로 답장을 보내는 신속한 반응을 보였다. 그러나 통지문 내용은 믿을 수 없거나 정보가 불충분해 북한이 진정한 의도가 무엇인지 알 수 없다. 북한의 전형적인 ‘치고 빠지기’ 전술일 수도 있다. 북한이 남한 정부를 자극해 대북지원 등을 끌어내기 위해 사건을 일으켰으나 남한 여론이 의외로 악화되어 이를 막기 위해 진화하는 모양새를 갖췄다는 것이다.[118]

이어 북한은 9월 11일 개성공단의 북측 근로자 임금을 5% 인상하자고 제안했다. 북한은 6월 11일 현재 임금의 4배가 넘는 300달러로 북측 근로자 임금을 올리라는 터무니없는 주장으로 남측을 곤혹스럽게 만들더니 돌연 남북 간 기존 합의대로 인상률을 적용하자고 나왔다. 그런데도 북한은 공단부지 100만 평의 토지 임대료 5억 달러와 2010년부터 60만 달러 지불 요구에 대해서는 철회의 언급이 없다.

북한은 유엔제재 1874호 시행 이후 현금 수입원이 차단되는 어려움에 봉착했다. 쌀농사가 냉해와 수해를 당해 올 겨울과 2010년 봄 극심한 식량난이 우려된다. 김 위원장의 후계자 논의를 부인한 김영남 상임위원장의 발언도 예사롭지 않다. 북한 같은 폐쇄 사회에서 2인자가 후계자 문제를 거론한다는 것 자체가 심상치 않은 체제 불안

---

117) 유엔 북한 상임대표가 3일 유엔 안보리 의장에게 이 같은 편지를 보냈다. 조선중앙통신, 2009.09.04.
118) 실제로 이날 한나라당 등 정치권에서도 북한을 강도 높게 비난하는 등 대북 비난 여론이 커졌던 상황이었다.

을 드러낸 것이다.

## 환경변화에 유연한 대응

이러한 어려움 속에서 북한은 도발과 유화책을 반복할 가능성이 높다. 이러한 맥락에서 현인택 통일부 장관도 9월 2일 최근 북한의 잇따른 대미, 대남 유화 제스쳐에 대해 "북한 태도에 변화가 있었지만 6자회담, 핵문제에 대한 태도가 변하지 않고 있기 때문에 근본적인 변화가 아닌 전술적 변화라고 생각한다."라고 했다.[119]

북한은 김정일 위원장을 포함한 북한 지도부에 이상이 생기는 경우에도 대비해야 한다. 김 위원장은 2008년 8월 뇌졸증으로 쓰러진 후, 극도로 쇠약해진 모습을 보였다. 최근 다시 건강이 회복된 것으로 보여지고 있지만 뇌졸증과 심장발작증은 재발할 가능성이 언제든지 있다는 것이다. 미국 국방부가 '4개년 국방정찰검토보고서'(QDR)를 준비하면서 '북한 정권 붕괴' 시나리오를 검토했다는 것은 무심코 넘겨 버릴 일이 아니다.

정부는 임진강 무단 방류와 개성공단 정상화, 금강산 및 개성관광 재개 등 대북관련 3대 현안을 각각 분리 대응하는 쪽으로 가닥을 잡을 것 같다. 북·미 직접대화 가능성 등 외부환경 변화에 유연하게 대응하기 위한 전략이다. 금강산 광관은 임진강 무단방류나 개성공단 문제와는 다르다. 박왕자 씨 피격사건에 대한 진상규명, 재발방지, 신변안전보장 대책 등 3대 선결 조건이 이행되지 않으면 관광을 재개해서는 안 된다.[120]

---

119)  현 장관은 이날 한나라당 의원 모임인 '국민 통합 포럼' 주최 국회 토론회 모두 발언에서 "북한의 근본적 변화 여부에 대해선 여전히 의문이 있다."며 이같이 말했다.
120)  임진강과 금강산은 완전히 다르다. 금강산은 의도적인 총격사건이기 때문이다.

## 대북기조 유지 일관된 대응

이명박 대통령은 북한이 핵을 실제로 포기하지 않는 한 개성공단과 인도적인 지원 등을 제외한 현금이나 현물지원은 하지 않겠다고 했다. '잘못된 행동'에 대해서는 반드시 결과가 따르며 북한을 대화 테이블로 끌어내기 위해 어설픈 지원을 다시 약속하지는 않겠다는 뜻이다. 이 대통령은 9월 11일 "우리 정부는 상황에 일희일비하지 않고 일관성 있고 당당한 대북기조를 계속 유지해 나갈 것"이라고 밝혔다. 그는 9월 15일 북한이 "현재로서는 핵을 포기하겠다는 진정성과 징조가 보이지 않는다."라고 거듭 말해 대북지원을 고려하지 않고 있으며 국제사회의 제재 유지도 유지할 필요성을 재확인할 것으로 보인다.

북한의 도발에는 단호하게 대처할 것이지만 강경일변도가 아닌 대화의 모멘텀은 계속 살려 나가는 것이 중요하다. 북한 도발에 겁을 먹어서도 안 되지만 유화 공세에 긴장을 풀어서도 안 된다. '한국은 남북관계를 풀어가면서 한국의 국제적 신뢰문제도 고려해야 한다.

북한이 한·미 대북공조를 흔들어 보려는 전략이 있는 만큼 한·미는 대북제재와 대화에 대해 폭 없고 깊이 있는 대화를 하여 혼선과 갈등을 사전에 차단해야 한다.

어느 경우 든 정부는 원칙을 지키며 일관된 대응을 해야 한다. 북한이 큰 소리를 치지만 실상은 개성공단 근로자가 버는 월 200여만 달러에 목을 맬 정도로 취약한 집단이다. 우리가 원칙과 일관성을 유지하면 주도적으로 남북관계를 끌고 나갈 수 있을 것이 확실시 된다.


◆ 우리의 기도

"그러나 여호와여, 이제 주는 우리 아버지시니이다 우리는 진흙이요 주는 토기장이시니 우리는 다 주의 손으로 지으신 것이니이다." (

사 64:8) 한국 땅을 당신의 처소 삼으시기 위해 오늘도 일하시는 하나님의 신실하심을 찬양하며 기도합니다.

첫째, 북한의 대남태도가 갑자기 바뀌었습니다. 이명박 대통령을 비난하는 말과 군사위협, 개성공단의 압박 등의 강경정책을 지속해 오던 북한이 갑자기 태도를 바꾸어 남한 정부와 대화를 하려 하고 있습니다. 지금까지 북한의 정책들이 수시로 변했던 것에 비추어 이러한 태도들을 신뢰할 순 없지만, 하나님께서 북한이 연합의 바른 길로 나아가도록 강권적으로 역사하여 주시옵소서.

둘째, 북한은 미국 여 기자 와 현대아산 유성진 씨 카드를 써 한국과 미국으로부터 경제 지원을 얻어 내고 유엔제재를 피해 보려 하였으나 뜻을 이루지 못했습니다. 이와 함께 북한은 현정은 회장을 초청해서 '통미봉관' 정책으로 남남갈등을 조장하고 6·15와 10·4 공동선언 정신을 살려 이명박 정부의 대북정책을 바꿔 보려고 안간힘을 쓰고 있습니다. 남한 지도자들에게 솔로몬에게 주셨던 분별력(왕상 3:9)을 주셔서 북한의 숨은 의도가 무엇인지 정확히 파악하여 선한 모습으로 대응케 하여 주시옵소서.

셋째, 김대중 대통령 서거 직후 북한은 고위급 조문단을 보내 '조문정치'의 기회로 삼아 남북관계의 주도권을 잡으면서 교묘히 남한사회를 분열시키려는 친북진보 세력들을 접촉했습니다. 우리 정부는 시시각각 변하는 북한의 전술에 끌려가지 않고, 하나님이 분별하게 하신 지혜로 굳게 서서 정한 뜻에 굽히지 않는 담대함을 주시옵소서.

넷째, 추석(10.3) 이산가족 상봉, 현대근로자 유성진 씨 석방, '800 연안호' 선원석방 등 북한이 현 정부 출범 이후 지속 강도를 높였던 대남 압박 조치들을 한꺼번에 풀고 있습니다. 근본적 문제해결인 핵 포기가 아닌, 북한 내부 경제위기에 따른 남북관계가 일시적인 화해 무드에 젖어서는 안 될 것입니다. 하나님의 크신 구원의 손이 함께하셔서 경제위기가 선한 도구가 되어 북한사회의 진정한 변화로 이끌어 주시옵소서.

다섯째, 남한 국민들은 북한이 조성하려 하는 남남갈등에 휩쓸리지 않고 북한에 대한 바른 시각으로 진정 북한과 남한을 위한 길이 어떤 것인지 진리의 영이신 하나님께서 눈을 열어 주시사 참된 것을 깨달아 알게 하시옵소서.

예수님의 이름으로 기도합니다. 아멘.

# Ⅳ. 북한의 전략 실패와 깊어가는 곤경

최근 북한이 남한과 국제사회에 하는 꼴을 보면 한심하기 짝이 없다. 유엔 안보리가 대북 '의장성명'을 채택하자 북한은 "앞으로 다시는 6자회담에 참가하지 않을 것"이라며 기존 합의에 대한 구속거부, 핵시설 원상복구, 폐연료봉 재처리, 그리고 자체적 경수로 건설 적극 검토를 선언, 반발했다.

또 북한은 유엔 안보리의 제재 대상 지정에 대해 유엔 안보리가 대북제재를 철회하고 '즉시 사죄하지 않으면' 추가적인 자위조치로 핵탄도미사일 발사 실험과 핵연료 자체생산을 하겠다고 위협했다. 북한의 이러한 태도는 '레드라인(금지선)'을 막무가내로 밀어붙여 결국 북한이 원하는 '빅딜'을 얻어 냈던 경험을 재연해 보겠다는 것이다.

또한 북한 특유의 '벼랑 끝 전술'은 남북관계에서도 거침없이 들어났다. 북한은 9년 가까이 지속해 오던 개성공단 사업을 느닷없이 폐쇄할 것이라고 남한을 압박했다. 토지 임대 값과 토지 사용료, 노임, 각종 세금 등의 관련 법규들과 계약들의 무효선포와 함께 북에서 통지한 사항을 받아들일 수 없다면 무조건 나가라는 최후통첩 방식이다. 세상에 이런 법은 없다. 상거래에서 계약이 무엇을 의미하는지 최소한이라고 안다면 이것은 발상도 할 수 없는 억지이다. 참으로 북한은 '안하무인'격이고 황당한 집단이다.

북한은 남한의 '묻지 마 퍼 주기'식 지원이 끊긴 현 시점에서 북한체제에 나쁜 영향을 줄 개성공단은 문을 닫겠다고 남한을 위협하고 있다. 사실상 북한 김정일 정권은 탈출구가 보이지 않는 경제침체에다 김정일 건강악화와 승계 불투명 그리고 주민들의 심각한 체제 일탈로 총제적인 위기를 맞고 있다. 북한은 한때 오바마 대통령에 많은 기대를 걸었으나 지속되는 대북 '무시와 압박' 전술로 결국 당초계획을 모두 포기하지 않을 수 없게 되었다.

북한은 국제제재와 한·미의 대북 '무시 전략'에 대해 강한 반발을 보이면서 위협수위를 높여가고 있으나 북한의 도발은 국제적 고립을 심화시키고 제재의 강도를 높일 뿐이다. 북한은 이제 그들의 '벼랑 끝 전술'이 용도폐기 단계에 와 있음을 깨닫고 대화의 장으로 나오는 길을 택해야 할 것이다. 북한이 그러한 길로 가도록 우리가 계획하고 기도하면 "그 걸음을 인도하시는 분은 여호와"(잠 16:9)이시다. 우리가 다함께 기도하기를 원한다.

# 1. 총체적인 집안위기

## 1) 경제 침체, 탈출구 안 보여

　북한은 2009년 신년공동사설에서 2012년 강성대국의 대문을 열기 위해 금년에는 문패라도 달겠다고 선언했다. 그러나 현실적으로 북한의 경제사정은 강성대국의 문패는커녕 더 늦기 전에 새로운 길을 택해야 할 판이다. 강성대국의 대문이고 문패고 말하기 전에 우선 주민들에게 배급이라도 챙겨 주어 굶어 죽는 것은 막아야 할 것이다.

　말만 휘황찬란한 경제계획이지 배급조차 제대로 못 주는 불쌍한 꼴이다. 주민들에게 일거리 없는 공장에 나가는 대신 장마당에 나가 알아서 벌어먹으라고 하지만 그것도 마음대로 할 수 없다. 성별, 연령별 제한을 두어 장마당에 나가는 것을 제한하기 때문에 앉아서 굶어 죽으라는 것과 다를 것이 없다.[121]

　이런 상황인데도 북한은 미국이 주기로 약속한 식량지원을 거부했다. 이어 식량배분을 모니터하기 위해 북한에 체류 중인 세계식량계

---

121) 장마당에는 남자는 안 되고 여자들도 50세 이상만 혀용하도록 되어 있어 주민들의 불만이 크다.

획(WFP) 및 비정부구호단체 관계자들을 철수시켰다. 주민 식량사정을 감안한다면 염치불구하고 국제사회에 손을 내밀어도 모자랄 텐데 무슨 배짱인지 이해할 수 없다. 주민들이 굶어 죽든 말든 식량지원을 걷어차고, 있는 돈 다 긁어 핵과 미사일을 만들어 내는 그 정권은 이제 그 수명을 거의 다한 것으로 볼 수밖에 없다.

2008년 북한 자체의 식량 생산량은 넉넉하게 잡아도 431만 톤으로 최소 수요량 548만 톤에 턱없이 부족하다. 일부지역에서는 주민들이 1년 식량으로 겨우 3개월치 분량만 지급받아 죽으로 연명하거나 끼니를 거르는 일도 많다. 위띳 문따폰 유엔 북한인권 특별보고관은 "870만 명의 주민이 극심한 식량부족을 겪고 있다."라고 말했다.[122]

북한은 이제까지 모자라는 식량을 해외 나라들에 의존해 왔다. 2008년 북한 식량 부족분 중 30만톤 가량을 중국에서 지원받은 것으로 추정된다. 지난 국민참여 정부 시절 한국은 북한에 40~50만 톤의 식량과 30~40만 톤의 비료를 지원해 주었으나 이명박 정부가 들어서고 나서부터는 이른바 '묻지 마 퍼 주기'식 지원을 중단했다. 일본으로부터 식량지원이 끊긴 것도 오래전부터인데 미국 식량지원마저 거부했으니 이제는 식량이 들어올 데가 없다.

경제 침체에다 식량위기까지 맞은 북한이 과거처럼 주민들을 강압적으로 억압하고 누른다고 해서 해결될 일이 아니다. 북한 주민들을 우습게 알고 김정일이 나서서 쇼나 벌이고 숨기는 것도 한계가 있다. 북한 주민들이 식량부족으로 불안한 북한사회를 흔들고 김정일 정권을 불안하게 만들어 결국 체제를 와해시킬 수도 있다는 것을 알 만한 사람은 다 알고 있다.

---

122) 미국이 2008년 5월 1년간에 걸쳐 식량 50만 톤 지원을 약속하고 2009년 3월까지 16만 9,000톤을 지원한 것도 이런 이유 때문이다.

## 2) 김정일 건강악화, 승계 불투명으로 체제 불안

북한 헌법 제90조에 의하면 최고인민회의 대의원의 임기는 5년이기 때문에 제11기 대의원의 임기가 끝난 2008년 9월에 제12기 대의원 선거가 실시되어야 했다. 그러나 김정일 위원장의 건강악화로 대의원 선거를 2009년 3월 8일로 연기했다. 김정일 위원장은 그동안 뇌수술을 받는 등 뇌졸중으로 건강이 악화되었으며 한동안 병상통치를 해 온 것으로 알려졌다.

인터넷 매체인 《데일리 NK》는 김 위원장이 2009년 2월 말 회령시를 시찰할 때 계단을 오르면서 부축을 받았을 정도로 건강이 좋지 않았다고 북한 현지 소식통을 인용해 보도했다. 또 김 위원장은 회령시에 있는 생모 김정숙의 동상을 돌아보면서 낮은 계단도 오르지 못해 호위군관들의 부축을 받았고 숨도 거칠게 내쉬었다고 이 소식통은 말했다.

이 소식통은 "이런 소문들이 순식간에 사람들 사이에 퍼지고 '장군님이 오래갈 것 같지 않다는 식의 이야기가 돌고 있다'면서 "그 때문에 사람들이 '이제는 빨리 후계자가 나와야 한다.'고 노골적으로 말한다."고 강조했다고 전했다.[123]

2009년 3월 20일 김 위원장은 특유의 볼록 나왔던 배가 쏙 들어간 채 주름살투성이의 노인 모습으로 인민과 국제사회에 모습을 드러냈다. 4월 9일 그는 또 다시 평양 만수대 의사당에서 열린 최고인민회의 제12기 1차 회의에 나타나 주석단 중앙까지 약 10보를 걸어 입장하는 모습을 공개했다. 그는 걷는 도중 왼쪽 다리를 약간 절었고 박수를 칠 때도 왼손을 고정시킨 채 오른손만 움직이기도 했다. 하지만 양팔을 비교적 자연스럽게 흔들면서 입장하는 등 건강을 과시하

---

123) 한편 북한 함북도당과 보위부 등은 당시 김 위원장의 건강과 관련된 소문이 퍼지자 그가 접견했던 간부들도 강도 높게 조사했다.

려는 모습이었다.

　5월 4일자 《노동신문》은 김 위원장은 일할 때 사색과 몰입이 필요하다고 강조하면서 자신도 "일감을 놓고 몇 시간씩 정신을 집중하려 사색을 하다 보면 정신이 가물거릴 때도 있다."라고 보도했다. 이날보도는 2008년 뇌혈관계 질환 이후 쇠락한 김 위원장의 건강상태를 은유적으로 암시한 것이라는 관측도 나왔다. 김 위원장의 '정신 가물거림' 발언이 그의 건강에 대한 간부의 걱정과 함께 보도됐기 때문이다. 김 위원장의 건강이 완전히 회복되지 않았을 뿐만 아니라 언제 또 다시 악화될지도 모르는 상황에서 김정일 체제 유지가 불안하다는 것이다. 권력 승계가 순조롭게 이루어질 준비가 되어 있지 않기 때문에 김 위원장이 또 다시 쓰러지기라도 한다면 부인인 김옥(44세)이나 매제인 장성택에게만 의존할 수도 없다.

　언론에서는 김 위원장이 2009년 1월 8일에 셋째 아들인 김정은(26세)을 후계자로 결정했다고 보도했다. 리제강 당조직지도부 제1부부장은 조직지도부의 과장급 이상 간부들을 긴급소집, 김정일의 결정사항을 전달했다는 것이다. 그러나 김정은은 나이가 어리고 사회적 경험이 부족한 것이 흠이다. 따라서 김 위원장이 최대 과제는 김정은이 빠른 시일 내에 권력을 장악할 수 있는 여건을 만들어 주는 것이다.

　이런 맥락에서 김 위원장은 4월 9일 최고인민회의 제12기 1차 회의를 통해 국방위원회를 확대, 강화하면서 체제유지에 반드시 필요한 하드파워(hard power)를 국방위에 총집결시켰다. 이전 국방위 멤버는 대부분 군 내부 운영 책임자들이었으나 지난번 인사는 민간 치안(사법경찰)과 체제보위(간첩의 색출과 파견), 실질군사력(무기개발 및 제조)분야의 실세가 대거 참여했다. 국방위에 위임된 군정치 분야와 군행정 분야 그리고 이른바 '수령경제'의 핵심을 이루는 '군경제' 책임자들이다. 특히 군경제 책임자들은 무기를 팔아 달러를 마련해 군사

비와 김 위원장의 개인 비자금을 조달한다.[124]

신임 위원들은 전혀 다른 성격의 기구를 책임진 인물들이다. 장성택 위원(당행정부장)은 사법권(법원 검찰)과 경찰권(인민보안성), 내부 간첩색출을 통한 체제유지(국가안전보위부)를 관장하고 있다. 주상성(인민보안상), 우동측 위원(국가안전보위부 수석부부장)은 그의 하위 기관장들이다. 주규창 위원(당 군수공업부 제1부부장)은 미사일 등 무기 개발 전문가이다. 여기에 2009년 2월 미리 임명된 오극렬 부위원장(당 작전부장)은 대남 간첩 파견 책임자로 남한 체제교란의 전문가이다.

이번 인사는 북한 지도부의 체제유지 불안감을 그대로 반영하고 있다. 김 위원장이 자신의 건강이상, 시장 메커니즘과 자본주의 사조의 확대, 남한보수 정부의 대북정책 변화 등으로 체제유지에 불안감을 느낀 나머지 국방위에 하드파워를 집중시킨 뒤 이를 직접 컨트롤하면서 권력의 보위와 체제유지에 매진시키려는 것이다.

새로 구성된 국방위원들은 낙점을 받은 김정은의 세습기반을 마련하고 이에 따른 사회적 동요를 차단하는 것이 급선무이다. 김정은에게도 노련한 후견인들의 후원이 절대 필요하기 때문이다. 일부 엘리트나 대다수 북한 주민은 김 부자 3대 세습을 원치 않고 있다. 이러한 상황에서 김 위원장이 3대 세습에 따른 지도부 내부의 균열과 사회적 동요를 하드파워로 진압하겠다는 포석인 것으로 분석된다.

그러나 주변 상황은 결코 김 위원장의 구상대로 전개되지 않을 가능성이 매우 크다. 국제사회를 상대로 한 핵미사일 도박은 북한을 곤경에 처하게 할 수도 있고 경제난에 시달린 북한 주민들이 더 이상 기다려 주지 않을 수 있다. 대내외적으로 오는 치명적인 스트레스를 김 위원장이 견디어 내지 못하고 두 번째의 쇼크를 받아 오랜 병상통

---

124) 조명록 제1부위원장(인민군 총정치국장), 이용무(인민군차수), 김영춘(인민무력부장) 부위원장과 김일철(인민무력부 제1부부장), 전병호(당 중앙위 군수담당비서), 백세봉(제2경제위원장) 위원이다.

치를 한다면 김정일 체제는 무너질 수밖에 없다. 김정일 위원장은 매우 다급해진 상황에서 탈출구를 모색했으나 그리 쉽지 않을 것이다.


## 3) 주민의 심각한 체제 일탈

국제정세 분석에 정통한 것으로 유명한 영국의 시사주간지《이코노미스트》가 장장 14쪽에 걸친 한반도 특집기사를 실었다.《이코노미스트》지는 북한은 더 이상 과거의 스탈린주의적 폐쇄사회가 아니라고 지적했다. 식량난 때문에 암시장이 우후죽순처럼 생겨나고, 국경을 통한 중국과의 비공식 교역이 급증하면서 바깥 세상의 현실에 눈을 뜬 북한 사람들이 크게 늘고 있다는 것이다.

때문에 현재 북한은 주민들의 행동을 과거처럼 엄격하게 통제할 수 있는 수단을 갖고 있지 못하다는 것이다. 한국에 있는 탈북자들도 북한에 있는 가족에게 돈을 보낼 수 있으며 휴대전화로 가족들과 통화도 할 수 있다.[125] 빈틈없어 보이는 북한체제 곳곳에 '돈구멍'이 뚫려 있다는 것이다.

북한 내에는 김정일 독재체제에 저항하는 정치적 범죄가 상당히 많다고 한다. 북한체제에 대한 주민들의 저항은 김일성 투쟁역사 왜곡, 세습비방, 김 위원장에 관한 각종 출판물 및 초상화 파손, 그리고 김정일 사생활에 대한 비방행위와 함께 일체의 반당, 반혁명 행위 등이다.

한편 북한 주민들은 체제에 대한 저항의 한 방법으로 유언비어를 유포하고, 혁명역사 학습을 비방하며 직무에 태만하는 행위를 보이고 있다. 또 그들은 각종 구호판의 임의변경 및 파손행위, 각종 행사 시

---

125) "북한사회의 정책일탈이 원인, 유형 및 통제방법"에 대해서는 유석렬, 『북한 정책론』(서울:범문사, 1988) pp.108~142 참조

구호제창과 박수기피행위, 당원증 및 맹원증 분실행위 등의 김정일 체제에 대한 저항을 나타내고 있다.[126]

특히 주목되는 것은 최근 들어 북한 인민대중의 힘이 점차 커지고 있다는 것이다. 김정일 정권이 주민들에게 주던 배급을 중단하는 등 생계를 책임지지 못하면서 시장이 확대되어 주민들의 힘이 통제할 수 없을 만큼 커지고 있다. 사회주의를 지향하는 북한정부가 주민들의 최저 생활마저 보장해 줄 수 없게 됨에 따라 북한사회 내에 암시장 및 지하시장경제 선호, 화폐에 대한 가치변화, 개인 소유주의, 뇌물의 성행, 부정부패, 절취의 일상화 등 개인주의와 물질주의가 확산되고 있다.

이와 같은 암시장 등 유사 자본주의적 요소들의 등장으로 인해 자본주의적 가치관들이 점차 확산되고 있으며, 북한 즈민들에게 제일의 목표는 '돈'이 되고 있다. 이전에는 국가에 자신의 충성도를 인식시켜 당원이 되는 길을 유일의 사회적 신분상승의 기회르 여겨 왔으나 이제는 가지고자 하는 물건을 구입할 수 있는 '돈'이 중요한 가치로 자리 잡게 된 것이다. 이것은 기존 가치관의 큰 변화이며 상대적으로 새로운 가치관이 자리 잡고 있는 것이다.

이러한 가치관의 변화는 점차 주민들의 혁명의식 퇴색과 배금주의 확산, 그리고 사회주의 일탈 등으로 나타났다. 사회주의 경제 체제에서는 볼 수 없던 이자놀이, 저당, 고리대금업과 계약문화, 그리고 먹고 입는 문제를 '암시장'에 의존하는 추세가 일반화되었다. 사회주의 체제에 대한 신념이 약화되면서 무사안일 또는 보신주의가 만연해 '우선 나부터 살고보자'는 풍조가 번지고 있다.

이러한 주민들의 사회주의 일탈현상을 우려하여 김정일 위원장은 1996년 2월 19일 장마당 폐쇄를 명하여 옛날 농민 시장으로 되돌리

---

126) "북한 무산서 서울로 휴대전화 가능 : 중국 국경 기지국 설치, 중국산 휴대전화 사용, 북한 당국선 당속강화"《조선일보》, 2003.09.24.

려 했다.[127) 그리하여 장마당은 한때 모두 철폐되었지만 내용적으로는 크게 번창하게 되었고 다시 허가하지 않을 수 없게 되었다.

김정일은 2008년 11월에도 매일 열리고 있는 '종합시장'을 2009년 부터 10일마다 열리는 '농민시장'으로 축소한다는 내용의 지시문을 내렸다.[128) 그는 이 지시문을 전국 각 시군에 하달하고 집행에 들어갔으나 주민들의 집단적 반발로 집행을 철회한 것으로 밝혀졌다.

이런 맥락에서 《워싱턴 포스트》지는 2008년 3월 국가통제경제의 사실상 붕괴, 지역 경찰들의 부패급증 등과 함께 도시 엘리트까지 확장된 식량부족은 김정일 정권을 위태롭게 할 수 있는 잠재력이 있다고 강조했다. 최근 국제사회를 상대로 한 북한의 강경발언과 전쟁위협은 북한이 처한 대내적인 총체적 위기를 배경으로 하고 있다는 것이다.

---

127) 김정일 위원장은 60회 생일을 앞두고 체제정비 작업의 일환으로 장마당 통제를 가했다. 《조선일보》, 2001.11.16.
128) 북한 주민 40%가 종사하는 장마당을 폐쇄하고 공산품과 식량은 국영상점과 식량공급소에서 판매한다는 내용이었다.

# 2. 오바마에 대한 기대와 실망

## 1) 오바마에 대한 기대

오바마 정부는 북한과의 대화조차 금지했던 부시 1기 행정부와는 달리 북한과의 직접대화를 통해서 문제를 풀어 나가려 하고 있다. 오바마는 적과 동지를 구별하지 않는 대화자세 필요성을 강조하고, 불량국가에 대해서는 '대화의지' 표명과 함께 '단호한 행동'을 취하겠다는 의지를 밝혔다.

오바마 캠프의 한반도 팀장을 맡았던 프랭크 자누지(Frank Jannuzi)는 북한에 대해 '미국 대통령이 포함된 고위급 차원의 직접외교'를 할 수 있음을 언급했다. 오바마도 선거운동초기 "집권 1년 만에 김정일 북한 국방위원장을 만나겠다."라고 공언했다. 물론 그는 선거 말기에 접어 들면서 보좌진들의 조언에 따라 "(김정일 위원장을) 만나기 전에 조건이 충족되어야 한다."라고 다소 누그러진 발언을 했다.

북한 외무성 대표단의 미국 방문을 주선했던 전 미 외교정책 협회(NCAFP)의 조지 슈와브(George Schwab) 회장은 앞으로 미국과 북한은 양자 협상에 더 주력할 것으로 본다고 말했다. 그는 2008년 11월 4일 미 자유 아시아 방송(RFA)과의 인터뷰에서 북한이 6자회담을 버리고 미국과 양자 협상만을 원할 것으로 본다는 말을 했다. 북·미 간의 협상 내용도 핵문제를 포함, 미사일 및 인권문제와 함께 북•미 관계 개선, 경제 지원들을 포괄하고 경우에 따라서는 일괄타결방식의 '빅딜'이 논의될 가능성도 열어 놓은 것이다. 북·미 간 대화가 순조롭게 풀리는 경우 미국의 비핵화 원칙이 양보되거나 한국을 소외시키는 일이 일어날 가능성도 배제할 수 없는 상황이다.

오바마 행정부 내의 이러한 분위기는 북한 김정일 위원장의 기대를 한껏 높여 주었다. 2009년 신년공동사설에서 북한은 미국과 주변국에 대한 일언반구 언급 없이 미국과 주변국에 유화 메시지를 던졌다. 북한은 새로 출범하는 오바마 행정부에 기대를 걸면서 오바마 정부가 북한에 대해 긍정적이고 신뢰할 만하게 나온다면 북한도 6자회담에 성실하게 임하겠다는 메시지를 보냈다.

부시 정부 때에 최악의 북·미관계를 경험해 온 북한으로서는 오바마와 그의 참모들이 그동안 대통령 선거운동기간 그리고 대통령직 인수위원회를 통해 반복적으로 밝힌 '대북 포용 정책'에 대해 큰 기대를 갖게 되었다.

이런 상황에서 북한은 1월 13일 한반도의 비핵화 실현보다는 북미관계 정상화가 먼저라며 관계 정상화 후 비핵화를 달성해야 한다고 주장했다. 북한은 이날 외무성 대변인 담화를 통해 "우리가 9·19 공동성명에 동의한 것은 비핵화를 통한 관계개선이 아니라 바로 관계 정상화를 통한 비핵화"라고 했다.

북한이 겨냥하는 것은 북한과 직접 대화를 추구하고 있는 오바마와 만나 북미관계 정상화를 밀어붙이되 6자회담에서 결론을 내지 못한 북한 사료채취 문제는 최대한 늦추는 명분을 찾겠다는 것이다. 이와 함께 북한은 "미국 핵무기의 남조선 반입과 배비(배치) 철수 경위

를 확인할 수 있는 자유로운 현장접근 담보를 요구해 북한의 통미봉남(通美封南)의도를 분명히 했다.[129]

## 2) 오바마에 대한 실망

북한은 1월 17일 인민군 총참모부 대변인을 통해 "조선반도 핵문제의 본질은 '미국 핵무기' 대 '우리 핵무기' 문제"라고 주장했다. 총참모부 대변인은 "설사 조·미관계가 외교적으로 정상화 된다 해도 미국의 핵 위협이 조금이라도 남아 있는 한 우리의 핵보유 지위는 추호도 달라지지 않을 것"이라고 강조했다. 13일 외무성 대변인 담화에서 '선(先) 관계개선, 후(後) 비핵화'의 메시지를 담았던 것과는 전혀 다른 기조다.

이와 같은 북한 총참모부 담화는 힐러리 클린턴 차기 국무장관과 수전 라이스 차기 유엔 대사의 의회 인준 청문회를 지켜본 뒤 나온 북한의 반응이다. 북한은 오바마가 천명한 '강경하고 직접적인'(tough and direct) 외교에서 '직접' 부분에 기대를 걸었으나 클린턴 차기 장관은 청문회에서 '직접'은 한 차례 언급했을 뿐 '강경대응'만을 거듭 강조했다. 미국이 이러한 태도를 보이는 한 북한으로서는 '핵 포기' 대신 '핵보유국'임을 내세워 핵 군축 협상을 주장하면서 미국을 압박하겠다는 것이다.[130]

금년 1월 20일 오바마 행정부가 출범하면서 직면한 것은 세계적으로 증폭되고 있는 초대형 규모의 미국발 금융위기와의 힘겨운 씨름이었다. 오바마 행정부의 대북정책은 정책담당조직의 편성이 마냥 늦어

---

129) 북한이 '한반도 비핵화의 역점을 자신의 핵폐기보다 남한의 비핵화에 있다'는 속셈을 드러낸 부분이다.
130) 인민군 총참모부 대변인은 "미국과의 관계 정상화 없이는 살아갈 수 있어도 핵 억지력이 없이는 살아갈 수 없다."라고 미국과의 관계 개선 기대를 접을 수도 있다는 메시지였다.

짐과 동시에 정책우선 순위 면에서 뒷순위로 밀려났다. 북한에게는 불행하게도 오바마 정부의 한반도 정책은 '통미봉남'이 아니라 한국과의 협력에 우선순위를 두는 모습을 보였다.

2009년 2월 오바마 행정부의 힐러리 클린턴 국무장관은 취임 후 첫 해외 순방의 일환으로 한국을 방문한 자리에서 "만약 북한이 한국과의 대화를 거부하고 한국을 비방하면서 미국과는 다른 관계를 가지려 한다면 그것은 오판"이라고 북한이 겨냥하는 '통미봉남'의 가능성에 쐐기를 박았다.

클린턴 장관은 이 순방을 통해 오바마 행정부는 대북관계에 있어서 핵문제 우선 해결원칙을 확고하게 고수하는 바탕 위에서 대북 '유화'를 고려하고 있음을 분명히 했다.[131] 이는 "미국과의 관계 정상화 없이는 살아갈 수 있어도 핵을 포기하고서는 살아갈 수 없다."라는 북한의 입장과는 정면충돌되는 것이다.

북한에게 반발의 빌미를 직접 제공한 것은 예년에 비해 기간을 배가하고 내용을 보강하여 2009년 3월 9일부터 20일까지 실시된 한·미 키 리졸브(Key Resolve) 연례 합동군사 훈련이었다. 이 훈련은 금년 오바마 행정부 출범 이후 이명박 정부 사이에 오히려 강화일로를 걸어온 한·미 안보 동맹과 연합 작전 체제의 살아 있는 증거였다. 북한의 실망은 컸고 그에 따른 반발은 당연했다. 북한은 이제까지 관망하던 태도를 버리고 또 다시 '벼랑 끝 전술'로 회기했다.

---

131) 클린턴 장관은 북한을 향해 종종 유화정책을 사용했지만 "그러나 대전제는 북한의 핵 포기와 비핵화"라는 점을 특히 강조했다.

# 3. 전쟁위협을 통한 북한생존전략

## 1) 무시전략 대 핵실험 압박

북한은 2009년 3월 보스워즈 북핵 특별대표의 방북제의에 코웃음을 치고 대신 장거리 로켓발사로 대응했다. 미국을 압박하고 남북관계를 경색시키는 틀에 박힌 전략이다. 마치 미국에 "일단 장거리 미사일 실력부터 보여 줄 테니 그걸 보고 이야기하자."는 식이었다. 북한은 그러면 더 좋은 조건으로 협상할 수 있을 것으르 계산했을 것이다.

북한은 4월 24일 '미국 여 기자'와 '2차 핵실험' 카드를 동시에 내놓으며 대미압박을 본격화했다. 미국 힐러리 클린턴 국무장관이 사실상의 '대북 무시정책'을 시사한 다음 날, 또 유엔 안전보장이사회의 대북 타깃 리스트(제재 대상 목록)발표가 나오기 전날 시점을 택해 억류 중인 미국 여 기자 2명을 공식 재판에 회부한다고 발표하는 한편 추가 핵실험의 가능성을 시사했다.

북한은 이날 조선중앙통신사 보도를 통해 "미국 기자들의 범죄 자료들에 기초해 그들을 재판에 회부하기로 정식 결정했다."라고 밝혔다.[132] 북한은 구체적인 조사결과나 죄목에 대해선 밝히지 않았으나 '불법입국'과 '적대행위' 2가지 혐의를 적용할 것으로 알려졌다. 또 조총련 기관지《조선신보》는 "미국과 그 추종세력이 압박하면 할수록 조선은 핵보유국으로서의 지위를 더욱더 확고한 것으로 다져 나갈 것"이라고 했다. 이는 북한의 장거리 로켓발사를 비난하는 유엔 안전보장이사회의 조치에 따라 북한이 핵실험을 감행할 수 있음을 시사한 것이다.

북한의 이러한 대미압박전술은 미국의 대북 무시정책에 대한 반발의 의미가 있다. 클린턴 장관은 4월 23일 미 하원 청문회 보고서에서 '북한문제'를 아예 뺐고 의원들 질문에도 "북한의 오락가락 행동에 굴복해선 안 된다."라고 짧고 단호하게 말했다. 로켓발사 등의 북·미 직접대화를 위한 북한의 조급한 메시지를 보냈음에도 '철저히 무시'하는 미국의 반응은 북한으로서는 참기 어려운 것이었다.[133]

한편 북한 외무성 대변인은 2009년 5월 4일 미국이 '대북무시 및 압박' 전술을 본격화하는 상황에서 "미국의 현(오바마) 행정부는 이전(부시)행정부와 조금도 다를 것이 없다."라고 비난을 퍼부었다. 오바마 행정부는 장거리 로켓발사 이후 북한도발에 직접 대응하지 않고 유엔을 통한 대북제재와 무시전술로 나오자 그 실망감을 나타낸 것이다.

또 북한 외무성 대변인은 5월 8일 "오바마 정부의 대조선 적대시 정책에는 조금도 변화가 없다."며 "우리 인민이 선택한 사상과 제도를 없애려는 것이 지금까지 지속되어 온 미국의 대조선 적대시 정책의 본질"이라며, "우리를 변함없이 적대시하는 상대와 마주 앉았댔자 나올 것은 아무것도 없다."라고 불만 섞인 발언을 했다. 이러한 북한 외무

---

132) 미국 기자들을 '커틴트 TV' 소속 한국계 '유나 리'와 중국계 '로라 링' 2명으로 2009년 3월 17일 두만강 인근에서 탈북자 문제 등을 취재하던 도중 북한 군인들에 붙잡혀 억류되어 있다.
133) 북한은 미국 여 기자들 문제를 북미관계 현안과 연계해 '대미 지렛대'로 사용하겠다는 뜻을 노골적으로 드러냈다.

성의 입장 발표는 북한을 대화 무대로 끌어내는 문제 등을 논의하기 위해 서울에 온 스티븐 보즈워스(Steven Bosworth) 미국 대북정책 특별대표를 겨냥한 것으로 보인다.

또한 이것은 북한이 당분간 6자회담은 물론 미국과의 양자 회담에도 응하지 않고 핵 역주행을 계속하겠다는 것으로 분석된다.[134] 사실 따지고 보면 오바마 정부가 '강력하고 직접적인 미·북 대화' 의지를 밝혔는데도 북한은 장거리 로켓발사를 강행하는 등 각종 도발을 벌였기 때문이다.


## 2) 북한의 대남 군사위협

북한은 한동안 이명박 정부에 대한 기대를 걸고 비난을 일체 삼갔다. 그러나 기대했던 6·15와 10·4 공동선언 이행이 어렵게 되었고 식량, 비료 등 통상적인 지원도 기대할 수 없게 되었다. 이명박 정부의 대북정책은 '비핵·개방 3000'을 내세워 북한이 비핵 개방에 나서지 않으면 '기다리는 전략'이었다.

북한은 이명박 정부에 대한 기대가 꺾이자 노골적인 비난과 함께 군사적 위협발언을 지속했다. 북한은 장거리 로켓발사를 전후해 발언 수위를 높였다. 북한군 총참모부와 외무성, 조평통 등 각종기관과 언론매체가 총동원돼 올 들어 20여 차례나 한국정부를 비난하고 압박했다. 특히 최근에는 우리 정부가 PSI 전면 참여 움직임을 보이자 "PSI 전면 참여는 선전포고", "전쟁 줄타기 놀음"이라고 반발했다.

북한군의 대남 위협적 발언은 2008년 12월 23일 김일철 인민부력 부장의 '선제타격', '잿더미' 경고 이후, 2009년 1월 17일 '전면 대결 태

---

134) 북한이 5월 달 들어서만 네 차례나 '핵 억제력 강화'를 공표한 것은 심상치 않은 조짐으로 보인다.

세 진입', 1월 30일 '모든 합의 무효화', 2월 26일 '아성까지 초토화', 3월 9일 '무자비한 군사적 행동', 4월 18일 '서울까지 불과 50km'등 위협으로 이어졌다.[135]

이러한 대남 위협 발언을 지속하는 한편 북한은 '개성공단 직원 1명을 억류하고, 포사격과 전투기 출격을 2~6배 늘리고 대남기구를 확대개편 하는 등 이명박 정부에 대한 적대 행위를 지속했다. 북한은 2009년 3월 30일 개성공단에서 근무하는 현대아산 직원 유 모 씨를 북한의 정치 체제를 비난했다는 등의 혐의로 체포했다. 이는 북한의 의도적인 대남 도발적 행위이다.

한편 북한은 백령도, 연평도 인근 등 서해 북부지역에서 해안포를 비롯한 각종 포사격과 전투기 훈련 횟수를 2008년에 비해 2~6배 가량 늘린 것으로 5월 8일 밝혀졌다. 해병대 등 군 당국에 따르면 북한군은 서북 지역의 해안과 섬에 배치된 구경 76.2mm 및 130mm 해안포, 152mm 곡사포 등의 실사격 훈련을 강화했다. 연평도 오른쪽 북쪽의 대수압도 인근에서는 올 들어 현재까지 19회에 걸쳐 1,000여 발의 포사격 훈련을 한 것으로 관측되었다.[136]

또 군 관계자들은 1월부터 현재까지 북한 공군 전투기들의 훈련 횟수가 2008년 같은 기간보다 6배 가량 늘어난 것에도 주목하고 있다. 특히 황해도 과일 비행장에서 출격한 전투기들은 1월 17일 '전면 대결태세 진입' 성명 발표 이후 5월 현재 우리 군이 백령도에서 북한 쪽으로 64km 상공에 설정한 가상선인 전술조치선을 1087회나 접근한 것으로 알려졌다.

북한 전투기가 이 전술조치선을 넘게 되면 3~4분 내에 백령도 상

---

135) 이는 1994년 3월 남북 실무대표회담 도중 북한 박영수 단장이 "전쟁이 나면 (서울이)'불바다'가 되고 말 것"이라는 발언을 한 후 처음으로 서울에 대한 군사적 위협발언이다.
136) 한 해병대 관계자는 포탄이 해상에 떨어지면서 생겨난 대형 물기둥도 관측됐다고 밝혔다.

공에 도달할 수 있기 때문에 이 선을 넘는 순간 우리 전투기들은 긴급출동을 하고 백령도에 있는 해병대 발칸포와 휴대용 지대공 미사일인 미스트랄 진지에도 비상이 걸린다. 2009년 4월 21일 황해도 태탄 비행장을 이륙한 북한 전투기 4대가 전술조치선을 넘어 해주까지 비행한 뒤 복귀, 우리 공군 전투기가 대응 출격하기도 했다는 것이다.[137]

연합뉴스는 2009년 5월 10일 북한 조선노동당의 작전부(간첩침투)와 35호실(정보수집), 대외연락부(간첩교육, 파견) 등 대남 공작기구들이 통합돼 국방위원회 상하로 이관됐다는 관측을 내놓았다. 연합뉴스는 "북한이 노동당 35호실과 작전부를 떼어내 국방위원회 산하 인민무력부의 정찰국과 통합해 '정찰총국'으로 확대 개편했다고 보도했다.

이것이 사실이라면 북한 지도부가 이젠 대남 공작업무를 노동당의 '정치' 영역이 아닌 군부의 '작전'영역으로 인식하기 시작했음을 의미한다. 북한은 남한의 햇볕정책이 계속되던 지난 10여 년 동안에는 대남 정치협상에 주력했지만 이명박 정부가 들어서면서 '남한 내 혁명역량 강화'를 군사작전과 동등한 수준으로 중시한다는 것이다.

---

137) 2009년 5월 7일 북한 군 화력지원정 1척이 장산곶 앞바다에 나타나 우리 고속정 2척이 긴급 출동해 대응 기동을 하기도 했다.

# 4. 대북 유엔 안보리 제재와 북한의 반발

## 1) 대북 유엔 안보리 제재

주변국들의 만류에도 불구하고 북한은 2006년 7월 6일 '대포동 1호' 미사일 시험을 발사하자 UN안보리는 7월 16일 북한에게 "미사일 프로그램과 관련된 모든 행동 중지"와 "무조건 6자회담 복귀"를 요구하는 1695호 결의안을 채택했다. 이 결의안은 유엔 모든 회원국들에게는 "미사일 혹은 미사일 관련 물품, 재료, 제품, 기술을 북한에 판매하지도 재정적 지원도 하지 말 것"을 요구했다.

북한이 3개월 후인 2006년 10월 9일 핵실험을 실시하자 UN안보리는 10월 14일 1718호 결의안을 만장일치로 채택했다. 이를 통해 북한에 대하여 "모든 탄도 미사일 개발 계획을 중지"하고 "현존하는 모든 다른 대량 살상 무기와 탄도 미사일 계획의 완전하고 검증가능 하며 되돌이킬 수 없는 방법에 의한 포기" 등의 요구를 재확인했다. 한편 유엔 회원국들에게는 직간접을 불문하고 대량 살상무기 관련 모든 품목이나 부품, 그리고 일정한 '사치품' 공급을 금지했다.

2009년 4월 5일 북한의 '대포동 2호' 시험발사 강행은 예상대로 국제적인 거센 후 폭풍을 불러 일으켰다. 시험발사가 강행되자 미국, 일본과 한국은 즉각 강경하게 대응하고 나섰다. 그러나 비상임 이사국 일본의 요구로 긴급회의를 소집한 UN 안보리의 더응방안 협의는 난항이었다. 중국과 러시아가 새로운 결의안 채택에 난색을 표했기 때문이다.[138]

결국 UN 안보리 4월 13일 '의장 성명'을 만장일치로 채택했다. 체제 상으로 볼 때, 결의안 만큼은 못해도 '의장 성명'을 상당히 강도 높은 내용을 담을 수 있었다. 의장성명은 "로켓발사를 안보리 결의 1718호에 대한 '위반행위'로 규탄하고, 대북체제위원회에게 1718로 8항에 의거 대북제재조치를 4월 24일까지 보고하도록 하였다.[139]

이에 따라 UN 안보리 제재위원회는 유엔의 제재 대상으로 조선 광업무역회사, 단천상업은행, 조선용봉총회사를 지정했다. 이러한 북한 회사들은 백세봉 국방위원회 책임 아래 군 경제 분야를 담당하는 제2경제 위원회 산하기업인 것으로 알려졌다.[140]

제재위원회가 이러한 결정을 안보리에 보고함에 따라 안보리는 전체 유엔 회원국에 제재대상 기관으로 지정된 북한 기업의 자산을 동결하고 금융·경제 거래를 금지하도록 통보하게 된다. 제재위원회는 최근 미사일 기술통제 체제(MTCR)가 통제목록으로 규정한 물품들도 제재대상에 추가하기로 합의했다.

---

138) 북한은 로켓 시험발사에 앞서 UN 안보리의 개입을 견제하기 위해 '군사용 탄도 미사일'이 아니라 '위성발사용 로켓'으로 위장했기 때문이다.
139) 이 의장성명 내용에는 중국과 러시아도 반대하지 않아 만장일치로 채택되었다.
140) 현재 3개 북한기업과 거래 중인 우리기업은 없는 것으로 파악되고 있다.

## 2) 북한의 반발

북한은 전 세계가 만류하는 로켓발사를 하는 과정에서 "미국과 일본이 요격의 조짐이라도 보이면 위력적 군사 수단으로 즉시 대응 타격에 나설 것"이라고 협박했다. 북한 외무성은 안보리 상정 논의만 해도 6자회담이 없어지고 핵 불능화 조치도 원점으로 돌아갈 것이라고 경고했다.

예상했던 대로 북한은 UN 안보리가 채택한 '의장성명'에 격렬하게 반발했다. 북한은 UN 안보리가 4월 14일 '의장성명'을 채택하자 즉각 외무성 명의의 성명을 통해 안보리의 '의장성명' 채택을 북한에 대한 '적대행위'라고 단정하고 북한은 이에 대한 대응조치로 "앞으로 다시는 6자회담에 참가하지 않을 것"이라며 "기존 6자회담의 어떠한 합의에도 더 이상 구속되지 않겠다."라고 선언했다.

북한은 이 성명에서 "불능화 작업이 진행 중이던 핵시설을 원상복구"하고 이를 통해 획득할 '폐연료봉'들을 "깨끗하게 재처리할 것"이며 "자체의 경수로 발전 건설을 적극 검토할 것"이라고 밝혔다. 이와 함께 북한은 조선통신사 보도를 통해서 "해당기관이 2009년 3월 17일 잡혀 억류된 미국 (여)기자들에 대한 조사를 결속했다(마쳤다)."며 "해당기관은 확정된 미국 기자들의 범죄 자료에 기초해 그들을 재판에 회부하기로 정식 결정했다."라고 미국을 압박했다.[141]

북한은 4월 25일 영변 핵시설에서 폐연료봉의 재처리 작업을 시작했다고 발표했다. 북한은 2008년 8월 북핵 6자회담 의장국인 중국에 제출한 핵 신고서에서 이미 플루토늄을 30.9kg 뽑아냈으며 남은 폐연료봉을 재처리하면 추가로 7kg을 추출할 수 있다고 밝힌 것으로 알려졌다. 핵무기 1기를 만드는 데 필요한 플루토늄이 6~7kg인 점을

---

141) 북한은 3월 31일 이들에 대한 기소 방침을 예고하면서 "불법입국과 적대행위 혐의가 확정됐다."라고 밝힌 바 있다. 북한 출입국법 46조는 외국인이 불법입국을 한 경우 형사책임을 지도록 했다.

감안할 때 이는 핵무기 5~6기를 제조할 수 있는 분량이다.

북한 외무성은 4월 29일 대변인 성명을 내고 UN 안보리가 대북제재를 철회하고 "즉시 사죄하지 않으면 우리는 부득불 추가적인 자위적 조치들을 취하지 않을 수 없게 될 것"이라고 위협했다. 외무성은 "여기에는 핵 실험과 대륙간 탄도미사일 발사 실험들이 포함될 것"이라며 또 "경수로 발전소 건설을 결정하고 첫 공정으로 핵연료를 자체로 생산 보장하기 위한 기술개발을 지체 없이 시작할 것"이라고 덧붙였다.

북한은 특히 위협의 강도를 높이기 위해 ICBM 발사 실험과 핵연료 자체생산 등 다양한 '카드'를 함께 꺼내 들었다. 북한이 ICBM 발사 실험을 예고한 것은 이례적이며, '발사 실험들'이라고 표현한 것으로 보아 수차례 실행할 가능성을 보였다.[142] 또 북한이 핵연료 자체생산을 언급한 것은 곧 핵무기에 이용될 수 있는 HEU 기술 개발 방침을 공개 천명한 것일 수도 있다.

한편 북한은 최근 평안북도 철산군 동창리의 새 장거리 미사일 시험장 건설을 서두르고 있는 것으로 파악해 완공시기가 예상보다 수개월 앞당겨질 전망이다. 또 북한이 2006년 지하 핵실험을 실시한 함경북도 길주군 풍계리에서 차량 및 사람들이 활발히 움직이는 등 핵실험 준비 징후를 보이고 있다는 것이다.

1994년 1차, 2002년 2차 북핵 위기 당시 한국과 미국은 북한을 대화의 장으로 끌어내려고 많은 것을 양보했다. 그때마다 북한은 '레드라인(Red Line, 금지선)'을 넘어서 핵시설가동, 사용 후 연료봉 재처리 등 단계별 카드를 꺼내 '빅딜'을 얻어 냈다. 그러나 이번에는 다르다. 국제사회가 빈틈없는 대응에 나서고 대북제재가 확산되면 실질적인 압박이 북한 정권에 미쳐 체제가 손상을 입고 주저앉게 될 수도 있다는 것을 북한은 염두에 두어야 할 것이다.

---

142) 단순위협용이 아니라 실제로 핵실험으로 이어질 가능성도 배제할 수 없다.

# 5. 통미봉남, 물 건너갔다.

## 1) 남북관계, 긴장 속 암중모색

북한은 한·미합동군사 훈련 키 리졸브(Key Resolve)가 시작된 3월 9일부터 개성공단 육로 통행의 '차단'과 '해제'를 반복하며 공단 기업주들을 위협했다. 북한은 3월 9일 첫 통행차단 이후 10일 통행허용 → 13일 통행 차단 → 16일 남측으로의 귀환 허용 → 17일 쌍방 통행 다시 허용으로 우리당국과 개성공단 입주업체들을 불안하게 했다. 북한은 키 리졸브 군사훈련을 계기로 개성공단 통행을 제한했으나 훈련이 진행 중인데도 출입금지를 슬그머니 풀었다.

국방부는 북한이 개성공단 내 우리 측 인원에 대해 일방적 통행차단 조치를 취했던 것과 관련, 우발 상황에 대비해 즉각적인 출동 태세를 갖추었다.[143] 국방부는 북한이 실제 군사 도발을 감행할 가능성도 있다고 분석했다. 도발 유형으로는 서해 북방한계선(NLL)에서 해안포와 240mm 방사포 사격, 샘릿·실크웜 등 지대함 유도탄 발사,

---

143) 국방부는 북한의 도발적 행위와 관련, "우발 상황에 대비해 즉각적인 출동태세를 유지 중"이라고 밝혔다.

DMZ 내 국지도발, 해안 침투 등이 제시됐다. 이에 대비해 군 당국은 NLL지역 권력을 늘리고 북한 선박에 대한 감시 통제를 강화했다.

북한이 2009년 3월 30일 한반도 주변 긴장이 고조되고 있는 가운데 '남북의 접촉면'인 개성공단에서 현대아산 근로자 유 모 씨(44세)가 억류되는 사건이 발생했다. 유 씨의 혐의는 체제비방과 함께 북한 여성 근로자를 유인해 탈북을 기도했다는 것이다.[144] 북한 미사일 발사가 다음달 4~8일로 예고되고 북한이 한·미연합 군사연습 '키 리졸브'를 이유로 남북 육로 통행을 세 차례 막은 뒤에 억류문제가 터졌다.

2009년 4월 21일 1년 2개월 만에 열린 남북정부 당국 간 접촉은 불과 22분 만에 끝났다. 이날 접촉에서 북한은 개성공단 북측 근로자 임금의 중국 수준 인상 및 개성공단 사용료 조기 지불 등을 요구했으며,[145] 남한 정부가 대량 살상무기 확산방지 구상(PSI)에 전면 참여할 경우 '선전포고'로 간주할 것이라고 했다. 짧은 만남을 위해 남북 양측은 11시간 동안 치열한 기 싸움을 벌였다.

남측은 일곱 차례에 걸친 예비접촉을 통해 이날로 북한에 23일째 억류되어 있는 현대아산 근로자 유 씨와의 면담을 끈질기게 요구했지만 북측은 이를 허용하지 않았다. 최소한의 인도적 원칙마저 거부하는 태도였다. 우여곡절 끝에 이루어진 남북 공식접촉은 양측이 각자의 요구를 미리 준비한 원고를 읽는 형식으로 전달하고 그 내용이 담긴 문건을 교환하는 방식으로 이루어졌다. 북한이 2009년 4월 16일 통보하겠다고 예고한 '중대 사안'의 내용은 그것이 전부였다.

북한은 특유의 '강온 양면 전술'로 남북관계의 현상타개를 꾀하고 있는 것으로 보인다. 개성공단 계약을 전면 재검토하겠다고 으름장을 놓고 휴전선 일대에서 군사적 긴장을 조성하는가 하면 한편으로는 개

---

144) 통일부에 따르면 2004년 이후 2008년 8월 말까지 모두 223건의 사고가 발생했지만 개성공단 내에서 적발한 정치적 사건은 처음 있는 일이라는 것이다.
145) 북측 노동자 노임의 현실화, 현재 50년인 개성공단의 임차기간을 25년으로 줄이고, 북측 근로자의 숙소문제를 해결해 줄 것 등이었다.

성공단을 유지하고 싶다는 뜻을 밝히며 남북대화를 재촉하고 있어 겉과 속이 다른 양면 전술로 위기를 모면하려는 것이다.

북한대표단은 "돈을 더 내놓지 않으려면 개성공단에서 나가라."고 노골적으로 주장하는 한편 공단을 유지발전시키겠다는 뜻도 내비쳤다. 떠나는 남측대표단에 협상날짜를 빨리 잡자고 재촉하는 등 남측과의 대화에 조급함을 내비치기도 했다.[146] 그러던 북한이 다음날(22일) 휴전선에서 긴장을 조성했다. 조선중앙통신은 이날 "한국군이 최근 동부전선 군사분계선((MDL)의 표지물 제 0768호를 북쪽으로 수십 미터 옮겨 꽂은 엄중한 군사적 도발행위를 했다."며 "이를 원래 위치로 옮기지 않으면 자위적 조치를 취하겠다."라고 경고했다.[147]

북한은 4월 5일 장거리 로켓을 발사한 이후 16일 남북당국간 접촉을 제의했다가 19일에는 인민군 총참모부 대변인을 내세워 "MDL에서 서울까지는 불과 50km 안팎"이라고 위협하기도 했다. 불안감과 초조함을 반영한 것이다. 사실상 북한은 초조할 수밖에 없다. 그동안 기대와 희망을 가지고 오바마 정부와 접근하여 이른바 '통미봉남' 전술을 구사했으나 그 전술은 가차없이 빗나가고 말았다.

앞으로 북한은 당분간 북미관계가 호전될 때까지 남북관계의 '전략적 위기관리'를 추구할 것이 예상된다. 개성공단 문제를 풀기 위한 남북당국 간 협상을 통해 남한의 대북정책 수정을 끌어내 쌀과 비료 등 대북지원 확보를 위해 안간힘을 쓸 것이다. 당분간 '통미봉남' 전략은 뒤로하고 남한을 활용하여 미국과 접근하는 길을 찾는 '용남통미(用南通美)' 전략을 추구할 것이다.

이제까지 북한은 유 씨 문제에 대해서는 말도 꺼내지 못하게 하면서, 개성공단의 임금과 임대료 인상 문제는 빨리 협상하자는 '이중 전

---

146) 북측은 우리대표단이 귀환하는 동안에도 연락을 해 "가능한 답을 빨리 줬으면 좋겠다. 내일이라도 언제 다시 만날 것인지 답을 달라."고 요청했다는 것이다.
147) 한국군은 "우리 군은 북한이 관리하는 이 표지물에 접근했거나 옮긴 적이 없다."라고 반박했다.

술'로 남한을 압박해 왔다. 북한은 2009년 5월 1일 "유 씨는 개성공업지구에 들어와 우리의 체제를 악의에 차서 헐뜯으면서 공화국 자주권을 침해하고 법에 저촉되는 엄중한 행위를 했다."라고 북한 매체로는 처음으로 보도해 남한의 심기를 건드렸다.

남북한 당국은 5월 5일 개성공단 문제와 관련해 추가 접촉을 갖기 위한 실무협의에 착수했다. 그러나 남한 정부는 추가접촉에서 유 씨 신변 문제가 반드시 다뤄져야 한다고 주장했지만 북측은 개성공단 입주 기업들에 대한 임금 등 특혜조항과 개발사업자들과의 기존 계약 재검토에 대해서만 논의했다고 밝히고 있어 실무협의가 난항을 겪고 있다.

이런 상황에서 북한은 5월 6일 개성공단에서의 2차 남북접촉을 재촉하는 내용의 문건을 보내왔다. 이 문건에서 북한은 "남측이 빨리 접촉에 응하지 않으면 문제가 복잡해지고 좋지 않은 일이 있을 것"이라고 했다. 다른 한편 북한의 5월 9일 한국대표단이 미국에서 북한 인권 문제를 제기한 것을 트집 잡아 "북남 사이의 대화는 논의할 여지도 없다."라고 서로 모순되는 발언을 했다. 특히 북한은 개성공단에 억류된 유씨 문제를 언급하며 '남북대화 불가'를 주장했다.[148] 개성공단에서 남북정부 당국 간 두 번째 접촉이 열릴 예정인 미묘한 시점에서 이 같은 주장을 내놓은 북한의 의도가 주목된다.

북한 조평통은 북한의 인권문제를 제기한 이명박 정부를 적시하며 "단호하고 무자비한 징벌로 끝까지 결판을 보고야 말 것"이라고 위협했다. 조평통의 담화 내용대로라면 개성 접촉을 비롯한 남북대화를 전면 거부하겠다는 뜻으로도 해석될 여지가 있다. 그러나 탈출구가 없는 북한이 개성접촉까지 거부할 이유가 없다. 오히려 북한이 2차 남북 간 접촉에 앞서 '협상력'을 높이려는 전술일 가능성이 높다. 아니나

---

148) 북한은 최근 한국이 미국에서 인권문제를 제기한 것을 들어 "우리의 존엄과 체제에 대한 전면 부정이자 전면 도전"이라며 이같이 말했다.

다를까, 북한은 2009년 5월 15일 남측에 보낸 통지문에서 "개성공업지구에서 우리가 그동안 6·15 공동선언의 정신에 따라 남측에 특혜적으로 적용했던 토지, 임대 값과 토지사용료, 노임, 각종세금 등 관련 법규들과 계약들의 무효를 선포한다."라고 막나가는 발언을 서슴지 않았다. 6·15 공동선언의 정신에 따라 남측의 '묻지 마 퍼 주기'식으로 북에 주었던 지원이 끊어진 마당에서 북체제에 악영향을 줄 개성공단은 문을 닫겠다는 뜻이다.

그러나 북한은 '문을 닫는 것'보다는 '끊어진 지원의 회복'에 역점을 두고 있음이 분명하다. 이어 북한은 "남측 기업들과 관계자들은 우리가 통지한 이상의 사항을 무조건 받아들여야 하고 이를 집행할 의사가 없다면 개성공업지구에서 나가도 무방할 것"이라고 위협했다. 세상에 이런 법은 없다. 상거래에서 계약이 어떠한 의미와 무게를 지니는 것인지 조금이라도 알고 있다면 발상도 할 수 없는 억지다.[149) 참으로 제멋대로이고 황당한 집단이다. 정부는 즉각 유감으로 표명하고 수용할 수 없다고 밝혔다. 한반도 평화를 위해서 미국이 접근해 줄 것으로 머리를 썼다면 그 위협은 북한이 떠안을 수밖에 없을 것이다.


## 2) 전망과 대응

최근 주변의 대내외 모든 상황이 북한 뜻과는 상관없이 돌아가고 있어 북한은 불안하기만 하다. 북한은 장거리 로켓발사가 성공했다고 주장했지만 카트라이트 미 합참 부의장은 "연거푸 세 번 실패한 국가에서 누가 미사일을 수입하겠느냐"는 냉소적 방응을 보였다. 북한

---

149) 개성공단 사업은 2000년 8월 현대아산과 북한이 '공업지구 개발에 관한 합의서'를 채택해서 9년 가까이 사업을 같이 해 왔다. 느닷없이 노임과 임대료 등 사업조건을 바꾸겠다고 일반적으로 통보하고 '싫으면 그만두라'는 식은 세계 어디에서도 찾아볼 수 없는 경우이다.

이 억류해 온 미국 여 기자 2명을 정식 재판에 회부한다고 위협을 해도 북한은 못 들은 척이다. 미국은 북한의 핵 도발에 끌려오지도 않고 북한이 대화에 응할 때까지 '압박'과 '무시'전략으로 일관하고 있다.

로켓발사에서 보았듯이 북한의 2차 핵실험 도발은 국제적 고립을 심화하고 제재수위만 높일 뿐이다. 로켓발사 때와 달리 중국과 러시아가 북한을 두둔하기도 어렵게 된다. 6자회담 참가국들은 북한과의 대화의 문을 계속 열어 놓고 있는 만큼 북한은 핵 도발로 재미보기 어렵게 된 현실을 똑바로 보고 대화의 장으로 돌아와야 할 것이다.

북한은 그들의 '벼랑끝 전술'이 용도폐기 단계에 와 있다고 판단되면 대화의 장으로 나올 것이다. 그 경우 미국은 북한과의 직접대화 의제를 '6자회담 재개'에 국한해야 한다. 북한이 원하는 의제는 많겠지만 '미국이 최우선적으로 풀 과제는 북한의 비핵화 달성이다. 6자회담을 교착상태에 빠뜨린 검증시료채취 문제부터 풀어야 한다. 특히 미국은 한국과 긴밀히 협의해야 한다. 북한을 핵무기 보유국으로 인정해 달라거나, 한국에 대한 미국의 핵우산을 제거하라거나, 남한 내 미군시설에 대한 사찰이 필요하다는 등의 북한의 요구들을 모두 한국의 이해가 결정적으로 얽힌 문제인 만큼, 한·미 협력이 절대 필요하다.

미국이 끝내 적극적인 관심을 보이지 않는다면 최후의 카드로 북한은 서해도발, 게릴라 침투, 야포국지공격 등 동맹국 북한사회의 심리적 공황 상태를 초래할 무력 도발까지 감행할 가능성도 있다. 그래서 경제회복의 모멘텀을 겨우 잡은 한국 경제의 발목을 잡을 수도 있다면서 칼자루가 북한에 있음을 과시하려 할 것이다. 더욱 걱정되는 최악의 시나리오는 북한이 핵폭탄의 소형화와 탄두화에 성공하여 노동 및 스커드 미사일에 탑재하였다고 협박할 경우이다.

미국의 대북정책 재검토가 마무리되지 않고 있는 동안 우리는 우리대로 좀 더 포괄적인 정책옵션을 포함한 액션플랜을 수립하고 선제적으로 그 비전을 미국과 일본이 공유토록 하는 노력을 기울여야 한다.

한·미 양국정상은 오는 6월 워싱턴에서 회담을 갖고 미래 전략동 맹을 중점적으로 논의할 예정이다. 이명박 대통령은 전임 정부가 저지른 안보전략의 과오를 시정하겠다는 각오로 전작권 전환의 문제점을 미국에 분명히 설명해야 한다. 한·미 양국은 최악의 안보상황에 대비한다는 자세로 전작권 전환 시기문제를 다뤄야 할 것이다.[150] 이 역사적인 이벤트가 우리가 주도하는 한반도 상생공영 프로세스가 개시되어 새로운 차원으로 동맹을 격상시키는 계기가 되기를 기대한다.

북한은 2008년 3월 이후 끊임없이 개성공단을 대남카드로 악용해 왔다. 앞으로도 북한은 미국과의 직접대화를 위한 수단으로 남한을 이용하려 들 것이다. 북한이 계속 억지를 부리면 개성공단을 폐쇄할 수도 있다는 의지를 분명히 할 필요가 있다. 진출기업에 피해를 주고 우리 국민의 생명까지 위태롭게 한다면 개성공단은 문을 닫는 편이 낫다.

PSI 참여 문제만 해도 그렇다. 정부는 PSI 전면참여 발표를 몇 차례 연기했다. 남북관계의 특수성과 인질사태 같은 현실을 감안한 것이겠지만 북한이 엉뚱한 협박을 지속한다면 더 이상 물러서서는 안 될 것이다. 북에 양보하고, 퍼 주고, 뒤통수까지 맞은 전임 좌파정권들의 잘못을 되풀이해서는 안 된다. 이명박 정부는 지난 두 정부와 확실하게 다르다는 것을 북에 확실하게 보여 주어야 한다.

---

150) 이것은 국가보위를 책임진 국군통수권자의 책무이며, 미국도 전작권 전환 연기사유를 가볍게 여기지 말아야한다. 미국은 아직까지도 이에 대해 부정적 태도를 가지고 있다.

# 6. 북한의 대남 비방 공세[151]

## 1) 대남 비방 현황

북한 언론이 2008년 2월 25일 이명박 정부 출범 이후 2009년 2월 12일까지 1년 동안 대남 비방 보도를 총 243회 내보냈다. 조선중앙통신과 《노동신문》(당기관지), 《민주조선》(내각 기관지)을 일간지가 분석한 결과이다.

북한의 대남 비방의 본질은 변화 거부이다. 정상국가로서 국제사회에 나오라는 한국정부의 요구를 거부하면서 오히려 한국정부가 햇볕정책을 계승하기를 거부하는 데 대한 불만을 표출하는 것으로 분석하기도 한다.

대남 비방의 현황(유형)을 보면 이명박 정부의 대북정책 집중 비방과 군사적 시위 및 협박, 촛불시위 및 경제위기 선동 및 편승 등인데, 군사적 시위 및 협박의 경우 2008년 5월 8일 군사논평원의 글을 통해 한국정부의 대북 적대시 정책으로 '군사적 긴장과 대결만 격

---

151) 《중앙일보》, 2009.02.14. "북한, MB 집권 1년간 243회 대남 비방".

화'되어 가고 있다고 비난하면서 제2의 6.25전쟁 발발 가능성의 표현을 사용한 바 있다.

북한 노동당 외곽 기구인 조국평화통일위원회는 2008년 2월 26일 한·미연합해병군사령부 확대−창설에 대해 북한에 대한 '군사적 도발이며 조선반도에 대한 전쟁 위험을 몰아오는 범죄행위'라고 비난한 바 있으며, 7월 21일 국방장관의 주적 관련 발언에 대하여 '용납 못할 도발', '선전포고' 등으로 비방하였다.

2009년 1월 1일 신년공동사설을 통해 6·15 공동성명과 10·4 선언의 이행을 강조하면서 이명박 정부를 "북남대결에 미쳐 날뛰는 남조선 집권 세력"이라고 비난한 바 있다. 이러한 대남 비방의 목적을 대내, 대외, 대남의 다목적으로 볼 수 있으며, 단순히 부정적인 성토 차원을 넘어 공세적인 군사위협 수준으로 강화하여 한반도 긴장 분위기 조성을 통한 내부 동원 체제 유지 및 주민 결속을 다져 나가는 모습을 보이고 있다.

실제로 「nk vision」 통권 11호 "북한의 내부정책과 주민들의 반응"에 의하면 "북한은 2009년 1월 17일 인민군 총참모부 대변인 성명으로 '대남 전면대결태세 진입할 것'을 선포한 이후 준전시 상태에 버금가는 내부 통제와 전시 대비 훈련이 진행되고 있는 것으로 전해졌다."고 한다. "총참모부 대변인 성명이 나온 이후 함경북도에서는 일반 병사에 대해서도 이동을 금지하고 전투준비 상태를 점검하라는 지시가 내려졌고, 기업소에서도 적위대 비상소집체계를 다시 점검하고 있는 것으로 알려졌다."는 것이다.

또한 북한 당국이 "이명박 역도와 남조선 괴뢰 군부가 우리 공화국을 선제 타격하겠다는 것을 선포했다. 지금 우리는 언제, 어느 시각에 전쟁이 터질지 모르는 긴장된 정세 속에서 살고 있다."며 대대적으로 전쟁 분위기 조성에 나서고 있다고 전했다.

## 2) 우리의 기도

"노아가 그와 같이 하되 하나님이 자기에게 명하신 대로 다 준행하였더라."(창 6:22)

첫째, 하나님을 향한 올바른 사랑과 경외심이 없어 나타나는 비난과 비방의 악행이 중지되고 하나님을 경외하며 그 명령을 지키어(전 12:13) 여호와의 이름이 선포되기를 원하나이다.

둘째, 내부 통제와 전시 대비 훈련 진행 등으로 언제, 어느 시각에 전쟁이 터질지 모르는 긴장된 정세 속에서 살고 있는 자들 가운데, 노아처럼(창 6:22) 믿음의 정절을 지키는 주의 백성들로 말미암아 예비된 하나님의 위로가 넘쳐나게 하여 주시옵소서.

셋째, 공의를 행하고 인자를 사랑하며 하나님과 동행(미 6:8)하는 자들을 통하여 대남 비방의 본질, 현황, 목적이 올바로 분별되어 원칙과 일관성이 유지되는 가운데 유연한 대북정책이 수립되게 하여 주시옵소서.

◆ 우리의 기도

여호와여 위대하심과 권능과 영광과 승리와 위엄이 다 주께 속하였사오니 천지에 있는 것이 다 주의 것입니다. 여호와여 북한과 남한, 미국과 세계 열방의 주권도 주께 속하였사오니, 만물의 머리되신 높으신 주께 기도합니다.(대상 29:11)

첫째, 2009년 4월 북한 로켓발사 이후 주변국들과의 정치적 타협이 결렬되고 경제적 지원이 끊어진데다가 식량위기로 인한 주민들의 반체제 사상으로 인해 북한은 심각한 내부위기 상황이 고조되어 가고 있습니다. 이 모든 상황을 허락하신 하나님의 계획(미 2:3)대로 하나님의 때에 이루어 가실 것을 믿습니다. 북한지도층이 깨닫고 회개하는 기회가 되게 하여 주시옵소서.

둘째, 북한은 UN 안보리가 4월 13일에 '의장성명'을 채택하자 북한에 대한 적대행위로 단정하고, 핵 연료봉을 재처리하고 평안북도 철산군 새장거리 미사일 시험장 건설을 서두르는 등 위협의 강도를 높이며 세계를 위협하고 있습니다. 국제사회의 전략적 대응이 필요한 시점에 "지략이 없으면 백성이 망하여도 지략이 많으면 평안을 누리느니라."(잠 11:14)는 말씀처럼 지도자들에게 선한 지략을 허락하시어 북핵문제가 하나님 은혜 가운데 해결되게 하시옵소서.

셋째, 휴대폰 사용, 암시장, 뇌물의 성행, 부정부패 등 자본주의적 가치관이 확산되면서 김정일 1인 독재 우상화체제붕괴가 예상되고 있습니다. 자본주의의 방종이나 사회주의 억압이 아닌, 선한 방법들로 참 자유의 근원이신 하나님(고후 3:17)을 받아들이게 하여 주옵소서. 그래서 모든 주민들이 주인이 되는 시장경제와 자유민주주의를 신봉하는 나라로 세워 주시옵소서.

다섯째, 북한은 2009년 4월 21일 1년 2개월 만에 열린 남북정부 당국 간 접촉에서 개성공단 임금 등 특혜조항과 계약의 재검토만을 요구하며, 급기야 공단폐쇄도 불사한다는 태도를 보였습니다. 연합과 협력이 아닌 이익 챙기기에만 혈안이 된 북한을 강권적으로 다스리시어 "공의의 열매는 화평이요 공의의 결과는 영원한 평안과 안전이라."(사 32:17)하신 말씀처럼 이 땅에 공의의 열매인 화평과 평안을 이루어 주시옵소서.

예수님의 이름으로 기도합니다. 아멘.

# V. 김정일 정권 종말이 보인다

요즈음 북한 대내외 정세가 돌아가는 것을 보면 김정일 정권은 이제 그 수명이 다 되지 않았나 하는 생각이 든다. 북한은 국제사회가 그렇게 만류했던 대포동 2호를 멋대로 쏴 올리고 2차 핵실험도 막무가내로 밀어붙였다. 이런 상황에서 유엔 안보리 대북 결의안 1874호에 의한 무기금수, 금융제재, 화물검색 등은 북한의 숨통을 조여 가고 있다.

또한 설상가상으로 북한 내에서는 평양의 핵심권력 실세 그룹 상당수가 지난 몇 해 동안 줄줄이 죽어 갔고 남아 있는 자들마저 심장병, 간장병, 당뇨, 고혈압, 췌장암 등 심각한 질환에 시달리고 있다. 더구나 김정일은 뇌졸중으로 결정타를 맞았고 또한 그때 이미 췌장암 진단을 받았다고 하며, 《워싱턴 타임즈》는 그의 수명이 앞으로 1년 정도 밖에 남아 있지 않다는 전망을 내놓았다.

김정일은 다급한 나머지 아직 세상물정도 제대로 모르는 26세의 어린 3남 정은을 후계자로 급조하고 있으나 김정일 생존이 예측 불허의 위기적 상황에서 혼란만 가중시킬 뿐이다.

북한은 개성공단 사업을 "물에 빠진 사람이 지푸라기라도 잡는 심정"으로 틀어쥐고 있다. 북한은 6·15 공동선언의 '우리 민족끼리' 정신을 살려 주한·미군을 철수시키고, '10·4' 공동선언을 통한 국가보안법 철폐와 100조 원 내외의 지원을 남한에서 끌어내겠다는 계산이었으나 뜻대로 되지 않았다. 북측의 유 씨 억류는 6·15 선언 흥정을 위해 남측을 남북접촉에 묶어두기 위한 꼼수였으며, 남측은 유 씨 문제로 코가 꼬인 겪이 되었다. 북한은 개성공단 사업을 쉽게 포기하지 않을 생각인 것 같다.

북한이 사는 길은 6·15 나 10·4 공동선언 이행으로 핵을 비롯해서 대량살상무기를 포기하고 남한과 함께 사는 민주사회를 만드는 것이다. "싸울 날을 위하여 마병을 예비하거니와 이김은 여호와께 있음"(잠 21:31)을 명심해야 할 것이다.

# 1. 핵실험으로 수명단축

## 1) 1차 핵실험 위력 8~10배

북한은 5월 25일 오전 9시 45분 함북 길주군 풍계리 인근에서 2차 핵실험을 감행한데 이어 동남쪽으로 30km 떨어진 화대군 무수단리에서 낮 12시 8분경에 단거리 미사일을 시험 발사했다.

북한은 이날 조선중앙통신을 통해 "공화국의 자위적 핵 억제력을 백방으로 강화하기 위한 조치의 일환으로 주체 98년(2009년) 5월 25일 또 한 차례의 지하 핵시험을 성과적으로 진행했다."라고 밝혔다. 또한 북한은 "이번 시험은 폭발력과 조종기술에 있어서 새로운 높은 단계에서 안전하게 진행됐다."라고 했다. 북한은 2009년 4월 29일 유엔 안보리가 의장성명을 통해 장거리 로켓발사를 제재하자 핵 실험을 예고했었다.

북한은 이날 동남쪽으로 30km 떨어진 화대군 무수단리 및 원산일대에서 낮 12시 8분경에 세발의 단거리 미사일(사정거리 160km이내)을 시험 발사했다. 정부소식통은 "북한은 이번에 이례적으로 지대공, 지대함, 지대지 등 세 종류 미사일을 모두 쏘았다."라고 했다.

북한은 2006년 10월 1차 핵 실험 당시 위력이 TNT폭약 1,000t (1kt)에도 미치지 못해 부분적인 성공으로 간주됐다. 그러나 2차 핵 실험은 1차에 비해 최대 20배 이상의 위력(20kt)을 갖는 핵무기 실험에 성공한 것으로 분석했다.[152] 1945년 일본 히로시마와 나가사키에 투하된 핵폭탄의 폭발 규모는 각각 15kt과 22kt정도였다.

전문가들은 북한이 지난 3년간 핵폭발을 가능케하는 기폭장치의 개량에 성공했을 것으로 보고 있다. 북한은 한·미 정부 당국의 추적을 피해 실내에서 기폭장치 개발을 위한 고폭 실험을 할 수 있는 시설을 갖췄다는 이야기다.

북한이 핵무기의 가장 위협적인 운반수단 중 하나인 장거리 탄도미사일 발사 실험도 이미 두 차례나 실시했다. 군 당국은 2009년 4월 5일 발사한 대포동 2호의 경우 성공적으로 발사 된다면 사정거리가 알라스카 일부지역까지 사정권에 넣는 6,700km에 달할 것으로 보고 있다.

이 대포동 2호에 핵탄두를 장착하려면 핵무기는 직경 60cm이하, 무게는 300~500kg이하로 소형화돼야 한다. 지금까지 한·미 당국은 북한이 핵무기가 히로시마와 나가사키에 떨어진 것과 비슷한 초보적인 형태일 가능성이 높고 아직까지 미사일 탄두에 달만큼 소형화하는 데는 이르지 못했을 것으로 평가해 왔다.[153] 따라서 북한이 갖고 있는 핵무기는 IL-28 폭격기 정도만이 운반할 수 있는 것으로 평가된다.

그러나 대포동 2호와 같은 장거리 탄도미사일에 장착할 핵탄두를 아직 만들지는 못했지만 보다 무거운 탄두를 운반할 수 있는 사정거리 300~500km 스커드나 사정거리 1300km 노동미사일에 장착할

---

152) 한국과 러시아 국방부는 북한이 핵 실험에 성공한 직후 위력이 20kt이라고 밝혔으나 미 국방부는 "지진파 규모로 볼 때 핵실험의 폭발력은 상대적으로 작은 1.5kt 수준으로 보인다."라고 말했다. Wallstreet Journal, May 26. 2009
153) 히로시마와 나가사키에 떨어진 핵폭탄은 길이 3~3.2m로 무게는 4~4.7t에 달했다는 것이다.

수 있는 핵탄두를 만들었을 가능성을 배제할 수 없다.[154] 실제로 파키스탄 핵 개발의 아버지라 불리는 칸 박사는 북한을 방문했을 때 노동미사일에 장착된 핵탄두를 본적이 있다고 증언한 바 있다.


## 2) 북한, 무얼 노리나?

북한의 핵실험은 장기적으로는 '대미용', 단기적으로는 '대내용' 성격이 강하다. 북한은 부시정책에 대응해 4월 이후 '핵 억제력 강화'를 되풀이해 왔다. 따라서 북한의 핵 실험은 미국으로부터 '핵 보유국' 지위를 인정받아 '핵 개발단계'를 다루는 기존 6자회담 틀을 대미 핵 군축협상 틀로 대체함으로서 더 많은 경제외교적 이득을 얻어 내려는 전략으로 분석된다.

북한은 최근 내부적으로 헌법을 개정한 뒤 군 수뇌부의 인사이동 등 권력 구조를 개편하고 있다. 김정일 후계구도를 밟아가는 과정에 장거리 로켓발사에 이어 핵 실험을 한 것은 강성대국의 이미지를 주민들에게 각인시키는 데 효과적인 방법이다. 따라서 김 위원장의 건재를 과시하면서 내부체제를 공고히 하고 권력승계 작업을 원활히 하기 위한 의도로 보인다.

북한은 핵 실험과 관련, 그들의 정당한 권리임을 주장하고 있다. 북한은 2005년 2월 핵보유를 선언할 때 이미 북한은 체제유지가 목표임을 분명히 했다. 북한은 5월 25일 2차 핵실험이 전 세계 핵실험 중 2054번째일 뿐이라고 주장했다. 그 중 99%는 유엔 안전보장이사회 상임이사국이 했다고 주장했다. 북한은 또 자신들을 핵 확산 금지 조약(NPT) 회원국도 아니라고 핵실험의 정당성을 밝혔다.

---

154) 스커드 노동미사일에는 직경 60cm 이하, 무게 500㎏~1t의 핵탄두를 장착할 수 있는 것으로 분석된다.

북한은 5월 26일 평양체육관에서 당·정·군 간부들이 대거 참석한 가운데 제2차 핵실험 '성공'을 경축하는 평양시 군중대회를 개최했다.[155] 최태복 노동당정치국 후보위원 겸 비서는 연설에서 "이번 핵 실험은 미제의 핵 선제공격 위협과 제재 압력 책동이 더욱 심해지는 조건에서 공화국의 최고 이익을 지키고 나라와 민족이 존엄과 자주권을 고수하기 위한 일대 장거"라고 주장했다.

최태복 비서는 이어 "선군의 위력으로 나라와 민족의 자주권과 사회주의를 수호하며 조선반도와 주변지역의 평화와 안전을 보장하는 데 이바지하게 될 것"이라고 강조했다. 이날 행사에는 각계 대표들도 연설에 나서 전체 당원과 근로자들이 "새로운 혁명적 새 고조의 불길"을 거세게 일으킴으로써 2012년에 강성대국을 달성할 것을 다짐했다.[156]

결국 북한은 핵 실험과 미사일 발사를 통해 핵무기를 실은 미사일로 한국 등 주변 국가를 공격할 수 있는 능력을 갖춰가고 있음을 국제사회에 과시했다. 북한은 나아가 핵탄두 소형화와 대륙간 탄도미사일(ICBM) 발사를 예고했다.

그러나 북한의 이러한 도발적인 행위는 주변국들과의 관계를 악화시키고 국제제재를 자초하는 불행한 결과를 가져왔다. 북한의 핵 실험 다음날 26일 오전 5시 유엔 안전보장 이사회는 전체회의를 열고 북한의 2차 핵 실험 제재 문제를 논의했다. 이에 앞서 버락 오바마 미국 대통령은 2일 새벽 2시(현지시각) 워싱턴에서 북한의 2차 핵실험에 대한 긴급성명을 발표, "북한은 유엔 안보리에 노골적으로 반항하는 행동을 함으로써 직접적이고도 무모하게 국제사회에 도전하고 있다. 북한의 위협적인 행동에 의한 위협은 국제사회의 행동을 정당화

---

155) 조선중앙통신, 2009.5.26
156) 북한 1차 핵실험 때는 11일 만에 10만여 명이 운집한 가운데 핵실험 성공을 환영하는 평양시 군민대회를 연데 이어 각 도·시·군으로 군중집회를 확산시켰다.

시켜준다."라고 말해 유엔 차원의 제재를 분명히 했다.

한국정부도 공식성명 발표를 통해 "6자회담 참가국인 미·일·중·러 및 국제사회와 긴밀히 협력해 유엔 안보리가 적절한 조치를 취하도록 할 것"이라고 했다. 한편 북한의 2차 핵실험은 남한 내부의 반북 여론을 고조시켜 남북관계의 근본적인 변화를 추구하는 이명박 정부의 대북 정책에 힘을 실어 주는 결과를 낳게 했다. 결국 핵실험은 북한체제 생존을 단축시키는 결과를 가져온 것이 분명하게 됐다.

### 이김은 여호와께

북한은 전쟁에서 남한을 이기기 위해 생물학무기 시설을 적어도 20여 곳을 운영하고 있으며, 화학무기 공장도 12곳을 운영하고 있는 것으로 나타났다.[157] 북한이 비축한 화학무기의 양은 순위로 따지면 4만 톤을 보유한 러시아, 3만 톤을 비축해 놓은 미국에 이어 세계 3위이다.[158] 화학무기 1,000톤으로 대략 4,000만 명을 살상할 수 있으며, '사린가스'의 경우 4.5kg만 살포해도 4분 안에 1,000만 명가량을 몰살시킬 수 있다.

북한이 핵무기를 포함, 생화학무기를 다량으로 보유했다고 해서 전쟁에서 이기고 체제를 보장할 수 있는 것이 아니다. 잠언 21장 31절 말씀은 아무리 "싸울 날을 위하여 마병을 예비하거니와 이김은 여호와께 있느니라."고 했고, 사무엘상 17장 47절에는 '또 여호와의 구원하심이 칼과 창에 있지 아니함을 이 무리로 알게 하리라. 전쟁은 여호와께 속한 것인즉 그가 너희를 우리 손에 넘기시니라."고 하였다.

전쟁에서 이기는 것은 핵, 생화학무기를 개발하고 선군정치를 해

---

157) 미국의 과학기술 전문지인 「포퓰러 메카닉스」는 2007년 2월호 보도에서 미정부의 정보보고서 등을 인용해 "북한이 무려 5천 톤에 달하는 화학무기 재고를 보유하고 있으며, 특히 탄저와 수두, 콜레라, 폐 페스트 등을 무기화할 능력을 갖추고 있다."라고 밝혔다.
158) 세계 각국이 생물·화학무기를 폐기하는 추세인 점을 감안한다면 북한은 머지않은 장래에 생물·화학무기 분야에서 세계1위로 올라설 것으로 예상된다.

나가는 것이 아니고 여호와 편에 서고 여호와께 속해야 하는 것임을 일깨워 주어야 한다. 북한이 이대로 가면 망할 수밖에 없다. 세계적인 중보기도 사역자인 신디 제이콥(Cindy Jacob) 목사는 2006년 5월 8일 북한 김정일을 향해 멸망을 선포하고 "한국이 영적인 추수의 선두주자가 될 것"이라며, "북한의 문을 여는 역사가 곧 일어날 것"이라고 예언한 바 있다.[159]

---

159) 제이콥 목사는 에스더와 유대인들이 나라가 위태로웠을 때 합심기도했던 것처럼 한국 사람들은 40일 구국금식기도를 해야 한다고 선포했다.

# 2. 핵심권력 실세, 움직이는 종합병동

## 1) 해외 치료 및 줄줄이 병사

평양의 핵심권력 실세 그룹을 '움직이는 종합병동'이라고 한다. 북한 내 당·정·군 권력층의 상당수가 심각한 질환에 시달리고 있다. 심장병, 간장병, 신부전증, 당뇨, 고혈압, 간경화, 폐암과 취장암 등의 질병 때문에 유럽과 아시아 각국에서 치료를 받은 핵심 실세는 줄줄이다.

권력서열 2위, 국방위원회 제1부 위원장이며 인민군 총정치국장인 조명록은 2001년 7월과 2003년 3월 두 차례에 걸쳐 중국에서 병원 신세를 졌다. 그는 2006년 6월말 마카오 방문 도중 갑자기 고열 증세로 급히 호송되어 7월 3일 상하이 '서교호텔'에서 치료를 받았다. 그는 북한 군 창건 75주년 4월 25일 수십 개의 훈장이 달린 군복을 입고 의자를 붙들고 서 있었는데 그의 휘청거리는 모습이 안쓰러울 정도였다.

현재 김정일 위원장 외에 유일하게 '군 원수' 칭호를 받고 있는 이을설 김일성 전 호위국장은 당뇨와 심장병에 시달려 왔으며 1993년 이래 외국에서 계속 치료를 받아 오면서 외부 출입을 극히 삼가고 있는 것으로 알려졌다.

오랫동안 인민무력부장을 지내오다 최근에 인민무력부 제1부부장으로 내려앉은 김일철은 2006년 6월 4일부터 1개월 동안 중국에서 심장질환을 검사하고 귀염증 치료를 받았다. 그의 딸 김혜숙 조선 직업 총동맹 비서도 중국에서 당뇨치료를 받았고 그의 남편은 후두암으로 세상을 떠났다.

강성산 전 총리도 벌써 10여 년간 당뇨로 고생을 하면서 공석에서 사라진 지 오래다. 사실상의 제2인자로 뜨고 있는 권력실세 장성택도 2007년 3월 8일 고혈압 치료차 러시아를 방문했다. 6자회담 북측 단장을 지낸 김영일 외무성 부장 역시 2004년 11월 중국에서 심장병 치료를 받은 것으로 확인되었다. 한편 최익규 문화상은 1995년 이래 독일 등 외국에서 지병인 심장병 치료를 받아 왔다.[160]

지난 몇 년 동안 질병으로 죽은 권력 실세들은 예상외로 많다.[161] 총리와 국방위원회 부위원장을 지낸 바 있는 연형묵은 2002년 2월 프랑스, 2004년 11월엔 러시아에서 심장병 치료를 받았다. 그는 그동안 러시아에서 췌장암 수술을 받을 것으로 알려졌으나 결국 그것으로 2005년 10월 22일 사망했다.

대남정책을 총괄하는 임동옥 통일 전선부장은 러시아에서 폐암수술을 받은 것으로 확인됐다. 그는 남북대화가 있을 때마다 북측대표로 참석하여 강경일변도의 태도를 보여 주곤 했으나 결국 지병으로 2006년 8월 20일 북한에서 사망했다.[162] 18년 동안 북한 인민보안성으로서 북한 주민들의 공포대상이었던 백학림은 2006년 10월 20일 사망했고, 당 중앙위 공안담당비서 계응태도 2006년 11월 23일 폐

---

160) 《중앙일보》, 2005.06.29.
161) 2000년 이후 2006년 말 현재까지 현직에서 질병으로 사망한 경우는 모두 20여 명으로 파악되고 있다. 《중앙일보》, 2007.01.02.
162) 《중앙일보》, 2006.08.25.

암으로 죽었다.

　북핵 외교와 대미협상을 이끌어 왔던 백남순 외무상은 그동안 신부전증으로 고생을 하다가 2007년 1월 3일 지병인 심장병으로 사망했다. 북한 검열위원장 박용석은 2007년 3월 17일 난치병인 전위선암으로 죽었고 대표적 남북대화 전문가이며 조평통 부위원장인 전금철은 2007년 9월 15일 간암으로 세상을 떴다.

　2008년 3월 20일 평양방어사령관인 김용연 차수와 10월 28일에는 박성철 전부주석이 심장병으로 사망했다. 조선중앙통신은 2009년 6월 27일 "이광호 노동당 과학교육부장이 26일 불치의 병으로 사망했다."라고 발표했다. 이외에도 많은 핵심권력 실세들이 밝혀지지는 안했지만 권좌에서 조용히 사라진 것으로 보인다.

# 3. 무너지는 김정일, 예측불허 췌장암?

　김정일 위원장은 2006년 말 앞으로 15년 이상 장기 집권하겠다고 장담하고 북한에서 후계자 논의를 금하도록 엄명했던 것으로 알려졌다. 후계자의 뚜렷한 선두주자가 없는 상황에서 시간을 가지고 준비하면서 기다리겠다는 뜻이다. 2008년 신년공동사설에서 북한은 공화국 창건 60돌과 김일성 탄생 100돌까지 "강성 대국의 대문을 활짝 열어 놓는 것이 당의 결심이고 의지이다."라고 주장했다.[163]

　이때가 되면 김정일은 만 70세가 되며, 김정철은 만 31세, 그리고 김정은은 만 29세로 김정일이 후계자로 지명된 만 32세에 근접하게 된다. 둘 중 어느 한 명을 후계자로 지명하기 위해 은밀하게 당내에서 그의 권력기반을 구축하고 군대에 대한 영향력도 강화해 나간다는 계산이었다.

　그런데 느닷없이 2009년 1월 8일 김 위원장은 3남인 김정은을 후계자로 결정했다. 리제강 당 조직지도부 제1부부장은 조직지도부의 과장급 이상 간부들을 긴급소집, 김정일의 결정사항을 전달한데 이

---

163) 북한은 이미 2007년 11월 30일 전국지식인 대회에서 2012년을 '강성대국의 대문을 여는 기한'이라고 밝혔다.

어 도당으로까지 후계관련 지시를 하달했다.

무엇이 김정일의 '후계자 논의 금지' 지시를 뒤집어 놓았을까? 한마디로 말하면 김정일의 건강문제이다. 2008년 8월 15일을 전후해 중국 인민해방군 병원의사들이 평양에 급파되어 한 달 이상 체류한 것으로 보아 김 위원장의 건강이 심각한 상황이었음을 알 수 있다.[164] 당시 확인된 의학정보는 '166cm, 80~85kg 체격의 36세 노인 남성, 당뇨병, 고혈압, 관상 동맥 질환을 앓고 있음'이 전부였다.

김 위원장이 위기를 잘 극복하더라도 당뇨병, 심장병, 고혈압, 비만, 노인병 등 위험요인이 있는 한 심장발작과 뇌졸중 재발 위험은 앞으로도 상존한다. 실제 뇌졸중 환자 중 3분의 2는 심장 발작으로 사망한다. 이런 위험을 피한다 하더라도 다음에 나타날 건강 장애물 1순위는 암이라는 분석이다.[165]

실제로 북한 한 소식통은 확인되지 않은 한·ㅁ 정보자료를 인용, 김정일이 2008년 8월 뇌졸중으로 쓰러졌을 때 이미 췌장암으로 진단을 받았다고 주장했다. 이 소식통은 북경에 있는 의학 자료를 인용하면서 그의 질병은 생명에 치명적인(life-threatening)것으로서 높은 췌장암의 사망률 때문에 5년을 넘기지 못할 것이라고 했다.

일본 《마이니치신문》은 2008년 11월 26일 "김정일이 2009년 8월에 뇌졸중으로 쓰러진 뒤 회복세를 보여 왔으나 탈작이 다시금 재발했다."라고 보도했다. 인터넷 매체인 《데일리 NK》는 북한 현지 소식통을 인용 김 위원장이 2009년 2월말 회령시를 시찰할 때 계단을 오르면서 부축을 받을 정도로 건강이 좋지 않았다고 2009년 3월 18일 밝혔다.

2009년 2월 28일 《노동신문》 1면에는 제4차 전국 선동원대회 참

---

164) 정보관계자는 "김 위원장의 건강이 심각한 상황이거나 회복 중이지만 만일의 사태에 대비하는 차원으로 볼 수 있다."라고 관측했다. 《동아일보》, 2008.09.17.
165) 《중앙일보》 2008.09.22 자 황세희 의학 전문기자의 "김정일 위원장의 건강 상태".

가자들이 금수산 기념 궁전 광장에서 김일성 주석의 대형 초상화를 배경으로 900여 명이 촬영한 기념사진이 실렸다. 이때 사진의 주인공은 김정일이 아닌 김영남 최고인민회의 상임위원장이 중앙에 앉아 있었다. 김 위원장 이외의 인물이 집체 사진의 주인공 자리를 차지한 것은 극히 예외적인 경우로서 이 당시 김정일의 건강이 얼마나 심각하게 악화되었는지를 짐작해 볼 수 있다.

2009년 3월 20일 북한 조선중앙통신은 김정일이 전체적으로 살이 빠져 주름살투성이의 매우 수척해진 모습을 공개했다. 신경과, 재활의학과 전문의에 따르면 김 위원장의 체중감소는 음식물을 삼키는 데 어려움을 겪는 이른바 '연하곤란'이라는 뇌졸중 후유증 때문인 것으로 추정된다. 뇌졸중이 발생했을 때는 후유증에서 완전히 회복되기 전까지는 환자가 살이 쪄도 체중조절을 권장하지 않는다는 것이다.

2009년 4월 9일 열린 최고인민회의 제12기 1차 회의에 나타난 김 위원장은 주석단까지 약 10보를 걸어 입장하는 모습을 공개했다. 그는 걷는 도중 왼쪽다리를 약간 절었고 박수를 칠 때도 왼손을 고정시킨 채 오른손만 움직이기도 했지만 건강을 과시하려는 모습을 애써 보여 주었다.

한편 김정일은 일을 할 때 사색과 몰입이 필요하다고 강조하면서도 자신도 "일감을 놓고 몇 시간씩 정신을 집중하여 사색을 하다보면 정신이 가물거릴 때도 있다."라고 말한 것으로 5월 4일《노동신문》이 보도했다. 이날 보도가 2008년 뇌혈관계 질환 이후 쇠락한 김 위원장의 건강상태를 은유적으로 암시한 것이라는 관측도 있다. 김 위원장의 '정신 가물거림' 발언이 그의 건강에 대한 간부의 걱정과 함께 보도되었기 때문이다

북한이 2차 핵실험 하루 전인 5월 24일 공개한 사진에서 김 위원장은 이전보다 날렵해 보이는 운동화에 가까운 신발을 신었고 늦봄을 지나 초여름인데도 여전히 두꺼운 외투를 입고 있다. 김정일의 건

강과 관련이 있는 신발, 옷차림인 것으로 보인다. 실제로 중국 언론은 최근 김 위원장의 건강이 크게 악화된 것으로 보인다고 보도했다.

김정일은 7월 8일 오전 평양 체육관에서 열린 김일성 15주기 중앙 추모대회에 모습을 드러냈다. 그는 이날 다소 다리를 절룩거렸으며 입을 다물고 있을 때 오른쪽 입 꼬리가 올라가 입이 약간 비뚤어져 보였다. 또 그가 묵념하거나 앉아서 자료를 읽는 장면에서는 정수리 부분의 머리카락이 많이 빠져 있는 게 확연히 보였다. 이는 왼쪽 안면부의 신경마비 후유증일 가능성이 있고, 당뇨병, 신장질환 등 대사성 질환을 앓았기 때문이라는 것으로 분석하고 있다.[166]

미국의 한반도 전문가는 워싱턴에선 북한 상황을 '2분에서 20년까지(from 2 minutes to 20 years)', 즉 김정일의 건강이 2분 후 어떻게 될지 아니면 이대로 20년 갈지 불확실하다고 본다는 것이다. 우리 정부 관계자는 '5분에서 5년까지', 즉 그가 5년 이상 버티기 어렵다고 본다고 했다. 미 중앙정보국(CIA)에 따르면 "김 위원장이 뇌졸중과 당뇨병의 후유증 등으로 5년 내 사망 가능성이 71%에 달한다."라는 것이다.

미 《워싱턴타임즈》는 7월 9일 이보다 더 비관적인 전망을 내놓았다. 이 신문은 "김 위원장이 2008년 뇌졸중을 앓은 이후 종전에 건강했던 모습과는 전혀 달리 쇠약해진 모습을 보여 주고 있다."면서 "김 위원장이 계속 악화되고 있는 건강으로 인해 앞으로 1년 정도 밖에 살 수 없을 것이라는 전망이 나오고 있다."라고 보도했다.

이상희 국방장관도 6월 30일 국회 국방위 답변을 통해 "최근 김정일 사진문제, 공개활동 문제 등을 고려해 우리군도 김 위원장의 건강악화 가능성을 염두에 두고 집중 감시하고 있다."라고 말해 김정일 건강악화 가능성을 주목하고 있음을 시사했다.

---

166) 고려대 의대 조경환 교수는 이같이 분석했다. 《조선일보》, 2009. 07. 09.

# 4. 체제붕괴 긴급대처

## 1) 김정은, 후계 급조

미국 시사주간지 《타임》 인터넷 판은 6월 1일 김정일이 2008년 뇌졸중으로 쓰러진 후 건강 악화로 후계 체제 준비가 불가피해졌다며, 김정일의 매제이자 노동당 행정부장인 장성택이 정권을 이끌면서 김정은의 섭정역할을 하고 있는 것으로 보인다고 보도했다.

북한 당국은 5월 28일 해외 공관장들에게 '김정은 후계자 내정' 사실을 알리고 주민들에게 김정은을 '김대장'으로 부르며 칭송하는 노래를 가르치고 있다고 했다. 또 북한 지도부가 군과 국가안전보위부 인민보안성 등 주요 체제보위기관 간부들을 대상으로 '3대 세습'의 정당성을 강조하는 사상학습도 실시하고 있는 사실도 확인됐다.

대북 소식통들은 김정은이 노동당이나 국방위원회 등에서 중견 간부 직책을 부여받아 공식 후계자로서 정치 실무를 익히고 있다고 전했다. 또 북한이 최근 2차 핵실험과 미사일 발사 등으로 대외적인 무력 공세를 펴는 것은 김정은의 '업적 쌓기' 측면이 강하다고 분석했

다.[167]

즉 북한이 어려운 살림 속에서도 장거리 로켓발사성공을 자축하는 대규모 불꽃놀이(5월 1일)를 벌이고, 핵실험 성공을 경축하는 군중집회를 최근 잇달아 개최하는 것은 '김정은 업적 과시'의 일환이라는 관측이다.

북한이 그동안 사라졌던 김일성 찬양에 나섰다. 김정일이 인민에게 김정은을 자신의 아들이 아닌 '김일성의 손자'에게 권력을 물려준다는 점을 부각시키려는 것으로 보인다. 북한에서 자신브다 훨씬 추앙받고 신격화된 김일성에 의탁해 3대 부자세습을 정당화하려는 의도다. 자신의 능력에 한계가 있음을 스스로 인정한 대목이다.

북한에 정통한 소식통에 따르면 김정일이 후계자로 지명된 3남 정은에게 북한에서 무소불위의 권력을 행사하는 비밀경찰 조직인 국가안전보위부의 권력을 가장 먼저 넘겨준 것으로 알려졌다. 소식통에 따르면 2009년 3월 말경 정은과 함께 평양시 대성구역 아미산 자락에 있는 보위부 청사를 방문했다. 이 자리에서 김정일은 보위부 핵심 간부들에게 "앞으로 김정은 동지를 보위부장으로 받들어 일을 잘해 주길 바란다. 과거 나에게 그랬듯 목숨으로 김정은 동지를 보위하라."고 말했다.[168]

김 위원장은 청사를 떠나면서 약 8만 달러(약 1억 300만 원)상당의 고급 외제 승용차 5대를 선물로 주었다고 한다. 김정일은 2009년 5월 초에도 보위부 최정예 요원을 양성하는 평양시 만경대 구역 소재 보위부 대학에도 정은과 함께 나타나 비슷한 이야기를 한 것으로 알려졌다.

---

167) 김정일은 1974년 후계자로 지명받았지만 북은 그 이전인 1969년 미국 푸에불로호 나포와 미 정찰기 격추, 그리고 1976년 8.18 도끼만행이 김정일의 작품이라고 선전했다.
168) 보위부장 자리는 1987년 이래 22년째 공석이었다. 긷정일이 부장자리를 겸임했기 때문이다. 보위부의 대외적인 수장은 부부장이 맡아 왔다. 현재 수석부부장은 우동측 국방위원회 위원이다.

김정은이 아버지의 수많은 권력 중에서 제일 먼저 보위부를 넘겨받은 것은 세습과정에서 일어날 내부의 반발을 가장 우려하고 있다는 방증이라고 볼 수 있다. 보위부는 주민의 사상 동향을 감시하고 반 체제사범을 색출하여 해외공작 등의 임무를 수행하고 있기 때문이다.

영국의 《파이낸셜 타임스》는 6월 29일 1면 톱기사로 "김정은이 지난 10일부터 17일 까지 1주일간 고위군사방문단의 일원으로 중국을 방문했다."라고 보도했다. 베이징의 군사·외교·정보 소식통을 인용한 이 신문은 "김정은이 후진타오 주석을 만났는지는 불확실하지만, 시진핑 국가부주석과 장쩌민 전 국가주석을 만난 것은 확실하다."며 "김정은의 중국 방문은 김 위원장의 후계자로서 외교경험을 쌓도록 하고, 동시에 맹방인 중국에 순조롭게 권력이양이 시작되고 있음을 보여 주기 위한 것"이라고 분석했다.

중국 측의 거듭된 부인에도 불구하고,[169] 일본 《아사히신문》도 6월 16일과 18일 김정은이 6월 10일을 전후해 극비리에 중국을 방문해 형인 김정남과 함께 후진타오 주석을 만났다고 보도한 정황을 보면 김정은이 누구와 함께 누구를 만났는지는 분명히 않으나 중국을 방문한 것은 상당한 근거가 있는 것으로 보인다.

최근 국회에 제출한 자료에서 국정원도 "향후 북한권력이 김정일의 3남인 김정은에게 승계되고 김정일 유고 상황이 발생할 경우, 현재 2인자로 통하는 장성택 노동당 행정부장 겸 국방위원 주도의 권력 암투가 벌어질 가능성이 농후하다."라고 밝혔다. 국정원은 3대 세습 이후 권력 암투가 일어날 가능성에 대해 "김정일 사후에 장성택과 그의 추종세력들이 권력 찬탈을 시도할 때 후계자 지지 세력들과의 권력투쟁이 벌어질 가능성이 농후하다."라고 전망했다.

현재 북한의 대내외 상황을 두고 보면 북한의 3대 권력승계는 쉽

---

169) 6월 18일 중국외교부 친강 대변인은 "(신문보도는) 007 소설 같은 이야기"라고 부인했고 25일 우다웨이 외교부 부부장도 "김정은은 한 번도 중국에 온 적이 없다."라고 말했다.

지 않을 것으로 보인다. 김정일이 죽으면 권력투쟁이 본격화되면서 당과 군부가 중심이 되어 현재 우세한 정은을 포함 정남, 정철 중 하나를 명목상의 지도자로 추대하는 집단지도 체제가 출현될 가능성이 크다. 김정일의 이복동생인 김평일의 행보도 예의 주시해야 할 것이다. 김정일이 조기 사망하는 경우 장성택이 권력을 장악할 가능성이 크나 김정일이 10년 이상 집권하는 경우 정은이 권력을 승계할 가능성은 커질 것이다.

## 2) 김정일 정권 종말 징후인가

북한 핵심권력 실세들이 유달리 심장병, 신부전증, 뇌졸증, 췌장암, 고혈압 등 심장질환이 자주 발생하는 것과 관련해 순환기 관련 의학 전문가들의 진단은 권력투쟁 과정에서 중압감과 스트레스가 큰 영향을 미쳤을 것으로 본다.

어쨌든 이와 같이 북한 핵심지도 층들이 질병으로 줄지어 사망하거나 상당수가 심각한 질환에 시달리고 있고 더구나 김정일의 생존이 예측불허의 위기적 상황에 처해 있는 것은 북한정권의 종말징후일 수도 있다. 여호와의 진노가 북한 땅에 이른 것이라는 판단이다. 여호와는 "땅에 있는 지체를 죽이라… 우상 숭배로 인하여 하나님의 진노가 임하느니라."하셨다.[170]

북한은 그동안 김일성 주체사상에 따라 김일성, 김정일 1인 독재 우상화 체제를 유지해 왔고 뿌리 깊은 북한의 기독교를 철저히 박해해 왔다. 김일성 수령이 말한 것은 모두가 주체사상이요, 교리로 승화되고, 북한 주민들에게 수령의 말씀은 '복음'이요, 과학이요, 예술이

---

170) "그러므로 땅에 있는 지체를 죽이라. 곧 음란과 부정과 사욕과 악한 정욕과 탐심이니 탐심은 우상숭배니라. 이것들로 말미암아 하나님의 진노가 임하느니라."(골 3:5-6)

라는 것이다. 김일성 수령은 사망 후에도 하늘에 있는 신으로 받들고 김정일은 기독교에서 말하는 '하나님의 아들인 예수님'과 같은 존재로서 세상을 통치한다는 것이다.

하나님께서는 북한의 우상숭배와 기독교 탄압이 극에 달하고 대를 이어 김정일과 그 아들에게까지 확대되는 것을 용납하시지 않을 것이 분명하다. 하나님은 십계명 중 1,2,3계명에서 우상숭배를 금하고 여호와의 이름을 존귀하게 여기라고 했다. 제1계명에서 '나 외에는 다른 신을 두지 말라.'고 했으며, 제2계명에서는 우상을 만들지 말고, 절하지 말며, 섬기지도 말라고 구체적으로 우상을 금하셨다. 이어 제3계명은 '여호와의 이름을 망령되이 일컫지 말라.'고 못을 박았다.

하나님을 멀리하고 우상을 숭배하는 북한사람들에게 여러 차례 경고와 많은 재난을 주었음에도 불구하고 북한이 끝내 돌이키지 않는다면 하나님의 인내에도 한계가 있다는 것이다. 그 인내의 한계를 드러내는 여러 징후가 북한에서 일어나고 있음을 북한이 빨리 깨닫고 되돌이켜야 할 것이다. 북한은 여호와는 모세를 통해 바로 왕에게 이르기를 "내 아들을 보내 주어 나를 섬기게 하라 하여도 네가 보내 주기를 거절하니 내가 네 아들 네 장자를 죽이리라 하셨다." 함에 주목해야 한다.(출 4:23) 이는 하나님의 경고와 응징이 임박했음을 알리는 것이다.

김정일과 북한 핵심 실세들이 여호와의 백성, 북한 지하교회 교인들을 놓아서 하나님을 믿고 섬기도록 하라는데도 계속 그들을 탄압하니 1인 독재정권의 아들인 핵심 실세들을 죽일 수밖에 없다는 말씀으로 받아들이는 것이다. 북한이 종교의 자유를 인정치 않고 기독교를 계속 탄압하는 한 권력핵심 실세들을 차례로 제거시켜 권력기반을 송두리째 무너뜨리겠다는 경고로서 그들의 종말이 가까워 왔음을 의미하는 것으로 보아야 할 것이다.

# 5. 막가는 개성공단'우리 민족끼리'불씨 살리기

## 1) 개성공단, 막가기

9년 가까이 지속해 오던 개성공단 사업을 북한이 5월 15일 느닷없이 폐쇄할 것을 불사한다고 했다. 토지 임대 값과 토지사용료, 노임, 각종세금 등 관련 법규들과 계약들이 무효선포와 함께 북에서 통지한 사항을 받아들일 수 없다면 무조건 나가라는 최후통첩이었다. 세상에 이런 법은 없다. 참으로 '안하무인' 격이고 황당한 집단이다. 게다가 5월 25일에는 제2차 핵실험까지 강행했다.

북한은 6월 11일 개성공단에서 열린 제2차 남북접촉에서 북측 근로자 임금을 현재 수준의 4배로 인상하고, 토지 임대료는 이미 납부한 금액의 31배를 달라고 요구했다. 북한의 논리는 "남한 경제특구의 땅 값이 평당 500~1,000달러 수준"이니 "개성공단 1단계 부지 100만 평 곱하기 평당 500달러를 하면 꼭 5억 달러가 나온다."라는 것이다. 개성공단 1단계 부지 100만 평의 토지 임대료는 2004년 4월 토지공사와 현대아산이 50년간 토지임대료 명목으로 1,600만 달러를 지불

하고 마무리된 상태이다.[171]

아울러 북측은 원래 2015년부터 내야 하는 토지사용료도 2010년부터 평당 5~10달러(연간)를 지불하라고 통보했다. 현재 개성공단에 분양된 토지면적은 60만평으로서 연간 600만 달러를 추가로 챙기겠다는 것이다.[172] 북한은 또 근로자 숙소(1만 5000평 규모)와 탁아소 건설, 근로자 출퇴근 도로건설, 그리고 개성공단 노동환경 개선 등을 요구했다. 반면 북측은 이날로 74일째 억류 중인 현대아산 직원 유 모 (44)씨에 대해선 "별일이 없다."고만 밝혔다.

북측의 유 씨 억류는 남측 마음대로 남북접촉을 중단할 수 없게 하는 최상의 지렛대이다. 개성공단사업 문제가 잘 안 풀려 공단을 폐쇄하고 철수를 하고 싶어도 유 씨 억류가 해결되지 않고서는 쉽게 손을 뗄 수 없게 만드는 것이다. 북한이 내놓은 유 씨 억류 이유는 크게 문제될 것이 없는 것들이다. 공화국을 비난하고 여자를 타락시키고 유인하려 했다는 죄목이다. 유 씨가 리비아 근무시절 친했던 북한 여성이 있었다는 말로 미루어 보아 농담 삼아 한 말을 트집 잡았을 가능성이 있다. 문제는 북한이 남측을 묶고 압박을 가하기 위한 전략을 쓰고 있다는 것이다.

남측은 유 씨 문제로 북한에 코가 꼬인 격이 되었다. 북한은 개성공단 사업을 쉽게 포기하지 않을 것 같다. 오히려 북한은 유 씨 문제와 개성공단 임금, 임대료, 사용료 등을 들고 나와 6·15선언의 '우리민족끼리' 불씨를 살리는데 전략목표를 두고 있는 것으로 보인다. 남한 내 친북진보세력들의 힘을 잘 활용한다면 전혀 불가능한 일이 아님을 믿고 있을 가능성이 있다.

---

171) 그러나 북측은 이번 접촉에서 "(5억 달러는)남한 토지 분양가격을 감안하면 무리한 요구가 아니다."라고 주장했다.
172) 토지임대료 5억 달러에 임금을 300달러로 올리면 북한은 2009년 6~7억 달러의 현찰을 챙기는 것으로 이는 북한 1년 수출액 9억 달러(2007년)의 70%에 육박하는 거액이다.

6월 19일 개성공단에서 열린 2차 남북실무회담도 아무런 결실 없이 끝났다. 남북은 오전, 오후 2시간 40분 동안 만났지만 각자 주장만 일방적으로 전달하고 헤어졌다. 북한은 이날 공단 1단계 토지임대료 5억 달러 지급과 북측 근로자 월급 300달러 인상 등 기존 요구를 되풀이하면서 우선적으로 토지 임대료 문제부터 협의하자고 주장했다. 북측은 이날로 82일 째 억류되어 있는 유 모 씨의 상태나 소재에 대해서는 구체적인 답변을 하지 않았으며 우리 대표단이 가지고 간 유씨 가족의 서신 접수도 야멸치게 거부했다.[173]

남북한은 7월 2일 개성공단 문제를 논의하기 위한 당국 간 3차 실무회담을 열었지만 합의점을 찾지 못하고 다음 회담 일정도 잡지 못한 채 1시간 10분 만에 회담을 끝냈다. "억류 근로자 석방이 최우선"이라는 남측과 "토지 임대료 5억 달러 얘기만 하자"라는 북측 간의 입장 차이를 전혀 좁히지 못했다. 남측은 오후에 다시 회담을 가지려 했으나 북측은 응답하지 않았다.[174]

북측 개성공단 관리기구인 중앙특구 개발지도 총국은 7월 10일 대변인 담화를 통해 남북 간의 개성공단 실무회담이 "결렬의 위기에 처해 있다."며 남측이 향후 회담에 성실히 응하지 않을 경우 "이미 천명한 대로 우리의 결심대로 나아가게 될 것"이라 위협했다. 이러한 위협과는 달리 통일부는 7월 13일 "지난달에 개성공단의 북한 근로자가 640여 명 늘어나 6월 말 기준 4만 255명이 됐다."며 "2008년 말 3만 8,931명에 비해 1324명이 증가했다."라고 밝혔다. 북한은 근로자 임금 인상에 대한 그들의 주장을 합리화하기 위한 전략적인 것으로 보인다.

---

173) 북측은 유 씨를 2004년 남북 간 합의서에 따라 처리하겠다고 밝혀 경고나 범칙금 부과, 또는 추방으로 처리할 방침임을 시사했다.
174) 남측은 또 회담을 효율적으로 운영하기 위해 실무 소회담을 설치해 운영하자고 제의했으나 북측은 답변하지 않았다. 북측은 다음 접촉일은 남측이 북측 요구를 잘 연구해서 잡아 달라고 한 것으로 알려졌다.

## 2) 우리 민족끼리 불씨 살리기

### 북한의 억지 주장 논리

북한이 개성공단 문제와 관련 막무가내로 밀어붙이고 있지만 그들 나름대로 주장과 논리가 있음에 주목해야 한다. 북한은 5월 11일 통지문을 통해 "개성공업지구에서 우리가 그동안 6·15 공동선언의 정신에 따라 남측에 특혜적으로 적용했던 토지, 임대 값과 토지 사용료, 노임, 각종세금 등 관련 법규들과 계약들의 무효를 선언한다."라고 했다. 6·15 공동선언의 정신에 따라 남측의 '묻지 마 퍼 주기' 식으로 북에 주었던 지원이 끊어진 마당에 북한의 군 작전과 체제에 악영향을 줄 개성공단 문을 닫겠다는 협박이다.

북한은 6월 11일 2차 개성 남북 접촉 기조연설을 통해 "군사적 요충지인 개성공단 부지는 값으로 환산할 수 없는 가치가 있다."라고 말하면서 군사 요충지를 싼 값으로 내준 것은 남북 경제협력과 평화 통일노력을 약속한 6·15 공동선언 때문이라는 취지의 발언을 했다. 이는 이명박 정부가 사실상 거부해 온 6·15 공동 선언 이행을 우리 정부에 압박하겠다는 것이다.

북한 중앙특구개발 지도총국 박철수 부총국장이 2009년 6월 27일 발송한 통지문에 따르면, "(개성공단 문제는) 6·15 공동선언을 부정하고 대결정책에 매달리고 있는 남측 당국 때문"이라는 것이다.[175] 북측은 개성공단 계약 변경 요구와 관련, "남측에 땅값과 노임을 낮게 정해 주는 등 다른 나라에서는 볼 수 없는 경영 조건을 부여해 준 것이 특혜 중의 특혜라는 것은 누구도 부인할 수 없을 것"이라며 남측 개성공단 기업협회가 "우리 측에 (개성공단 지구법 재 협상안) 철회를 촉구한 것은 은혜도, 예의도 모르는 상식밖의 행동"이라고 밝혔다.

---

175) 이 통지문은 개성공단 기업협회가 6월 25일 기자회견을 통해 북측에 대해 "통행과 신변안전 문제가 즉시 해결돼야 한다."라고 촉구한 것에 대해 경고하기 위해 보낸 것이다.

북한 총국은 7월 10일 대변인 담화에서 지난 4차례 회담결과 "우리는 남측 당국이 우리의 아량과 성의를 모독하면서 도전적으로 나오는 조건에서 실무접촉을 통해 협상의 방법으로 과연 해결할 수 있겠는가 하는 의구심을 갖게 되었다."라며 남측이 앞으로 회담에 성실이 응하지 않을 경우 "이미 천명한 대로 우리의 결심대로 나가게 될 것"이라고 했다.

담화는 "이러한 무의미한 접촉은 백번 한들 아무런 소용이 없으며 그러한 접촉을 거듭하면 할수록 오히려 불신이 더 쌓이고 대결감정이 격화되게 될 뿐"이고, "개성공업지구 실무접촉과 공업지구의 전도는 전적으로 남측에 달렸다."라고 했다. 이런 상황에서도 북한 당국이 후발 입주업체들에게 700여 명의 근로자들을 새로 배정했다고 하는데[176] 이는 북한이 개성공단을 포기할 생각 아직 없거나 남한 측 요구를 들어 주면서 그들 주장의 설득력을 높이기 위한 것으로 보인다. 북한은 사실상 남측 기업들에게 2009년 6월 11일 "우리도 현금을 바라지 않는다. 식량으로 받을 수도 있다."라고 하여 과거 한국정부가 매년 50만 톤 정도의 식량을 북한에 지원했던 것을 염두에 두고 한 말일 수도 있다.[177]

### 6·15 공동선언이 뭐기에

6·15 공동선언은 2000년 6월 13~15일까지 평양에서 김대중 대통령과 김정일 위원장이 정상회담을 갖고 한 선언이다. 이 선언의 핵심적인 내용은 '우리 민족끼리'이다. 한 형제, 한 가족, 한 집안 '하나의 운명 공동체'라는 의미가 깔려 있다. 한반도의 주인인 남북한이 나라의

---

176) 공단 입주업체 관계자에 따르면 이 중에는 40대 남성도 있고 중학교를 갓 졸업한 인력도 있다. 입주기업들은 20~30대 여성을 선호한다는 것이다. 《조선일보》, 2009.07.14
177) 5억 달러는 현재 쌀 50만 톤을 구입할 수 있는 액수인데 쌀 1톤당 국제시세는 현재 1,000달러를 넘는다.

통일문제를 외세의 힘을 빌리지 않고 '우리 민족끼리' 자주적으로 해결하자는 것이다.(제1조) 즉, 주한·미군 철수를 겨냥한 것이다. 제2조는 남북 통일을 위한 남측의 연합제안과 북측의 낮은 단계의 연방제안이 공통성이 있으므로 이 방향에서 통일을 지향한다는 것이다. 남북 지역정부가 서로 교류와 협력을 한다는 것은 공통성이 있지만 연방제는 성립의 전제조건과 강력한 중앙정부가 있다는 면에서 연합제와는 판이한 것이다. 그러나 자주를 내세운 '우리 민족끼리'라는 측면이나 김대중 전 대통령의 3단계 통일론에서 보면 남북한이 '연합' 다음 단계인 '연방'으로 가는 데는 문제될 것이 없다는 논리이다.[178]

특히 공동선언 4조에서 남북은 '경제협력을 통한 민족경제의 균형적 발전'을 강조하고 있으며 각 분야의 협력과 교류를 활성화하여 서로의 신뢰를 다져 나간다는 것이다. '우리 민족끼리'라는 맥락에서 볼 때 '경제협력을 통한 민족경제의 균형적 발전'은 특별한 의미가 있다. '주고받는' 관계가 아니라 빈부격차가 심한 남북 경제를 균형적으로 발전시키기 위해서는 어차피 일방적으로 주고, 일방적으로 받는 관계가 한동안 계속될 수밖에 없다는 논리다.

이러한 묵시적 합의에 의하여 남측은 북측에 '묻지 마 퍼 주기식'으로 지원을 했고 북측은 '우리 민족끼리' 경제협력과 교류를 활성화하여 남북의 신뢰를 다져 나간다는 명분으로 개성공단사업을 남측에 특혜로 주었다. 2007년 노무현 대통령과 김정일 위원장은 10월 정상회담을 갖고 6·15 공동선언을 구체화시키는 실천 강령으로서 10·4 공동선언을 발표했다. '10·4 선언' 제1항은 '6·15선언' 구현과 국가 기념일 제정까지 합의하고 제2항은 "남북관계를 통일 지향적으로 발전시켜 나가기 위하여 각기 법률적제도적 장치들을 정비해 나가기로 합의"함으로써 국가보안법 철폐 근거까지 마련하였다. 당시 정부의 한 연

---

178) 김대중 전 대통령은 3단계 통일론에서 '남북연합−연방−완전통일'로 '연방'은 '연합'의 다음 단계로 보고 있기 때문이다.

구기관이 조사한 바에 따르면 10·4 공동선언에서 북한에 약속한 사업이행을 위해서는 100조 원 내외의 막대한 자금이 소요된다는 것이다. 이런 맥락에서 보면 이명박 정부에게 6·15와 10·4 공동선언 이행을 강력하게 요구하는 것은 북한에게는 당연한 것이다. 이러한 공동선언들이 차질 없이 이행되면 북한은 일방적인 남한의 지원으로 정치, 경제, 군사, 외교 등의 전반적인 면에서 큰 도약의 발판을 마련할 수 있기 때문이다.

따라서 북한에게 개성공단문제는 6·15 공동선언의 불씨를 살릴 수 있는 지렛대이고 남측 전 정부에서 의례적으로 받아 냈던 50만 톤의 쌀(약 5억 달러)을 한 번 더 받아 낼 수 있는 논리적인 근거도 될 수 있다. 북한근로자 임금 300달러가 많다고 하지만 '민족경제의 균형발전'이라는 측면에서 보자는 것이다. 그러나 2차 핵실험으로 유엔 안보리결의 1874호의 제제를 받고 있고 한국 내 분위기를 고려한다면 북한에게 이것은 하나의 꿈일 뿐이다.

### 북한 전략과 우리의 대응

북한이 핵실험에다 개성공단에서 억지를 부리고 있는 데는 복합적인 전략이 숨겨져 있다. 어떻게 해서라도 이명박 정부의 대북정책 틀을 바꾸어 6·15선언 정신을 살려 내고, 남북관계를 초강경대립으로 몰고 가 '보수정권'에 타격을 주고 보수 세력의 입지를 약화시키려는 것이다. 반면 남북관계의 악화는 진보좌파세력으로 하여금 정부를 공격케 하는 빌미를 제공하여 반정부 투쟁에 힘을 실어 주자는 것이다. 북한이 사면초가가 되어 대내외에서 압박과 제재를 받고 있지만 남한 내의 친북진보세력들에 대한 기대와 희망은 포기할 수 없는 것이다.[179] 게다가 핵실험과 남북 대결과 같은 위기국면 조성으로 북한내부의 동

---

179) 남한에 촛불시위 등 강력한 반정부 투쟁이 전국을 휩쓸자 북한은 남한의 공산화는 이미 완결 단계에 와 있고 통일의 시기만 남아 있다고 본다는 것이다.

요와 불만을 잠재우려는 전략도 무시할 수가 없다.

그러나 북한의 이러한 전략들은 이미 한계효용에 달했다. 그들의 '벼랑 끝 전술'도 이제 용도를 폐기할 단계에 와 있다. 한·미와 주변국들의 대북무시와 압박전략이 주효해지고 있다. 북한이 생존하기 위해서는 시대착오적인 1인 독재우상화체제를 버려야 한다. 권력승계도 쉽지 않을 것이며 체제지지 세력도 김정일 사망에 임박해서 지리멸렬해질 것이다.

이명박 대통령은 7월 12일 스웨덴 교민들과의 간담회에서 "북한이 핵을 포기하면 우리는 기반시설을 깔아 주고 기업투자로 북한을 더 빨리 발전시켜 상당한 수준으로 올려놓을 수 있다."라고 말했다. 그는 북한의 대량살상무기를 포기하면 한국은 세계와 손잡고 북한에 농사짓는 법, 세계와 경제교류 하는 법을 전해 주고 싶다고 했다.[180]

한마디로 북한 주민들이 살 길은 핵을 비롯해서 대량살상 무기를 포기하는 것이다. 그러나 이러한 결정은 결국 북한체제를 무너뜨리고 민주화와 시장경제방식을 도입하는 형식이 될 것이다. 김정일과 그 권력의 실세들이 기득권을 포기하고 물러나며 권력 승계 작업은 빨리 걷어치우고 민주 방식에 따른 차기 지도자를 결정해야 할 것이다. 여기에서 중요한 것은 물러나는 독재 권력자들을 용서하고 그들의 생존을 보존하는 아량을 보이는 것이다. 그것들이 사전에 약속되어야 하고 그 약속은 지켜져야 한다. 그렇게 1세대가 지나가면 새로운 세대가 나와 한반도 통일세력으로 자연스럽게 육성되어 나갈 것이다.

---

180) 국제사회가 지원한 현물과 달러를 북한이 대량살상무기(WMD)개발 등에 전용하지 않도록 대안을 마련해야 한다는 목소리가 높은 가운데 나온 것이어서 정부의 정책 변화가 주목된다.

# 6. 북한시장[181]

　　김정일 국방위원장은 2008년 "시장(市場) 허용은 경제가 어려운 상황에서 취한 과도기적 조치"라며 시장을 통제하라는 지시를 내렸다고 한다. 북한의 시장에서 주민들은 옥수수, 쌀 등 식량의 60%, 생필품의 약 70%를 구입하는 것으로 알려져 있으며, 평양에 약 40여 곳, 북한 전역에는 300~350여 개에 이른다고 한다.

　　북한 주민들에게 장마당, 농민시장, 야시장, 자유시장 등으로 불리는 시장은 인민시장(1950년 이전), 농촌시장(1950년), 농민시장(1958년), 농민시장 활성화(1982년), 종합시장(2003년)으로 변천해 왔다. 한편 종합시장으로 변모한 2003년 5월엔 '시장관리운영내규(내각 결정 제27호)에 따라 농민이나 일반 주민들 뿐만 아니라, 기업소나 협동농장도 시장에서 자체 생산한 제품을 판매하게 되었다.

　　시장은 식량난에 따른 국가 배급제의 붕괴와 생필품의 절대 부족, 다양한 개인 부업 활동의 증가와 개인 텃밭 허용, 북중 국경 지대의 변경무역 활성화, 암시장 확산에 따른 정부 당국의 활성화 조치 등으

---

181)　참조 : 박명서,『북·중 변경무역과 북한의 시장 실태』, 통일부 통일교육원
　　　　김윤태, "장마당만 열려도 굶어 죽지 않는다", NK vision 7.

로 인해 합법화된 경제부문으로까지 확대 발전된 것이다.

하지만 북한은 시장으로 인한 시장경제의 확산을 체제붕괴의 위험요소로 인식하고 있다. 이 때문에 북한 당국은 한편으로는 장마당을 허용, 유지시키면서 다른 한편으로는 각종 통제를 강화하는 이중적 태도를 취하고 있다.

시장판매품목 및 판매가격통제, 시장의 장사시간과 장소통제, 만 17세 이상 성인남자 장사금지, 공산품 국영상점에서만 판매, 49세 이상 여성에 한해서만 장사허용 등의 통제조치를 통해서도 알 수 있듯이 북한은 시장경제가 계획경제를 흔들지 않는 범위 내에서 존재, 운영되기를 원하고 있다. 이것은 아직까지 북한의 시장을 자본주의의 시장경제제도의 일환으로 보기 어려운 이유이다. 즉, 북한의 시장은 배급제의 붕괴에 따른 어쩔 수 없는 선택이었던 것이다.

또 시장에서 사람과 사람이 만나고, 말과 말이 전해지면서 정보교환과 새로운 여론형성의 중심지로 자리매김 되고 있다. 여기에 '황색바람'(한국자본주의 풍조)도 시장을 통해 급속히 퍼져 나가고 있다.

실제로 최근 발행된 'NK 인 & 아웃'에 의하면 함경북도 청진시 수남구에 위치한, 면적이 약 1만 평에 달하고 그 안에 중국, 일본, 동남아 등의 제품과 한국산 제품 등 없는 것이 없을 정도로 진열·유통·매매되고 있는 수남 시장에서 "2008년 12월 초부터 한국 드라마와 성인영화를 편집한 '알판'(CD)이 발견되어 보안원들이 집중 단속에 나섰다."라고 한다.

김정일 '와병설' 이후 발생할지도 모를 김정일 권위 약화를 방지하고, 지속되고 있는 식량문제, 주민생활에 나타나는 시장경제 요소의 영향력 증가, 외부로부터 정보와 자본주의 문화 유입 및 시장을 통한 확산에 따라 체제 결속을 위해 시장 활동에 대한 규제를 강화할 목적으로 시장을 통제하고 있는 것이다.

# 7. 천리마 운동[182]

북한이 1월 1일 발표한 신년공동사설에 보면 1958년에 접어들면서 과학원의 현지연구사업 추진을 시작으로 단순한 노력동원운동에서 기술혁신운동으로 변화하기 시작한 바 있던 '천리마 운동'이라는 문구가 있다.

"전후 천리마 대고조를 일으키던 그때처럼 온 나라 전체 인민이 당의 두리(주위라는 뜻)에 한마음 한뜻으로 굳게 뭉쳐 강성대국의 대문을 열기 위한 진군의 나팔을 불며 총 공격전을 과감히 벌여 나가야 합니다."

"우리는 당의 부름 따라 천리마의 대진군으로 즈국 역사에 일찍이 없었던 대혁신, 대비약을 일으켜 나감으로써 최강의 정치군사력을 가진 선군 조선이 이제 어떤 기적을 창조하며 기세차게 솟구쳐 오르는가를 세계 앞에 당당히 보여 주어야 한다."

천리마 대고조, 천리마 대진군으로 표현된 '천리마 운동'의 시작은 1956년 8월, 종파 사건으로 김일성을 비롯한 북한 지도부 리더십에

---

182) 강호제, "천리마 운동의 변화, 발전과 집단적 기술혁신 운동의 확대, 강화", 북한과학기술연구 2006년.

도전하는 사건이 발생하고, 밖으로는 소련과 중국이 8월 종파 사건의 뒤처리에 개입하는 등 내정 간섭까지 당하는 상황이었다. 3년 동안 진행한 전후 복구 3개년 계획을 마무리하면서 본격적인 경제발전 계획을 기획하고 있던 순간에 발생한 나라 안팎의 도전은 북한 지도부에 절체절명의 위기였던 것이다.

이러한 위기 상황에서 북한은 기존의 정책을 변경하지 않고 해외 원조에 대한 의존도를 줄이면서 자체의 힘으로 경제성장을 이끌어 내기로 결정한 것이다. 투자는 적게 하면서도 성장 속도는 높게 유지하겠다는 저투자·고성장 정책을 위한 대안으로 계획에 잡히지 않은 예비 자원을 최대한 동원하고 자원 낭비를 줄이면서, 생산량을 최대한 늘리는 증산을 제시하였다. 이것이 1956년 12월 전원회의 결론이었다. 천리마 운동의 시작인 것이다. 당시 전원회의의 결정은 주민들에게 어려움을 직접 호소하여 그들의 자발적인 참여와 최대 역량 발휘를 이끌어 내는 것에 중점을 두었다.

1956년 12월부터 이렇게 시작된 천리마 운동은 예상과 달리 1957년 44% 높은 경제성장률을 달성할 수 있었다. 이는 기본적으로 일반 주민들의 자벌적인 참여와 동원에 의해 가능한 것이었다. 신년공동사설에서 천리마 대고조, 천리마의 대진군 등을 언급한 것은 경제회생을 위해 1956년 천리마 운동을 재현하여 경제성장률이 높았던 시기로 돌아가자는 발상으로 생각된다.

천리마 대고조, 천리마의 대진군은 김정일 정권 출범 이후 지속적으로 강조해 온 내용으로 이번 공동사설에서 더욱 강렬한 어조로 부각된 것이다. 그러나 이러한 '경제강국' 건설 의지가 얼마나 주민동원에 실제적인 효과를 발휘할지는 미지수이다.

## ◆ 우리의 기도

"스스로 할례를 행하여 너희 마음 가죽을 베고 나 여호와께 속하라 그리하지 아니하면 너희 악행으로 말미암아 나의 분노가 불 같이 일어나 사르리니 그것을 끌 자가 없으리라…내가 북방에서 재난과 큰 멸망을 가져오리라."(렘 4:4-6)고 하신 하나님의 말씀을 선포하며 기도합니다.

첫째, 북한은 2006년 1차 핵실험에 이어 국제사회의 만류에도 불구하고 2009년 5월 25일 2차 핵실험을 했습니다. 이것은 북한이 핵보유국 지위를 인정받아 더 많은 경제외교적 이득을 얻거나, 북한 내부 체제를 공고히 하고 권력승계를 원활히 하기 위한 의도일 것입니다. 그러나 전쟁에서 이기는 것은 핵화학무기를 개발하고 선군정치를 해 나가는 것이 아니라 여호와 편에 서고 여호와께 속해야 함을 의미한다(삼상 17:47). 북한이 빨리 깨닫고 하루속히 회개하여 하나님 편에 서게 하여 주시옵소서.

둘째, 북한은 지난 몇 년 동안 질병으로 인해 권력 실세들의 죽음이 이어졌고, 현재 핵심권력 실세들의 상당수가 심각한 질환에 시달리고 있습니다. 김정일 국방위원장 또한 뇌졸중 이후 췌장암 판정을 받아 예측불허의 인생이 되었습니다. 하나님을 믿는 자들을 탄압하고 순교의 피를 흘리게 하는 한 북한 권력기반을 송두리째 무너뜨리겠다는 하나님의 경고(출 4:23)를 북한이 빨리 깨달아 알게 하옵소서.

셋째, 김 위원장을 비롯한 핵심 실세들의 악화되는 건강과 3남 정은의 권력세습 급조 등 북한의 불안한 상황은 김정일 정권의 종말을 예고하고 있습니다. 참 진리이신 하나님께서 북한 백성들에게 진리를 알아 자유케 하시고, 북한 당국이 생명의 주인이신 하나님을 알게 하사 공의로 다스리게 하시옵소서.

넷째, 개성공단 현대직원 유씨 억류문제가 아직도 해결되지 않은 가운데 북한은 '6·15선언'의 '우리 민족끼리' 불씨를 살리려는 술수를 쓰고 있습니다. 북한의 일방적인 술수에 말려 들지 않고 남북한이 함께 사는 방향에서 문제를 해결할 수 있는 지혜를 허락해 주시옵소서.

다섯째, 무너져 가는 북한 당국을 향해 미움과 원망으로 정죄하는 것이 아닌, 하나님의 넉넉한 사랑을 닮아 서로 용서하고(마 6:14) 남북이 함께 살 길을 도모하는 우리가 되게 하시옵소서.

예수님의 이름으로 기도합니다. 아멘.

# Ⅵ. 확 달라진 북한의 대외환경

요즘 세상이 뒤숭숭하고 참으로 불안하다. 남한의 금강산 여성관광객이 북한에 무단 피격되는가 하면 북한은 금강산에 이어 개성 관광도 중단시키고 남북교류를 모두 차단하는 등 초강수를 두고 있다. 총체적인 경제위기를 맞아 주가폭락, 달러화가 급등하는 등 생활고가 날로 깊어지고 있으며, 미국에서는 진보중도 성향의 오바마 정부가 출범을 앞두고 있어 한·미, 북·미관계의 불확실성이 커지고 있다.

북한이 이런 강수를 두는 것은 첫째, 북한 내부체제 안정과 주민결속을 위해 개방위험을 차단하고 한국이 미국을 대치한 주적역할 필요, 둘째, 북·미 직접대화를 추구하는 오바마 정부에 접근 '통미봉남'전략 실현, 셋째, 남한 정부를 굴복시켜 남북관계 주도와 남남갈등을 유도하기 위한 것 등이다. 또 북한은 오바마 정부에 큰 기대를 걸고 직접대화를 통해 1994년 제네바 합의를 재연시키고 남한을 처음서부터 따돌리겠다는 것이다.

이같은 북한의 잘못된 전략적 판단은 '오바마 독트린'과 한·미관계를 자의로 분석하고 있기 때문이다. '오바마 독트린'이란 국제협력과 다자주의를 부활시키는 것이지만 '강경하고 직접적인 외교'로 기존 부시 행정부의 정책기조를 상당부분 유지하는 것이다. 오바마 정부가 들어서서 미국이 북한과 직접대화를 한다고 해서 전통 한·미우호관계가 바뀌는 것은 아니다. 다만 한·미 간에 조율해야 할 부분이 많아진 것뿐이다.

앞으로 북미관계가 유연해질 수는 있으나 엄격한 기준이 적용될 것이다. 오바마 정부는 대화에 의한 북한 비핵화가 불가능하고 북한의 개혁, 개방의 가능성이 없다고 판단을 내릴 경우 클린턴 정부 때 적극 검토했던 북핵시설 정밀타격 등 초강수도 고려할 것이다. 우리는 오바마 정부가 비핵확산을 보장받는 대가로 비핵화 원칙을 버리지 않기를 바란다.

남북관계 경색이 한동안 지속될 것에 대비 한·미가 대북정책의 밑그림을 일찍부터 함께 그리고, 잘못된 남북관계를 정리하는 기회로 삼으며 어떤 일이 있어도 북한의 위협에 굴복하는 태도를 보여서는 안 될 것이다. 이제부터 우리는 '광야의 길과 사막에 강'을 내는 새 일을 시작(사 43:19-20)하여, 남북관계가 한 차원 높은 화해와 협력이 이루어지도록 함께 기도하기를 원한다.

# 1. 오바마 한반도 정책, 무엇이 달라지나

## 1) 오바마 독트린, 실현될까?

### 국제 협력과 다자주의 부활

버락 오바마 민주당 후보의 압승으로 끝난 미 대선 결과는 한반도를 둘러싼 국제 정세에도 적지 않은 변화를 불러올 것으로 예상된다. 8년 만의 정권교체는 힘의 우위를 바탕으로 미국적 가치 확산을 추구해 온 조지 부시 행정부의 대외 정책이 퇴조하고 민주당이 전통적으로 중시해 온 국제 협력과 다자주의 부활로 나타날 전망이다.

한반도와 동북아 정책에서 부시 행정부가 집권초기에 북한을 '악의 축'으로 규정하며 긴장을 조성했던 것과는 달리 오바마 당선자는 북한과의 직접협상 등 적극적인 개입정책으로 전환할 것으로 보인다.[183]

동북아 질서라는 큰 틀에서 볼 경우, 미국의 아시아 정책은 중국 중심으로 짜일 수밖에 없다. 현실적으로 중국이 아시아에서 차지하는 비중을 무시할 수 없기 때문이다. 이런 맥락에서 보면 한국의 입지도

---

183) 오바마 진영의 한반도 정책은 민주당 내에서 외교경험이 많은 조 바이든 부통령 당선인의 영향력이 적지 않을 것으로 관측된다.

미묘하게 변할 것이 예상된다. 미국 공화당은 한국, 일본과의 동맹을 중시하고 중국을 견지하는 경향이 강한데 비해, 민주당은 중국과 경쟁하면서도 협력 파트너로 보는 경향이 강하다. 이 경우 미·중관계와 미·일관계의 균형추가 움직이면서 한·미관계도 영향을 받게 될지 모른다. 한국은 그동안 미국 중심의 세계지배질서 속에서 미•일동맹의 하위파트너로 참가했다. 한·미·일 3각 동맹이다. 미•중관계가 중심축이 된다면 한·미관계가 조정될 가능성도 있다는 말이다.

오바마 행정부 출범을 앞두고 많은 외교안보 전문가들은 "독단주의에서 다자주의로, 대결에서 대화로, 군사력을 앞세운 하드파워에서 가치와 신뢰를 바탕으로 한 소프트파워로의 전환이 이루어질 것"이라는 전망을 내놓고 있다. 오바마는 부시 대통령이 강력하게 추진하는 미사일방어(MD) 체계에 대해 부정적인 입장을 밝혔다. 그는 "차기 정부는 MD를 지지하지만 실용적이고 비용대비 효과가 입증된 방식으로 추진해야 한다."며 "MD가 미국인들을 보호할 수 있는 기술이라는 점이 확인될 때까지는 해결이 시급한 안보현안으로부터 재원을 빼앗아가서는 안 된다."라고 지적했다.

오바마 당선인은 그동안 "21세기의 도전들은 본질적으로 미국 혼자서는 풀 수 없는 것"이라며, 이는 '유럽, 아시아 우방들과의 확고한 협력을 바탕으로 한 국제공조'를 강조해 온 데 근거한 전망이다. 사실 오바마 당선에 대한 전 세계의 뜨거운 찬성 열기도 미국외교가 기존의 조지 부시 행정부와는 전혀 다른 '혁명적 변화'를 겪을 것이란 기대를 바탕에 깔고 있다.[184]

앞으로 보다 구체화될 '오바마 독트린'은 이미 2007년 '피닉스 이니셔티브'를 비롯한 진보중도 성향의 외교전문가 그룹에 의해 밑그림이 그려졌다. '피닉스 프로젝트'에 따르면 미국은 기후변화, 테러리즘, 핵

---

184) '선제공격론'을 핵심으로 하는 부시 행정부 외교는 1997년 네오콘 성향의 강경 이데올로그들이 주도한 '새로운 미국의 세기를 위한 프로젝트(PNAC)'에서 만들어졌다.

확산에 대처하기 위해 국제 협력을 증진하고 미국 우월주의와 예외주의를 뒤로 해야 한다는 것이다. 이런 관점에서 미국은 각 지역 내 역학보다는 특정 현안에 있어 구체적 결과를 중시해야 한다는 입장이다.[185]

이렇게 되면 미국은 아시아 지역에서 최대 강국인 중국 중심으로 정책을 펴 나갈 수밖에 없다. 한·미 FTA 문제는 양극 간 동맹 강화라는 전략적 측면보다는 경제적 득실이 관계에 중심이 될 것이다. 부시 행정부에서 비공식적으로 제기한 한국군의 아프가니스탄 파병문제도 양국 간 관계에서 주요 이슈가 될 수 있다. 결국 '피닉스 프로젝트'에 따르면 양국 간 현안이 얼마나 원만하게 해결되느냐에 따라 한·미 간 동맹의 강도가 정해진다는 것이다. 한·미 간 전통적인 동맹을 강조한다고 해서 미국이 한국을 특별히 배려할 이유가 없다는 의미이다.

한편 오바마 행정부의 외교정책이 많은 부분 부시 행정부의 노선을 계승할 것으로 보인다. 이는 부시 행정부의 외교노선이 집권 후반기에 많이 변한 데다 오바마 당선인 역시 미국의 국익이 변하지 않고 미국이 당면한 위험에 대해 기존 워싱턴 주류의 인식을 거의 그대로 받아들이고 있기 때문이다. 오바마 당선인은 동아시아에서 한국·일본·호주와의 강력한 동맹관계 유지를 강조하면서 항구적인 형태의 다자간 협의체제 구축이 필요하다고 강조했다.

### 강경하고 직접적인 외교로 정책기조 유지

선거 당시 오바마 캠프 참모들은 "오바마는 전형적인 리버럴 비둘기파가 아니다."라고 강조해 왔다. 오바마 당선인 역시 5일 연설에서 "세계를 파괴하려는 자를 우리는 무찌를 것이며, 평화와 안전을 추구하는 자들을 지지할 것"이라고 강조했다. 사실 테러 및 핵확산 대책으로

---

185) 그러나 막상 구체적 사안별로 들어가 보면 오바마 행정부의 외교정책은 부시 행정부의 노선을 계승하는 대목이 많을 것으로 보인다.

오바마가 강조해 온 '적극적이고 밀도 높은 외교'를 부시 대통령 역시 강조해 왔던 것이다. 물론 오바마 당선인이 동맹국뿐만 아니라 적대적 국가들과도 접촉하겠다는 의지를 갖고 있다는 점은 부시 대통령과는 크게 다른 것이다. 오바마는 자신의 외교 노선을 '이념적 접근이 아닌 실용주의적 접근'이라고 강조해 왔다. 그는 "우방국은 물론 비 수교 적성국들과도 전제조건 없이 강경하고 직접적인(tough and direct) 외교정책을 펼칠 것"이라고 밝혔다.

미국진보센터(CAP)가 펴낸 오바마 정책 청사진은[186] 우선 부시의 선제적 무력공격 전략을 전면 재검토하라는 것이다. 대량살상무기와 독재자 제거를 내건 이라크 전쟁이 미국을 헤어 나올 수 없는 수렁에 빠뜨리는 등 선제적 공격 전략은 득보다 실이 더 컸다는 평가를 내렸다. 그러나 오바마는 특히 북핵문제에 대해 '실질적인 인센티브와 실질적인 압박(real incentives and real pressures)'을 기초로 한 '강경외교'를 구사하겠다고 강조했다. 또 핵무기가 없는 국가의 핵보유를 금지하라고 제시했다. 북한의 핵무기 보유를 인정하지 않겠다는 것이다.

무역협상에서는 노동과 환경 기준을 강화하라고 주문했다. 한국 등과 체결한 자유무역 협상(FTA)에 대해 재협상할 수 있음을 시사하는 대목이다. 오바마 당선인의 정권인수위원회가 바이든 부통령 후보와 함께 발표했던 '오바마-바이든 플랜'은 경제분야에서 "공정무역을 위해 싸울 것이며 미국의 경제 안보를 훼손하는 협정에 대해서는 맞설 것"이라고 말했다. 이런 맥락에서 보면 오바마 행정부는 한국정부에 힘겨운 통상교섭의 과제를 안길 조짐이다.

오바마 당선인의 외교안보정책 구상에서 보면 한반도 정책은 우선순위가 좀 떨어진다는 것이 핵심 관계자들의 설명이다. 오바마 당선인은 집권 초에만 금융위기에 전력을 다한 뒤 이라크의 철군과 아프

---

186) 대선 기간 중 오바마 정책의 이론적 근거를 제공했던 미국진보센터(CAP)가 11월 12일 657쪽의 정책 제안서 『미국을 위한 변화:44대 대통령을 위한 진보 청사진』을 펴냈다. Washington Post. November 12,2008.

가니스탄에서의 상황 반전을 도모할 것으로 예상되며, 이후 핵문제를 다룰 가능성이 크다는 것이 관계자들의 견해이다.

이른바 '오바마 독트린'에 대해서 비판과 우려의 목소리도 높다. 일본 동경대 교수인 이가라시 다케시(五十嵐武士)는 11월 6일 인터뷰에서 "오바마 당선인은 안전보장 분야에서 일한 경험이 없다."라면서 "정권 출범 후 2년간 외교안보정책 분야에서 불안정한 상태가 지속될 가능성도 있다."라고 우려했다.[187]

데이비드 림바우(David Limbaugh) 미 타운홀 닷컴 컬럼니스트는 오바마의 "미국적 예외주의에 대한 반감, 그리고 선과 악에 관해 나이브한 사고방식, 미국의 위협에 대한 무모한 고소평가, 일방적으로 미국의 핵 무장을 해제해야 한다는 언행, 정보 감시 체계를 느슨하게 만들고 국경을 개방하겠다는 극단주의, 테러범들의 권리도 보장해야 한다는 엉뚱한 염려로" 미국의 안전을 위태롭게 할 수 있음을 우려했다. 실제로 여론조사 전문기관인 라스무센이 11월 14일 발표한 결과에 따르면 공화당 지지자의 75%가 오바마 당선인이 너무 급격한 변화를 추진할 우려가 있다고 답했다. 또 민주당 지지자와 무당파를 포함한 조사에서도 응답자의 46%가 지나친 변화를 걱정한 것으로 밝혀졌다.[188]

2009년 11월 19일 '2009년 세계전망'을 내놓은 영국시사주간지 《이코노미스트》는 "버락 오바마가 미국 대통령에 취임한다고 해서 2009년 다자주의가 부활할 것이라고 기대하지 말라"고 보도했다. 부시 대통령이 추구했던 일방주의가 오바마 시대에는 다자주의로 바뀔 수 있으리라는 것은 희망사항일 뿐이라는 것이다. 우엔 등 국제기구가 힘을 쓰지 못하고 있기 때문이다. 이런 맥락에서 '오바마 독트린'은 대

---

187) 《동아일보》, 2008.11.07., "日보다 中중시 외교 가능성, 대북정책 큰 변화 없을 듯".
188) 반대로 32%는 너무 소극적인 변화 추진을 우려하기도 했다. 《동아일보》, 2008.11.19., "미국의 변화, 희망을 봤다".

선 전후해서 의욕적으로 추진되고 상황을 바꿔 놓기도 하겠지만 냉엄한 현실에 직면, 그 추동력이 떨어지거나 보다 실현가능한 방향으로 전환될 가능성을 전혀 배제할 수 없다.


## 2) 오바마 행정부의 한·미관계

### 전통 한·미 우호관계 불변

한국과 미국정부는 이념적으로 서로 부합되지 않은 때가 여러 번 있었다. 1990년대 들어와 김영삼 정부와 클린턴 정부, 김대중, 노무현 정부와 부시 정부의 이념 성향이 엇갈렸다. 이번에도 마찬가지다. 이명박 대통령은 중도우파인 반면, 오바마 당선인은 중도좌파 성향으로 분류된다. 이처럼 엇갈리는 이념 성향으로 한때 그 관계가 껄끄러웠던 경험도 있었으나 전통 한·미 우호관계는 큰 변함이 없었다.

오바마 당선인은 미래지향적인 개혁을 추진하면서도 그의 여러 발언을 종합해 보면 매우 현실주의자임에 틀림없고 전반적인 정책방향은 이명박 정부의 실용주의 기조와 큰 차이가 없는 것으로 분석된다.[189] 고든 플레이크 멘스필드재단 소장은 오바마 당선인이 이라크전의 부시 대통령 일방주의 정책에 대해서는 비판적이지만 동아시아와 한반도 관련 입장은 2기 부시 행정부의 입장을 상당부분 계승할 것이라고 했다. 현실적으로 오바마 행정부가 새롭게 시작할 부분이 많지 않다는 것이다.

한·미동맹의 중요성에 대한 오바마 당선인의 인식은 확고한 것으로 보인다. 그는 이명박 대통령이 축하 메시지를 보내준 데 대한 답례 형식으로 전화를 했다. 이명박 대통령과의 통화에서 오바마 당선

---

189) 그럼에도 불구하고 정치권 일각에서는 양정상의 엇갈리는 이념적 성향 때문에 "혼란이 있을 수도 있다."는 시각이 있다.《중앙일보》, 2008.11.07.

인은 "한·미 관계가 이미 긴밀하지만 이를 한층 강화시켜 나가고 싶다."면서 "양국의 강화된 동맹 관계가 아시아 평화와 안정의 초석(礎石)"이라고 강조했다.

오바마 당선인은 또 "우리가 직면하고 있는 금융위기와 북한문제 등을 긴밀한 협력을 통해 해결해 나가자."고 제안했다. "한국과 한국인을 대단히 존경하고 있다."고 말한 그는 한·미 관계와 한·미동맹의 중요성을 정확하게 인식하고 있는 것으로 보여 참으로 다행스러운 일이다. 청와대 관계자는 "오바마 정부도 한반도 정책은 부시 행정부의 기조를 그대로 유지할 것으로 본다."며 "경제위기로 국제공조가 중시되는 만큼 양국관계 한 단계 업그레이드 될 수도 있을 것"이라고 말했다.[190]

한편 방한 중인 콜린 파월 전 미국무장관은 11월 7일 한국국제교류재단 초청강연에서 "때로 한·미 간에 이견이 있을 수 있지만 불변의 진리는 한국과 미국은 땔래야 땔 수 없는 사이", 즉 한·미는 불가분의 동맹관계라고 했다. 정권교체에 따라 정책에 변화가 생기는 것은 민주주의 국가에서 당연한 일이지만 굳건한 한·미동맹이 서로의 국익에 부합한다는 대전제 자체에는 변화가 있을 수 없다. 더구나 국제사회와의 협력과 공조에 기반한 다자주의 외교를 표방하는 오바마 정부에서 한·미동맹은 더욱 발전할 여지가 크다고 볼 수 있다.

앞으로 한·미관계는 단순한 군사동맹을 뛰어넘어 글로벌 이슈를 함께 협의하는 포괄적인 동맹관계로 발전시켜야 한다는 데 한·미 양국은 이견이 없는 것으로 보인다. 또 주한 미군 재배치 문제나 2012년 4월로 예정된 전시작전통제권 전환협상 등 한·디 간에 갈등이 될 만한 문제는 이미 부시 행정부 때 마무리되었다. 다만 오바마 정부가 주한미군 운용을 어떻게 할지는 변수다. 오바마 당선인은 후보시절

---

190) "한·미동맹 불변기대속 'FTA가 첫 시험대 될 것'"《중앙일보》, 2008. 11. 07.

이라크에 파견된 미군을 철수시켜 아프가니스탄에 투입하겠다고 밝힌 적이 있기 때문이다. 방위비 부담금과 기지이전 비용 등에서는 한국의 기여를 더욱 강조할 가능성을 배제할 수 없다.

### 조율해야 할 부분 많아

대북정책에 대해 한·미 간에 조율해야 하는 문제도 있다. 오바마 당선인은 한때 김정일 국방위원장과 직접 담판 가능성까지 공언했다. 오바마 캠프의 프랭크 자누지 한반도 정책 팀장은 평양•워싱턴 외교 대표부 조기설치 추진을 언급하기도 했다. 이런 오바마 행정부의 대북정책은 남북관계의 경색을 감수하더라도 북한의 근본적인 태도 변화가 이루어져야 한다고 보는 한국정부의 정책과 충돌할 수도 있다. 더구나 과거 미국의 민주당 정부가 북·미 직접 협상을 전개할 때 북한은 통미봉남(通美封南)전술을 한동안 구사한 전례가 있다. 북핵문제를 비롯한 대북문제에 있어서 한국의 역할이 축소될 위험성이 있는 것이다.

또한 전시작전 통제권 전환 협상이 마무리된 것으로 보이지만 이것이 문제로 다시 떠오를 가능성은 여전히 있다. 미국의 역대 민주당 정부는 이전 공화당 정부의 대 한반도 정책을 뒤집어 놓기 일쑤였다. 이렇게 보면 민주당인 오바마 정부도 부시 정부와 노무현 정부가 합의한 전작권 전환 및 연합사 해체 문제를 재검토할 가능성을 배제할 수 없다. 그간 국내보수 진영과 미국 조야에선 전작권 전환 합의가 무리하게 이루어졌다는 비판이 있어 왔다. 여기에다 북한이 핵무기를 포기하지 않을 경우 전작권 전환은 지연이 불가피할 전망이다.[191]

한편 이명박 대통령과 오바마 당선인은 경제노선에 차이가 있어 충돌할 가능성이 없지 않다. 큰 틀에서 보면 이 대통령은 성장에 오바

---

191) 미국이 2012년 목표로 추진 중인 평택기지 건설도 국방에 대한 부족에 따라 2015년 이후로 늦춰지고 있다. 미 국방예산은 금융위기로 더 압박받을 것으로 예상된다.

마는 분배 쪽에 무게중심을 두고 있다. 이와 함께 양국 정부는 금융 규제 완화와 통상정책 등에서 뚜렷한 노선차이를 보이고 있다. 오바마는 정부의 적극적 시장개입과 금융규제 강화 필요성을 역설해왔다. 이에 따라 오바마 정부는 연방준비제도 이사회(FRB)의 금융감독 권한 강화, 파생금융 상품에 대한 규제도입 등 금융규제 강화를 강도 높게 추진할 것으로 보인다. 이에 반해 우리 정부는 금융규제 완화를 기본 취지로 추진해 온 자본시장 통합법 등을 예정대로 시행할 방침이다.

보호 무역주의 통상정책도 갈등 사안이 될 가능성이 있다. 오바마는 선거기간 중 '자국의 이익'을 유난히 강조하는 등 보호주의 색체를 보여 왔다. 우리는 신자유주의에 바탕을 둔 자유무역을 강조하고 있다.[192] 이에 반하여 오바마 당선인은 자유무역으로 피해를 봤다고 여기는 노조와 중서부 등의 산업근로자가 강력한 지지기반이다.

앞으로 오바마 정부가 한·미자유무역협정(FTA) 재협상은 물론 비관세 장벽을 높이는 통상정책을 쓸 경우, 우리 정부와 갈등이 불가피할 것이다. FTA만 해도 오바마는 불공정한 것으로 부정적 입장을 가지고 있는데 이는 특히 보호무역주의에 입각, 자동차 분야 협상이 잘못되었다는 것이다. 이것은 우리 입장과 정면 충돌이 되는 부분이다. 오바마는 그동안 수차례 FTA는 결함 있는 협정이라고 개정을 요구해 왔다.[193] 미국의 보호무역 바람이 불면 우리의 대미수출에 '먹구름'이 일 것이고 FTA 논란이 장기화되면 한국의 좌파세력에 반미의 구실을 주고, 양국관계의 신뢰에 손상이 올 가능성도 없지 않다.[194]

최근 보호주의 성향을 보여 온 오바마 당선인 진영에서 FTA를 비

---

192) 국내총생산(GDP)에서 수출이 차지하는 비중이 70%가 넘고 경기침체 탈출을 위해 수출 증대가 절실한 우리 정부로서 자유무역주의는 결코 양보할 수 없는 문제이다.
193) 대선토론회에는 한국에서 매년 70만 대의 자동차를 미국에 수출하는데, 미국은 5,000대를 한국에 수출하는 것은 문제가 있다고 지적했다.
194) 오바마 정부 밑에서 한·미 FTA '더 어려워 질 것'이란 비관적 응답이 44.3%로 '잘 해결될 것'(29.6%)보다 높게 나타났다. 《중앙일보》, 2008.11.07.

준해야 한다는 주장이 제기되 주목을 끌고 있다. 오바마 당선인은 핵심적 정책 산실로 꼽히는 미국진보센타(CAP)는 '44대 대통령을 위한 진보청사진'이란 정책제안서에서 부시 행정부가 한국•콜롬비아 등과 체결한 FTA를 비준해야 한다고 밝혔다. 보고서는 "이들 국가가 이미 체결한 FTA에 많은 기대를 하고 있다."며 "FTA 비준을 계속 미룰 경우 아시아와 라틴아메리카에서 미국의 위상이 매우 타격을 받을 수 있다."고 지적했다. 이는 선거전에서 오바마 당선인이 보였던 한·미 FTA에 대한 부정적 인식이 집권 후에는 상당히 바뀔 수 있음을 시사한다.

이런 맥락에서 한·미관계에서 가장 중요한 것은 신뢰를 구축하는 것이다. 한·미 양국은 한반도 비핵화, 동북아의 평화와 안정•공동번영이라는 목표를 공유하고 있다. 시대적 변화에 맞춰 한·미동맹을 반테러, 환경, 인권 등 글로벌 이슈에서도 서로 협력하는 전략동맹으로 한층 높여야 한다는 인식도 공유하고 있다. 이를 실현하는 열쇠는 상호신뢰를 바탕으로 둔 철저한 한·미 공조이다. 한·미 간에 확실한 신뢰 관계만 구축된다면 대북정책에서 FTA까지 양국이 서로 조율하고 협력하지 못할 문제가 없을 것이다.


## 3) 북•미관계와 북핵 폐기카드 있나?

### 북•미관계, 유연하나 엄격한 기준

오바마 정부의 대북정책은 북한과의 대화조차 금지했던 1기 부시 행정부 비판에서 시작된다. 북한과의 직접 대화를 통해서 문제를 풀어가야 한다는 입장이다. 적과 동지를 가리지 않는 대화자세 필요성을 강조하고, 불량국가에 대해서는 '대화의지' 표명과 함께 '단호한 행동' 가능성을 시사했다.

오바마 캠프의 한반도 팀장을 맡고 있는 프랭크 자누지는 북한에 대해 '미국의 대통령이 포함된 고위급 차원의 직접외교'를 할 수 있음을 언급했다. 오바마 당선인도 선거운동 초기 "집권 1년만에 김정일 북한 국방위원장을 만나겠다."고 공언했다.[195] 이토 인해 매들린 올브라이트 국무장관의 방북에 이어 북미정상회담을 비중 있게 검토했던 클린턴 행정부 말기와 같은 양상이 벌어질 것으로 전망하기도 했다.

오바마 정부의 대북정책은 6자회담과 직접 협상을 병행하는 형태가 될 것으로 관측된다. 6자회담이란 다자협력 틀을 유지하면서도 6자회담 현안에 국한해 이루어졌던 북·미 대화의 격을 높이고 논의 범위를 넓히는 것이다. 고위급 대북특사가 임명될 것이라는 관측과 함께 힐러리 클린턴 상원위원의 이름이 거명되기도 했다. 이는 기존보다 더 높은 수준에서의 대화를 시도할 가능성과 중국의 역할을 보다 강화시킬 가능성이 있으나 이것이 현재의 구도와 얼마나 큰 차이점을 보일지는 미지수이다.

최근 북한외무성 대표단의 미국방문을 주선했던 전미외교정책 협회(NCAFP)의 조지 슈와브 회장은 앞으로 미국과 북한은 양자 협상에 더 주력할 것으로 본다고 말해 주목을 끌었다. 그는 2009년 11월 14일 미 자유아시아방송(RFA)과의 인터뷰에서 북한이 6자회담을 버리고 미국과 양자협상만을 원할 것으로 본다고 말했다. 슈와브 회장은 과거보다 북·미 양자협상에 더 초점이 맞춰질 것으로 보았다.

북·미 간의 협상 내용도 핵문제를 포함, 미사일, 인권문제와 함께 북미관계 개선, 경제 지원 등을 포괄하고 경우에 따라서는 일괄 타결 방식의 빅딜이 논의될 가능성도 있다. 또 클린턴 행정부 당시 추진하다가 중단된 경수로 문제에 대해서는 전향적으로 접근할 가능성도 있다. 그러나 북·미 간 대화가 순조롭게 풀려나가는 경우 비핵화 원칙

---

195) 그러나 오바마 당선인은 선거 말기에 접어들면서 "(김정일 위원장을) 만나기 전에 조건이 충족되어야 한다."고 강조했다.

이 양보되거나 한국을 소외시키는 일어날 가능성도 배제할 수 없다.

오바마 당선인은 북한과의 대화를 강조하지만 비핵화원칙을 양보하는 것은 아니며 한국과 협의 아래에 북한과의 대화를 진행한다는 것이다. 오바마 정부의 출범으로 북·미 간의 관계가 급속히 이루어질 것으로는 볼 수 없다. 민주당이 방법론에서 다소 유연하기는 하지만 비확산이나 북한 인권 문제에서는 공화당에 버금가거나 그 이상의 엄격한 기준을 갖고 있기 때문이다.

미국무장관 내정자 힐러리 클린턴은 민주당 경선 당시 "김정일 북한국방위원장 등 불량국가 지도자들과 조건없이 만날 용의가 있느냐"는 질문에 "그들(북한)의 정치선전에 이용될 우려가 있다."며 특사파견 등 외교적 단계부터 거치겠다고 답변했다. 그는 또 2006년 10월 북한 핵실험 직후 유엔이 결의한 대북제재에 대해 "내가 원했던 것만큼 강력하지 못했다."고 강경발언을 한 것으로 보아 대북관계는 매우 신중한 태도를 보일 것이 예상된다.[196]

문제는 북한이다. 북한이 관계정상화 같은 '당근'만 챙기고 핵문제나 인권문제에 대하여 성의를 보이지 않는다면 체면이 손상된 오바마 정부는 대북 강경책으로 돌아설 가능성이 높다. 대화에 의한 비핵화가 불가능하고 북한의 개혁과 개방의 가능성이 없다고 판단을 내릴 경우에는 클린턴 행정부때 적극 검토했던 북핵시설 정밀타격 등의 강수를 다시 고려할 수도 있을 것이다.

북미관계가 개선되면 북한이 통미봉남 전략을 쓸 것에 대해 우려하는 사람들도 있으나 지금은 과거 김영삼 정부 때와는 다르다.[197] 지금은 6자회담이라는 틀이 있고 한·미관계가 상당히 회복되었기 때

---

196) 힐러리 클린턴은 같은 질문에 "만나겠다."고 답한 오바마에 대해 "무책임하고 순진하다."고 비난했다. "힐러리 국무장관 내정자 성향은", 《중앙일보》, 2008.11.24.

197) 한·미관계가 원만치 못했던 김영삼 정부시절 핵위기 해소 과정에서 우리가 소외된 적이 있었으나 지금은 그때와는 다르다.

문이다. 따라서 미국이 거래의 대가로 북에 대규모 지원을 하게 되더라도 한국과의 협의와, 6자회담 당사국들의 동의와 참여 없이는 어려울 것이다.

### 오바마 북핵 폐기카드 있나?

오바마 당선인은 대선 후보로서 "미·북 고위급 직접대화를 통해 북핵문제를 해결해야 한다."는 생각을 여러 차례 밝혔다. 또 그는 북핵 해결을 위한 6자회담 역할을 중시하고 양자대화도 강화한다고 했다. 그러나 이러한 방안이 결코 새로운 것은 아니다. 부시 행정부 역시 2006년부터 방향을 전환해 북한과의 직접 접촉을 통해 핵 검증 등 현안의 해결을 시도해 오고 있다. 오바마 정부가 북·미 직접 대화를 추진한다고 해서 북핵문제가 당장 해결되는 것도 아니고 한국의 입지가 위태로워지는 것은 더욱 아니다.

오바마 당선인은 2008년 7월 "임기 첫해에 김정일과도 직접 만날 용의가 있다."고 했다. 그러나 북핵 해결을 확실히 장담할 수 없는 상황에서 미국 대통령이 직접 나서는 것은 그만큼 위험부담이 클 수 있다. 이 발언에 대한 비난이 일자 그는 "미·북 직접 대화의 필요성"을 강조하면서도 북·미정상회담에 대해서는 더 이상 언급하지 않았다. 오히려 그는 그 후 TV토론에서 "북한이 합의를 이행하지 않으면 즉각 응분의 대가를 치를 것이고 한반도 비핵화를 지켜 내기 위해 단호해야 할 뿐만 아니라 양보해서도 안 된다."고 강조했다.

오바마 당선인 측 일각에서는 북핵 검증 절차의 완료에 앞서 '미·북간 이익대표부'를 먼저 설치하는 방안을 거론한 것으로 보도되고 있다. 그것은 미국정부가 북한에 줄 최종단계선물로 구상했던 북·미관계 정상화 카드 중 일부를 먼저 쓸 수도 있다는 언질이다. 북한이 대표부 상호 설치 카드에 북핵 해결을 구체적으로 보장할 수만 있다면 반대할 이유가 없다. 장기적으로 북한 개방을 촉진시킬 수 있기

때문이다.[198]

오바마 캠프 측은 북한과의 대화를 강조하지만 비핵화원칙을 양보하는 것은 아니라고 강조하고 있다. 오바마 당선인은 북핵문제에 대해서 부시 행정부의 CVID원칙[199]과 유사하게 "북한이 신고하지 않은 시설에 대해서도 접근, 완전하고 검증 가능한 제거(Complete Verifiable Elimination)를 해야 한다."는 원칙도 만들었다. 실제로 그는 2009년 11월 중순 완전하고 검증 가능한 북핵폐기를 위해 실질적인 인센티브와 압력을 바탕으로 '강경하고 직접적인(tough and direct) 외교'를 펼치겠다고 선언했다.

북한은 2009년 11월 12일 오후 발표된 외무성 담화를 통해 미국을 비롯한 6자회담 관련국들의 시료채취 요구를 주권침해 행위로 규정했다. 15일 북한은 "시료채취(Sampling)는 핵시설 불능화(비핵화 2단계)가 아닌 핵 포기(핵폐기, 비핵화 3단계) 단계에서 다 논의할 수 있다."고 북한 핵 검증의 최대 관건인 '시료채취'에 대한 북한의 견해를 재확인했다.[200]《조선신보》는 "불능화 단계는 핵 포기 과정의 도입부에 불과하며 핵무기 문제 논의를 북한이 기존의 핵 계획을 포기한 다음의 의제"라고 주장했다. 이는 앞으로 북핵 6자 수석대표 회동에서 채택될 검증의정서에 시료채취 문제는 포함될 수 없음을 밝힌 것이다.

핵 검증에 있어서 '시료채취'는 '과거사'를 낱낱이 밝혀내는 필수불가결한 수단이다. 핵물질의 시료를 채취해 반감기를 분석하면 나무의 나이테로 나이를 파악할 수 있듯 북한의 플루토늄 생산량을 정확히 확인할 수 있다. 만약 북한이 핵무기 원료인 플루토늄 추출량을 허위신고했다면 시료채취를 통해 밝혀낼 수 있다는 것이다.

---

198) 오바마 당선인이 임기 중인 2012년까지 강성대국을 건설하겠다는 목표를 갖고 있는 북한도 큰 틀의 대미 협상을 반대하지 않을 것이다.
199) '완전하고 검증가능하고 불가역적인 핵폐기'(Complete Verifiable Irreversible Dismantlement)를 의미한다.
200) 박의춘 북한외상은 2009년 10월 중순 러시아를 방문했을 때 이미 시료채취에 부정적 입장을 표시했다.《조선신보》, 2008.11.15.

오바마 당선인은 핵비확산(NPT)을 강화하고, 구칙위반을 강력 제재 한다는 대선 공약을 내세웠다. 그가 핵비확산을 강화하는 나머지 북한이 포기할 가능성이 없다고 판단되는 핵 폐기 문제를 소홀히 다룰 가능성은 없는지 하는 우려를 떨칠 수 없다. 북한의 핵보유가 한국과 일본에게는 엄청난 위협이 될 수 있지만 미국에게는 현실적으로 큰 위협이 되지 않을 수 있다. 따라서 오바마 행정부가 북한과의 직접 대화에서 핵비확산을 보장받는 대가로 북한의 현재 핵보유를 인정하는 이른 바 '실용주의' 입장을 취할 가능성을 전혀 배제할 수 없다는 것이다.

미국의 대표적 현실주의자인 조지 슈와브 전미외교정책협회[201] 회장은 2007년 3월 31일 미 언론과의 인터뷰에서 "몇 개의 핵무기를 가진 북한을 지금 받아들이는 것이 앞으로 2~3년 동안 회담을 질질 끌면서 북한이 4~5개의 핵무기를 더 만들도록 하는 것보다 바람직하다."면서 미국이 현존하는 김정일 정권의 핵을 용인할 수도 있다는 식의 주장을 한 바 있다.

그는 또 "미국은 결국 몇 개의 핵을 보유한 북한과 더 이상 핵무기를 만들지 않는다는 조건에서 '관계정상화'를 준비해야 할 것이다. 빨리 북한과 협상을 마무리 짓는 것이 미국에 이익"이라고 언급했다. 한편, 북한 전문가들은 북미양자회담의 이면에는 김정일 정권이 그동안 줄기차게 주장해 온 주한·미군 철수 논리가 깔려 있음에 주의를 환기시키고 있다. 실제로 한성렬 북한 군축평화연구소 소장은 2008년 초 영국 채텀하우스 연설에서 "한반도 비핵화는 오직 '미군철수'등을 통한 미국의 적대적 조처 중지와 북미의 핵폐기를 위한 동시적 조처 이행을 통해서만 가능하다."고 주장했다.[202]

---

201) 전미외교정책 협회는 지난 1974년 설립된 미국의 유태계 현실주의(D.J 햇볕정책 지지) 세력주도로 만들어진 민간단체로 2003년부터 모두 6차례 미국과 북한 간의 접촉을 주선해 왔다.
202) "북·미 양자협상, 주한·미군 철수의 전조?"《미래한국》, 2008.11.22.

## 4) 남북관계 전망과 우리의 대응

### 남북관계 경색 언제 풀릴까

북한은 2009년 11월 24일 개성공단 사업의 중단이라는 극단적인 조치만 빼놓고 통지문을 통해 나머지 남북교류 협력을 모두 차단하겠다고 초강수를 두었다. 북한이 보낸 통지문의 내용은 다음과 같다. 첫째, 개성공단 관리직원 50% 축소, 둘째, 현재 88개 개성공단 입주기업 인력축소, 셋째, 남측 민간단체와 기업인의 전반적인 육로통행차단, 넷째, 개성관광 중단, 다섯째, 남북경제협력협의사무소 폐쇄, 여섯째, 경의선 운행중단 등이다.

북한이 내놓은 대남강경 조치를 '1차적'이라고 공헌함에 따라 다음에 내놓을 2차, 3차적 대남 압박카드가 주목된다. 북한이 이런 강수를 두는 것은 그들 나름대로 몇가지 판단과 계산이 깔려 있는 것으로 보인다. 무엇보다도 미국에서 북·미 직접 대화를 추구하는 오바마 정권이 들어서 남한을 따돌리면 '통미봉남' 정책을 쓸 수 있다. 둘째, 미국발 금융위기에 봉착한 남한 정부를 압박하면 남북관계를 주도할 수 있고 남한사회 일부가 북한의 위협에 굴복, 남남갈등을 유발시킬 수 있다. 셋째, 극심한 경제난 속에서 개방으로 인한 부작용을 차단하고 미국을 대치한 한국을 주적으로 내세워 체제붕괴를 막으려는 내부적인 고육지책이다.

북한을 초강수로 이끌게 된 직접적인 동기는 한국이 민간단체의 대북전단 살포 문제를 해결하지 않고 있고, 2009년 4월 21일 한국이 공동의장국으로 참여한 대북유엔인권결의안이 채택이 된 것이다. [203] 이에 북한은 공식적인 대남 기구인 조평통 담화를 통해 남한과의 협상중단을 선언했다.

---

203) 북한의 인권 개선을 촉구하는 대북인권 결의안이 유엔총회 산하 제3위원회에서 찬성 95, 반대 24, 기권 62표로 가결되었다. 한국은 북한 핵실험 직후인 2005년 표결에서는 찬성표를 던졌고 2007년 표결에는 기권했다.

이명박 대통령이 최근 미국방문 때 "자유 민주주의 체제하에서 통일하는 것이 최후 목표"라고 한 발언을 문제 삼아 "이명박 패당과는 북한관계와 통일문제를 논할 추호의 여지도 없다."고 단언했다. 사실 이 대통령의 언급은 "대한민국은 통일을 지향하며, 자유민주적 기본 질서에 입각한 평화적 통일정책을 수립하고 이를 추진한다."는 헌법에 입각한 것으로 새로운 것이 아니다.

그러나 북한은 이를 '흡수통일론'과 연결지으면서 '북침 전쟁'을 선포한 것이나 마찬가지라는 식으로 공세를 펼쳤다. 특히 북한이 조평통을 통해 이런 언급을 한 것은 심상치 않다는 것이 전문가들의 지적이다.[204] 조평통이 "이미 선포한 대로 단호하게 대처해 나갈 것"이라고 밝힌 것도 눈여겨 보아야 할 대목이다.

이에 앞서 북한은 11월 12일 김영철 장성급회담 북측단장 명의의 전통문에서 "12월 1일부터 군사분계선 통과 엄격한 조치"를 밝히며 "북한관계가 전면 차단이라는 중대기로에 놓여 있다는 것을 잊지 말아야 한다."고 경고한 바 있다. 또 북한 적십자회 대변인은 같은 날 판문점 남북직통전화 단절을 밝히면서 "북한관계의 운명은 남조선 보수당국의 태도 여하에 달려 있다."고 말했다.

이에 따라 북한은 공언한 대로 2,3차 단계적 조치로 대남 압박의 수위를 높일 것이라는 전망이다. 앞으로 남북관계는 상당기간 경색될 것이 확실시된다. 설사 한국이 어떤 양보를 한다 해도 근본적으로 풀릴 가능성은 거의 없다. 또 북한이 개성공단에 대해 수개월에 걸쳐 단계적인 압박을 가하는 것은 북한도 그만큼 대남강경 조치에 따른 부담이 있음을 의미한다. 오바마 정부가 대북온건정책을 버리고 강경으로 돌아서는 때, 북한은 또다시 한국에 손을 벌릴 상황이 올지도 모른다. 따라서 한국은 북한을 쓸데없이 자극하지는 않되, 기존 대북원

---

204) 그동안 이명박 대통령이나 현정부의 대북정책을 비난할 때 《노동신문》 논평의 글' (4월 1일, 10월 16일)등 언 론매체를 활용해 왔다. 그러나 이번엔 공식 대남기구인 조평통을 동원했다.

칙을 견지하는 당당한 자세가 필요할 것이다.

### 그래도 퍼주라고?

최근 한반도 주변정세는 북한이 미국과는 통하면서 대남관계는 봉쇄하는 이른바 '통미봉남'전술대로 돌아가는 것 같이 보인다. 북한이 핵을 포기하는 것만 확실하고 북한이 오바마와 김정일 회담 등을 통해 국제사회와 대화의 물길을 튼다면 우리가 두려워하거나 가로막을 이유가 없다. 북한이 '통미봉남'을 자신들의 외교적 승리인 것처럼 선전하고, 남한 내 친북세력들이 북한의 이런 선전공세에 동조를 한다 해도 우리가 조급해할 필요는 없다.

우리의 목표는 남과 북이 핵무기가 없는 한반도에서 평화적으로 함께 살 수 있는 여건을 만드는 것이다. 이런 목표를 달성하기 위해서는 우선 북한과 대화에 나설 미국과의 공조(共助)를 한차원 높게 발전시켜야 한다. 북미관계가 남북관계의 진전을 크게 앞서지도, 많이 뒤처지지 않도록 한·미 간에 상시(常時)조율 체제를 갖춰야 한다. 한·미관계가 원만히 회복된 이명박 행정부에서 이런 관계는 가능할 것이다.

이 같은 맥락에서 워싱턴 G20 금융정상회의에 참석한 이명박 대통령은 11월 14일 오바마 당선인 외교참모들과 만난 자리에서 "한·미 양국이 같은 목소리를 내면서 긴밀한 공조 아래 북한을 효과적으로 설득해 나가는 것이 중요하다."고 역설했다.[205] 이에 대해 미국측도 "북핵문제 해결을 위한 한·미간 긴밀한 공조가 필요하다"고 공감을 표시했다. 특히 브루킹스 영국 소인사들은 "북한의 비핵화에 대한 미국의 의지는 확고하며, 따라서 북한이 오바마 정부에 과도한 기대를 가져서는 안 된다."고 강조했다.

이에 한국정부는 선제적 대응에서 해법을 찾아야 할 것이다. 미국

---

205) 이 자리에는 오바마 당선인의 외교참모격인 매들린 올브라이트 전 국무장관, 짐리치 전 하원 아시아 태평양 소위원회 위원장 등이 참석했다.

의 새 정부가 대북정책의 밑그림을 내놓을 때까지는 적어도 5~6개월이 걸리므로 이 기간에 미국 측과의 긴밀한 협의를 통해 처음부터 밑그림을 함께 그려야 한다. 결국 북한이 핵과 미사일을 포기하면 북미관계를 정상화하겠다는 남북기본합의서(1992), 북•디제네바기본합의(1994), 그리고 페리프로세스(1999년)의 원칙을 살려나가는 것이다. 한·미 양국은 이러한 원칙들을 재확인하고 그 기초 위에서 구체적인 대북정책을 조율해야 할 것이다.

우리가 미국정부에 내세울 대북원칙은 무엇보다도 한국을 배제한 대북 직접협상은 극력 피해야 한다는 것이다.[206] 앞으로 한·미 간의 북핵 해결을 위한 공조는 더욱 강화되어야 한다. 둘째, 2기 부시정부가 주장을 보류했던 CVID 원칙은 반드시 지켜져야 한다. 셋째, 오바마 정부는 대북 인권문제에 대해 보다 적극적인 자서를 보여야 할 것이다.

### 잘못된 남북관계 정리할 기회

자유선진당 이회창 총재는 11월 25일 "그동안의 불건전한 남북관계를 정리하고 새로운 관계를 형성하는 좋은 기회"라고 밝혔다. 그는 이날 "이명박 정부가 북한의 위협에 굴복하는 태도를 보인다면 지난 10년처럼 북한에 끌려 다니는 불건전한 관계로 되돌아갈 것"이라며 이같이 말했다.

그는 "경색 국면에 의연하게 대처하면서 북이 내놓을 수 있는 카드, 예컨대 개성공단사업 중단이라든가 기타 카드를 다 놓게 해 그런 행위가 북에 도움이 안 된다는 것을 깨닫게 해야 한다."면서 "이렇게 바닥까지 가야 새로운 관계 형성이 가능하다."고 주장했다.[207] 이 총재의 이런 진단과 해법에 귀를 기울일 수 있어야 한다.

---

206) 클린턴 정부 때는 한국을 배제한 채 대북직접협상을 추구한 바 있다.
207) 이회창 "불건전한 남북관계 정리할 기회" 《동아일보》, 2008.11.26.

사실상 남북관계가 지금처럼 왜곡된 것은 햇볕정책이란 미명 아래 최소한의 원칙도 없이 포용정책을 무리하게 밀어붙여 길을 잘못 들였기 때문이다. 줄 것 다 주면서도 눈치나 보고, 핵무장을 해도 항의 한 번 제대로 못 해 보지 않았는가. 따라서 차제에 털 것은 털어 버리고 새롭게 시작할 필요가 있다.

한 청와대 관계자가 "지금 상태에서는 남북이 돌파구를 마련하기 쉽지 않아 보이는 만큼 남북 간 진전된 대화가 가능할 때까지 차분하게 대응한다는 방침이다."고 말한 것은 같은 맥락에서 풀이될 수 있다. 실제로 이 대통령은 11월 12일 언론사 논설실장과의 오찬간담회에서 "기다리는 것도 때로는 전략"이라고 말했다.

이명박 정부는 대화를 통해 사태가 악화되지 않도록 막아야 겠지만 그렇다고 북한의 압력에 굴복해서도 안 된다. 북한은 남한에서 10년 만에 보수정권이 들어서자 남북관계를 얼어붙게 할 '전략적 필요'가 있어 개성공단을 위협하는 것이지 한국의 대북정책이나 대북전단(삐라)발송 등이 위기를 불러왔다고 볼 수는 없다.[208]

북한의 전략의도를 잘 알면서도 말려든다면 앞으로 남북관계는 비관적일 수밖에 없다. 개성공단의 가동이 중단되는 최악의 상황까지 염두에 두면서 미·일·중·러 등 6자회담 당사국들에 우리의 입장과 의지를 분명히 해야 한다. 북한이 요구하는 10·4 선언의 무조건 이행을 위해 퍼부어야 할 비용보다 개성공단을 포기하는 쪽이 오히려 부담이 적을 수도 있다. 개성공단이 중단되면 가장 큰 피해자는 역시 북한이다. 국제사회의 신뢰도가 떨어지는 것은 말할 것도 없고, 공단을 통해 벌어들이던 수입도 그리고 3만 5,000명 북한 근로자도 일자리를 잃게 될 것이다.

---

208) "많은 기업 개성공단 끌어들여 남한 위협때 전략적 활용지시" 북한대남전략을 총괄하는 통일전선부 간부 출신인 장철현 국가안보전략연구소 선임연구원은 이같이 말했다.《동아일보》, 2008.11.28.

## ◆ 우리의 기도

"보라 내가 새 일을 행하리니 이제 나타낼 것이라. 너희가 그것을 알지 못하겠느냐 반드시 내가 광야에 길을 사막에 강을 내리니 장차 들짐승 곧 승냥이와 타조도 나를 존경할 것은 내가 광야에 물을, 사막에 강들을 내어 내 백성, 내가 택한 자에게 마시게 할 것임이라 이 백성은 내가 나를 위하여 지었나니 나를 찬송하기 하려 함이니라." (사 43:19-20)라고 말씀하신 하나님께 한반도와 주변 상황을 아뢰며 기도드립니다.

첫째, 새 일을 행하시는 주님, 미국은 오바마 새 정부가 출범을 앞두고 있습니다. 오바마를 하나님께서 택하시어 미국 대통령의 자리에 올리신 줄 믿습니다. 하나님께서 뜻하신 바대로 오바마 대통령이 하나님의 음성에 귀 기울이며 늘 깨어 하나님의 말씀대로 일하는 일꾼 삼아 주시고, 오바마를 통해 "이 백성은 내가 나를 위하여 지었나니 나를 찬송하게 하려 함이니라." 하신 말씀대로 온 백성이 하나님을 찬송하게 하시옵소서.

둘째, 주님, 북한이 핵 포기 의사를 밝히지 않고 주변 국가들로부터 경제 지원 받기에 온갖 힘을 다하고 있습니다. 또한 오바마 행정부와 협상을 통해 핵보유국으로 인정받기를 기대할 것으로 보이는데, 북한이 핵보유를 무기 삼아 주변 국가들을 위협하는 어리석은 일을 중단시켜 주시옵소서. 인간의 짧은 계략으로 세상을 어지럽지 않게 하시고 북한이 진심으로 만물의 주관자이시고 공급자이신 하나님을 받아들여 그의 자녀들이 되게 하시옵소서.

셋째, 오바마 정부가 출범하면서 시급히 해결해야 할 대내적인 경제위기와, 이란·아프간 등의 문제 때문에, 북핵문제가 우선순위에서 뒤로 미뤄지지 않게 하시고, 북한 땅을 향한 하나님의 다급한 심정을 오바마 행정부가 깨달아 알게 하여 주시옵소서. 북한이 핵 검증문제를 빨리 마무리 짓고, 핵 폐기 단계로 들어설 수 있도록 하시고 주님을 알기도 전에 생명을 잃는 안타까운 북한 영혼들에게 복음이 전파되고 회복되게 하시옵소서.

넷째, 북한이 미국과는 접근하면서, 한국을 따돌리는 '통미봉남' 정책이 무모한 짓임을 깨닫게 하시고, 돈독한 한·미관계를 이루는 것이 이러한 북한의 계략을 파하는 것임을 한국 국민들이 속히 깨닫게 하여 주시옵소서.

다섯째, 북한은 금강산 여성 관광객 살해 후 금강산에 이어 개성관광도 중단시키고 개성공단철수, 철도폐쇄 등 최강수를 두고 있습니다. 우리 정부는 이러한 위기에 의연하게 대처하면서 지난 10년간 잘못된 남북관계를 바로 잡는 기회를 갖게 하여 주시옵소서. 어떤 일이 있어도 북한의 위협에 굴복하는 모습을 보이지 않게 하여 주시옵기 원합니다. 예수님의 이름으로 기도합니다 아멘.

# 2. 미국의 제재와 북한 여 기자 카드

## 1) 대북 국제제재 본격화

### 핵 실험과 1874호 유엔 안보리 제재

북한은 2009년 5월 25일 국제사회의 만류에도 불구하고 2차 핵실험을 감행했다.[209] 이는 북한이 핵실험과 미사일 발사(4월 5일)를 통해 핵무기를 실은 미사일로 한국 등 주변 국가를 공격할 수 있는 능력을 갖추고 있음을 국제사회에 과시한 것이다. 북한의 핵실험은 대내용 성격이 있으나 미국으로부터 '핵보유국' 지위를 인정받아 '핵개발 단계'를 다루는 기존 6자회담 틀을 대미 핵군축 협상 틀로 대체함으로써 더 많은 경제외교적 이득을 얻어내려는 전략 목표도 있는 것으로 분석된다.

그러나 북한의 핵실험은 북한 의도와는 달리 주변국들과의 관계를 악화시키고 국제제재를 자초하는 불행한 결과를 가져왔다. 북한의 핵

---

[209] 북한은 5월 25일 9시 54분 함북 길주군 풍계리 인근에서 2차 핵실험을 감행한데 이어 동남쪽으로 30km떨어진 화대군 무수단리에서 낮 12시 8분경에 세 발의 지대공, 지대함, 지대지 등 단거리 미사일을 시험 발사했다.

실험 다음날 유엔 안보리는 전체회의를 열고 북한의 2차 핵실험 제재 문제를 논의했다. 미국 오바마 대통령은 핵실험 당일 긴급명령을 발표, "북한은 유엔 안보리에 노골적으로 반항하는 행동을 함으로써 직접적이고도 무모하게 국제사회에 도전하고 있다."고 말해 유엔 차원의 제재를 분명히 했다.

유엔 안보리는 6월 12일 북한과의 모든 무기 및 관련 물품의 거래를 중단시키는 결의 1974호를 채택했다. 이 결의안은 2006년 1차 핵실험 직후 채택된 결의안 1718호를 기본골격으로 보다 강력한 제재조치가 추가됐다. 새 결의안은 전문+34개 조항으로 크게 늘었고 북한의 핵실험을 비난하면서 '가장 강력하게 규탄한다'(Condemn in the strongest terms)고 했다.[210)]

구체적으로 비군사적 제재만 할 수 있도록 한 유엔 헌장 7장 41조를 원용한 것은 두 결의안이 동일하지만 제재 수위에는 큰 차이가 있다는 것을 의미한다. 화물 검색과 관련, 1874호는 북한을 오가는 선박이 금수대상 무기를 싣고 있다고 의심되면 공해상에서 검색할 수 있도록 권고해고, 선박이 반발할 경우 인근 항구로 유도해 검색을 할 수 있는 권한을 부여했다.

1718호는 무기금수 부분에서 핵과 미사일, 탱크 등 대형무기에 대해서만 거래를 금지했지만, 1874호는 북한의 주 외화수입원인 무기수출을 차단하기 위해 소형무기 한 개라도 북한 땅에서 나오지 못하도록 했다. 단, 북한의 무기수입은 소형무기에 한해서는 예외를 인정했으나, 이 역시 모든 거래를 안보리에 사전 신고하도록 했다.

금융제재와 관련, 1718호는 제재위원회가 지정한 단체, 개인의 자산만을 동결하도록 했으나, 1874호는 북한의 대량살상무기, 미사일 프로그램에 기여할 수 있는 모든 금융거래를 금지시켰다. 새 결의안

---

210) 1718호는 전문과 17개 조항으로 구성되어 있고 단순히 '규탄한다'고만 했었다.

에는 1718호에는 없는 제재의 사후 이행을 감시하기 위한 '전문가 그룹'(panel of experts)을 두기로 했다. 최대 7명으로 구성되는 이 기구는 특히 제재 불이행에 대해 집중적으로 자료를 수집하고 분석하는 역할을 담당하도록 했다.

### 안보리 결의안 후속 제재조치

미국이 유엔 안보리 제재결의 1874호의 이행을 위해 북한선박의 추적과 북한관련 현금거래 감시에 본격 착수했다.[211] 이에 따라 미군 당국은 대량살상무기(WMD) 관련 물자를 수송 중인 것으로 의심되는 북한 선박 '강남호'를 끈질기게 추적했다. 미국의 북한 선박에 대한 추적이 이루어진 것은 처음 있는 일이었다.[212] 미국은 6월 17일 강남호(2080t급)가 남포항을 출발했을 때부터 KH-12 정찰위성과 P-3C 해상 초계기 등을 총동원해 감시에 나섰다.

미국은 유엔 결의 1874호 위반 혐의를 잡고 추적 중인 북한 선박 강남호 외에도 다수의 북한선박 동향을 감시했다. 미 고위 외교소식통은 "미 해군에 북한을 떠나 외국으로 향하는 모든 선박을 감시하라는 지시를 내렸다."라고 말했다. 이와 함께 미국의 자유아시아방송(RFA)에 따르면 미얀마 정부는 강남호가 미얀마에 도착하면 필요한 경우 직접 검색할 것이며, 강남호에 무기류 등 유엔이 금지한 물자가 실려 있다면 입항을 허가하지 않겠다는 입장을 밝혔다는 것이다.[213]

한편 미국은 6월 30일 WMD와 관련이 있는 북한의 기업과 이란 소재기업에 대한 제재조치를 취했다. 미 국무부는 이날 시리아에 핵

---

211) 2006년의 유엔 안보리 결의 1718호는 회원국들의 협력부족으로 사실상 실패했다.
212) 미 행정부 관련자는 "미 해군이 24시간 내내 강남호의 동태를 밀착 감시하고 있다."고 했다.
213) 이는 유엔 안보리 대북결의 1874호의 검색 조항(11항)을 따르는 것이다. 검색 조항은 '촉구'로 되어 있지만 압류, 처분 조항(14항)은 구속력 있는 '의무' 조항이다.

시설 관련 물자를 수출하고 우라늄 농축 장비 구입에 관여해 온 북한 무역회사 '남천강'에 대해 행정명령 1338호에 근거, 미국 내 기업, 개인과의 거래를 불허하고 이와 관련된 자산이 미국에서 발견되면 모두 동결하도록 했다.

미 재무부는 같은 날 북한 미사일 프로그램을 지원한 혐의로 이란 소재 홍콩 일렉트로닉스도 제재를 가한다고 발표했다. 이는 2009년 4월 유엔의 제재 대상이 된 북한의 단천상업은행과 조선광업개발 무역회사를 대표해서 미사일 개발 등과 연계된 수백만 달러를 이란에서 북한으로 송금했기 때문이다. 북한과 관련된 외국기업이 제재대상이 된 것은 처음 있는 일이다.

AP통신은 6월 30일 "강남 1호가 홍콩 남쪽 400km 지점을 항해하다 6월 29일 갑자기 뱃머리를 돌려 북쪽으로 향하고 있다."고 보도했다. 정부소식통에 따르면 강남1호는 7월 5일 오전 전남 영광 앞바다의 안마군도에서 서쪽으로 200여km 떨어진 서해 공해상에서 북상, 북한 영해로 들어왔다는 것이다.[214]이는 북한이 유엔 안보리 제재에 꼬리를 내린 첫 번째 케이스가 되었다.

유엔 안보리는 7월 16일 북한의 2차 핵실험 및 미사일 발사와 관련해 북한 핵심인물 5명을 제재대상에 포함시켰다.[215] 제재대상 북한 인사는 이제선 원자력 총국장, 황석하 원자력 총국장, 이홍섭 영변원자력 연구소 책임자, 윤호진 남천강 무역회사 책임자, 한유로 연각산 수출조합(조선연봉총회사) 책임자 등 5명이다. 안보리는 이들에 대해 해외자산 동결과 외국입국금지 조치를 내렸다.

또 원자력 총국 산하 핵 프로그램에 담당 기업인 남천강 무역회사, 원자력총국 등 5개 기업과 기관, 미사일 제조 등에 사용되는 첨단 소재 등 2개 물자에 대해서도 제재를 확정했다. 앞서 제재위는 4월 북한

---

214) 미국은 강남 1호가 WMD나 재래식 무기 관련 물자를 실은 것으로 보고 출항 직후부터 구축함을 동원해 추적 감시해 왔다.
215) 대북제재 대상에 개인이 지정된 것은 이번이 처음이다.

의 로켓발사 이후 조선 관업 무역회사, 단천상업은행, 조선용봉 총회사 등 3곳의 북한 기업과 은행에 대한 해외자산 동결 조치를 취했다. 미국 대표단은 최근 중국·홍콩·말레이시아를 돌며 북한과의 불법 금융거래 중간에 협력해 달라고 촉구했다. 그야말로 전방위 압박이다.

2009년 7월 16일 이집트에서 개회됐던 비동맹운동(NAM) 정상회의에 북한의 명목상 국가원수인 김영남 최고인민회의 상임위원장이 참석했으나 비회원국인 미국과 한국의 막후 공세어 밀려 북한에 우호적인 분위기를 만드는 데 실패했다. 역시 유엔 안코리의 대북제재 결의 1874호는 영향력이 있다.

이탈리아 리베로 뉴스 인터넷 판은 7월 17일 김정일 위원장이 이탈리아의 한 조선소에 주문한 것으로 알려진 호화요트 두 척을 현지 경찰이 압수했다고 보도했다. 리베로 뉴스에 따르면 현지 세무 및 경찰당국은 이탈리아와 다른 유럽 지역에서 북한에 호화물품을 공급하는 다른 채널을 규명하는 데 조사의 초점을 맞추고 있다. 따라서 이탈리아뿐 아니라 유럽의 다른 유엔 회원국에서도 사치품의 북한 수출을 다양한 방식으로 규제한다는 것이다.[216]

압수된 두 척의 요트는 세계적인 호화요트 제작사인 이탈리아 '아치무트'사의 95형과 105형 모델로, 요트 2척의 구입 대금을 1,300만 유로(약 231억 원)에 달한다.


## 2) 미국의 본격적인 북한 숨통조이기

### 대북강경 기조유지

오바마 정부의 한반도 관련 4대 기조로 첫째, 한반도의 완전하고

---

216) 이는 2006년 유엔 안보리 결의 1718호의 '북한사치품 수출 금지' 규정에 따른 것이다.

검증 가능한 비핵화라는 미국의 목표는 변하지 않는다. 둘째, 북한을 절대 핵무기(보유) 국가로 인정하지 않는다. 셋째, 핵무기나 핵물질이 국가나 비 국가 단체에 넘겨질 때는 미국과 동맹국에 심대한 위협이 될 것이므로 이런 행동에 대해 상응하는 결과가 뒤따르게 될 것이다. 넷째, 미국은 동맹국을 방어하기 위해 헌신하겠다는 것이다.[217]

북한은 6월 8일 억류된 미국인 여 기자 2명에게 노동교화형 12년이라는 중형을 선고했다. 이번 재판은 단심으로 확정했다. 다음날 9일 스티븐 보즈워스 미국 대북정책 특별대표는 코리아 소사이어티 연례만찬 기조연설에서 "미국은 북한과 의미 있는 대화와 심각한 협상을 하는 데 열려 있고 다자가 노력의 일환으로 양자대화 및 협상에도 나설 용의가 있다."고 말했다.

로버트 게이츠(Gates) 미 국방장관은 6월 8일 북한이 미사일을 태평양을 향해 발사할 경우에 대비해 미국 영토를 지키기 위한 요격 미사일과 레이더망을 하와이로 이동해 둔 상태라고 밝혔다. 게이츠 장관은 이날 기자회견에서 "고(高)고도방위 시스템(THAAD) 미사일을 하와이로 다시 배치하라고 지시했다."며 "해상배치 X밴드 레이더(SBX)도 하와이로 다시 배치됐다."고 말했다. 이는 곧 있을지 모르는 북한의 대륙간 탄도미사일(ICBM) 시험 발사에 대비한 것이다.[218]

오바마 대통령은 22일 CBS방송과의 인터뷰에서 "하와이를 향한 북한의 장거리 미사일 발사 위협 등을 포함해 북한이 취할 수 있는 어떠한 종류의 위협이나 긴급사태에도 철저히 준비가 돼 있다."고 강조했다. 이에 그는 "미국은 (북한의)호전성과 도발에 대해 보상을 해주진 않을 것"이라고 다짐한 뒤 "국제사회 역시 이전에는 볼 수 없었던

---

217) 이는 2009년 6월 2일 한ㆍ미 공동세미나에서 도발을 멈추지 않고 있는 북한에 대해 정책원칙을 발표한 것이다.《조선일보》, 2009.06.04.
218) 제임스 카트라이트(Cartwright) 미국 합동참모본부 부의장은 6월 16일 " 앞으로 5년간 미국을 향해 발사되는 북한 등 불량국가의 미사일을 90% 이상 요격 가능하다."고 밝혔다.

단호한 태도와 단합된 모습으로 북한에 도발행위 중단을 요구하고 있다."고 말했다. 존 매케인 상원위원도 "북한선박이 미사일이나 유엔 결의를 위반하는 여타 화물을 실었다는 증거가 있다며 해당 선박에 올라타 검색해야 한다."고 주장했다.[219]

G8(주요 8개국) 외무장관들은 6월 25일 공동성명을 발표하고 북한의 핵과 미사일 실험을 강력히 규탄하고 북한에 대해 모든 핵 및 미사일 프로그램을 포기하라고 촉구했다.

오바마 행정부는 유엔 안보리 대북결의 1874호의 이행을 위한 태스크포스(TF)를 만들어 북한 압박을 강화하고 있다. 6월 26일 발족한 미국의 '북한제재 TF'는 해외로 향하는 북한 선박과 항공기에 대한 검색과 국제적 금융 제재 등 유엔 안보리 1874호 결의의 종합적인 이행방안을 전담한다. 국무・국방・국토・안보・재무부 등에 걸친 대북제재를 조정하고 다른 나라와의 제재 협의를 담당한다.

### 생명선 끊는 다양한 제재

미국은 북한의 잇따른 도발에 상응하는 조치로서 북한 선박 추적, 북한 기업 제재, 북한과 거래하는 외국 기업을 제재하는 동시에, 북한 인권 특사를 통해 탈북자 및 인권문제도 국제사회에서 제기한다는 방침이다. 《월스트리트 저널》은 7월 1일 미국이 국제금융 채널을 통해 북한의 핵과 무기 수출을 지원한 혐의를 받는 17개 북한 은행과 기업들에 제재를 가하기로 했다고 보도했다. 이들 은행과 기업을 집중적으로 감시해 김정일 위원장이 재정적 '생명선'을 끊어 버리겠다는 것이다.

미국 국무부는 7월 1일 "현재로서는 북한에 추가로 식량을 지원할 계획이 없다."고 선언했다. 이는 여러모로 의미심장한 결정이다. 전문

---

219) 매케인 상원위원은 "가장 중요한 것은 중국이 개입해 북한에 영향력을 행사하도록 하는 것"이라고 주장했다.

가들은 북한 2차 핵실험 이후 유엔 안보리 대북제재결의 통과 결의안에 따른 강남호 해상추적과 남촌강 무역회사에 대한 독자적 금융제재 조치 등으로 수위를 높여온 대북압박의 강도를 한차원 상승시킨 것으로 평가하고 있다.[220]

미 국무부의 이날 발언은 북한 내 식량분배에 대한 투명성이 갖춰지지 않을 경우 인도적 지원을 사실상 무기한 중단하겠다는 강력한 의지를 밝힌 것이다. 북한 전문가인 영국 크랜필드대 헤이럴 스미스 교수는 "미국을 위시한 국제사회의 식량지원 거부 움직임은 북한의 체제 안정성에 치명타를 날릴 가능성이 있다."고 지적했다.

오마마 행정부의 대북압박이 부시 전 행정부보다 더욱 강경하고 집요하게 지속되고 있다. 오바마 대통령은 7월 2일 북한이 계속해서 핵폐기를 거부할 경우, 더욱 강력한 행동을 취할 수 있는 국제적 합의를 얻을 수 있을 것이라는 낙관론을 깼다. 오바마 대통령은 한·미 정상회담에서 "북한의 잘못된 행동에 대해 보상하는 패턴을 반복하지 않겠다."고 했다. AP통신과의 인터뷰에서 그는 "우리는 북한이 한반도의 비핵화만이 경제난 극복과 국제사회 편입을 위한 유일한 길이라는 것을 깨닫고 책임 있게 행동할 수 있는 길을 열어 놓을 것"이라며 "그 해법은 여전히 유효하다."고 밝혔다.[221]

미국은 대북제재와 관련, 아세안 국가들에 대해 특별한 관심을 쏟고 있다. 말레이시아에서는 북한의 수상한 활동과 관련된 은행계좌와 위장기업이 다수 발견된 것으로 알려졌다. 또 북한이 미얀마에 수출하는 군수 물자에 대한 대금을 말레이시아 소재은행 계좌를 통해 수령하는 것을 미국이 포착했다. 미국의 이런 움직임은 대북제재를 북

---

220) 6월 16일 한·미정상회담에서 양 정상은 "도발을 통해 식량, 연료, 자금 지원 등 광범위한 혜택을 기대했던 기존 북한 행동의 패턴을 바꾸겠다."고 선언했다.
221) 기브스 백악관 대변인은 "북한이 외부로 무기나 핵 관련 물질을 수출하지 못하게 하기 위한 활발한 검색이 최우선적인 관심사"라고 했다.

한의 해외활동 거점인 아세안 국가들에 집중해, 초기에 효과를 극대화하겠다는 것으로 해석된다. 특히 미국은 북한이 미얀마의 핵개발에 협력할 가능성을 면밀히 관찰하고 있다. 커트 캠벨 미 국무부 차관보는 "핵개발 의혹을 받고 있는 미얀마와 북한 간 협력관계가 긴밀해지고 있다."며 "양국 간 협력을 자세히 관찰 중"이라고 말했다.

오바마 행정부가 강력히 추진 중인 대북제재의 효과가 이집트 카이로에서 7월 11일부터 열린 비동맹운동(NAM) 정상회의에서도 나타났다. 한·미의 회원국들을 대상으로 한 장외 협조 요청에 따라 6자회담에 반대하는 북한 입장과 '한반도 관련 조항'도 최종문서에 채택되지 않았다.[222]

### 포괄적 패키지 전략과 제재확대

미국은 최근 북핵문제 해법의 방향을 '포괄적 패키지 전략'으로 바꾸고 있다. '행동 대 행동'에 의거해 작은 것부터 하나씩 주고받는 기존의 '단계별 접근' 방식을 버리고 미·북 양측이 협상가능한 모든 대상을 테이블에 올려놓고 한 번에 타결을 이루어냄으로써 비핵화라는 목표를 달성하겠다는 구상이다.[223] 이와 관련, 커트 캠벨 차관보는 북한의 "6자회담 복귀 유인책은 필요 없다. 도발에 대한 대가는 북한이 반드시 치러야 하며 북한은 고립과 경제난으로 견딜 수 없게 되어 시간이 지나면 결국 대화도 나올 것"이라고 했다.

이 구상은 미국이 유엔 안보리의 강력한 제재를 통해 북한이 테이블로 나올 수밖에 없는 상황을 만든 뒤, 대화가 시작되면 포괄적인 패키지 방식을 통해 빠르고 완전한 타결을 도출해낸다는 것이다.[224] 캠

---

222) 북한이 늘 유리하게 해석했던 한반도 관련 조항이 빠-진 것은 이번이 처음이었다.
223) 미국은 국교수립과 체제보장, 경제, 에너지 지원 등을, 북한은 핵무기 프로그램, 시설은 물론 미사일 등 협상 가능한 모든 것을 한 테이블 위에 놓고 합의 도출하자는 것이다.
224) 필립 크롤리 국무부 공보차관보는 이 같은 대북정책을 '새로운 접근법(new

벨 차관보는 7월 20일 "북한에 대한 '포괄적 패키지'는 미국 단독이 아닌 한·중·일과 조율 과정을 거쳐 마련될 것"이라고 말했다.

힐러리 클린턴 미 국무장관은 인도방문 중 "북한이 제멋대로 구는 10대처럼 행동하는 것은 국제적 관심(attention)을 끌려는 것으로 이를 무시해야 한다."며 "북한은 (미국에)메시지를 보내려고 연기를 하는데, 우리는 그런 메시지에 관심이 없다."고 잘라 말했다. 그는 7월 22일 "북한이 완전하고 되돌릴 수 없는 비핵화에 동의하면 미국과 파트너들은 각종 보상책과 북미관계 개선 기회 등이 포함된 '패키지'를 진전시킬 것"이라고 말했다. 미 상원은 7월 22일 북한이 아시아 주변국들에 위협이 되고 있다며 북한은 테러지원국으로 재지정하는 방안을 검토해 달라고 오바마 행정부에 공식 요구했다. 이와 함께 이 법안은 북한을 '동북아시아 및 국제평화와 안보의 위협'이라고 규정, 대북제재의 엄격한 이행을 오바마 행정부에 요구하면서 필요한 경우 추가적인 제재도 검토하도록 했다. 미 상원이 먼저 테러지원국 재지정 검토를 요구함에 따라 하원도 이를 따를 가능성이 커 오바마 행정부의 결정이 주목된다.

힐러리 클린턴 미 국무장관은 7월 26일 NBC방송에 출연해 "이제 북한은 친구가 한 명도 남지 않았다."며 "중국까지 북한에 등을 돌렸다며 북한이 그 어느 때보다도 고립되어 있다."고 했다. 그는 또 "북한이 협상에 복귀하는 것 자체만으로는 보상을 받지 못할 것이며 그런 시대도 지났다."면서 "반쪽 조치에는 보상하지 않겠다."고 강조했다. 그는 이와 함께 6자회담의 틀 안에서 미·북 양자회담을 갖는 것은 가능하지만, 북한이 주장대로 6자회담을 폐기한 채 대화를 진행할 수는 없다는 입장을 분명히 했다.[225]

---

approach)' 이라고 불렀다.
225) 이날 발언은 24일 주유엔 북한 대표부의 신선호 대사가 외신 기자들에게 '6자회담 반대, 미·북 양자회담 재개 희망' 메시지를 밝힌 것에 대한 답변으로 풀이된다.

미국 재무부는 7월 30일 북한의 조선혁신 무역회사를 WMD 거래와 관련한 금융제재 대상 기업으로 추가 지정했다. 필립 골드버그 대북제재 전담관은 이날 "이미 유엔의 블랙리스트에 오른 북한의 8개 기관과 5명의 개인 제재 대상뿐 아니라 모든 북한의 회사 및 개인이 금융기관의 요주의 대상"이라고 말했다.

### 3) 중국 대북제재 팔 걷었나?

#### 초기 미온적 제재 전략

북한이 5월 25일 2차 핵실험이 있은 다음날 중국 옌쉐퉁 칭화대 국제문제 연구소장은 "북한은 자신의 핵 능력에 의존해 기본적 안전보장을 받겠다는 생각은 굳혔다."며 "6자회담에 의지해 안전보장을 받는 것이 철저히 실망했다는 표시다. 따라서 이번 핵실험은 전략상 불가피한 선택이었다."고 말했다. 세계 국가들이 북한의 핵실험을 규탄함에도 북한의 입장을 이해한다는 중국의 발언이었다.

이와 같은 맥락에서 친강 중국 외교부 대변인은 6월 25일 정례 브리핑에서 "국제사회의 조치가 북한의 민생과 정상적인 경제무역 활동에 영향을 줘서는 안 된다."고 밝혔다.[226] 친대변인은 "안보리 1874호 결의문에는 제재가 북한의 민생과 정상적인 경제, 무역교류, 인도주의적 원조 등에 영향을 미쳐서는 안 된다는 규정이 있다."며 석유와 식량 등 대북물자 지원을 중단하는 방식으로 제재할 뜻이 없음을 분명히 했다. 이 발언은 그동안 미국이 실효성 있는 대북제재를 위해 중국이 적극적으로 나설 것을 요구해 온 데 대해 완곡하게 거부의사를 밝힌 것이다. 중국이 유엔 안보리 결의에 동의하긴 했지만 적극적인 제

---

226) 친 대변인의 이 발언은 '중국이 대북지원을 중단해야 북한이 핵을 포기하고 6자회담에 복귀할 것'이라는 국제사회의 여론에 대한 입장을 묻는 질문에 대한 답변이다.

재 의지가 없음을 시사한 것이다.

청융화(程永華) 주한 중국대사는 26일 "대북제재가 안보리 행동의 목적은 아니다."라며 "정치적 외교적 수단이 한반도 관련 문제를 해결할 수 있는 유일하고 확실하며 실행 가능한 수단"이라고 했다. 그러나 그는 "6자회담 참가국들이 대화를 통해 북핵문제를 평화적으로 해결할 수 있는 여지는 아직 남아 있다."고 말했다.[227]

중국은 매년 북한 석유 소비량의 90%, 식량의 45%, 생필품 80%를 제공하고 있으며 북한의 중국에 대한 무역 의존도는 73%로 높아졌다. 이런 중국이 국제사회의 대북 압박에 소극적으로 나오면 안보리가 어떤 대북제재 결의안을 채택해도 실효를 거두기 어렵다. 이명박 대통령이 미국 언론과의 인터뷰에서 내놓았던 6자회담 참가국 중 북한을 뺀 5자회담 개최제안은 중국의 반대로 사실상 무산됐다.

중국의 대북정책 우선순위는 여전히 불변이다. 중국으로서는 북한이 붕괴하는 것보다는 핵을 가지는 것이 더 낫다고 생각할지도 모른다. 중국은 북한과 좋은 관계를 유지해야 영향력을 행사할 수 있다. 이런 상황을 놓고 본다면 중국이 북한에 어느 정도 압력을 가할 수는 있겠지만 미국과 국제사회가 원하는 정도의 강력한 압력을 가하지는 않을 것이다. 북중의 각기 다른 전략목적으로 보아 북한에 대한 중국의 압력은 성공하지 못할 가능성이 크다.

중국의 모호한 태도는 북한과의 우호관계, 한반도의 현상유지를 선호하는 전통적 입장 외에도 다양한 원인이 복합적으로 작용한다. 우선 중국이 동참해 국제적인 대북제재가 이루어지더라도 앞으로 대화국면은 북·미 양자대화로 풀릴 가능성이 크다. 이 경우 중국은 자신이 의장을 맡고 있는 6자회담을 통한 해결이 아닌 북·미 양자대화는 자신의 역할과 지역 내에서 영향력이 약화될 것을 우려하는 것이

---

227) 6월 26일 저녁 롯데호텔에서 '금융위기 극복을 위한 바람직한 한·중 관계'를 주제로 열린 충청포럼 제 22차 초청 강연에서 이같이 말했다.

다.[228]

## 독자적 대북제재 발 벗고 나서

최근 중국이 북한에 대해 독자적인 대북제재를 준비한 것으로 확인되고 있다. 미 국무부의 고위 관계자는 7월 8일 "중국은 독자적인 (대북정책) 이행방안을 발전시켜 가는 과정에 있다."고 말했다. 이 관계자는 "미국은 중국이 계속해서 북한에 대해 제재할 때 중국과  (제재조치를) 점검할 것"이라고 덧붙였다. 이러한 결과는 유엔 안보리 대북제재 결의 1874호가 채택된 후 제임스 스타인버그 국무부 부장관, 필립 골드버그 대북제재 조정관 등의 잇따른 방문에 바탕을 둔 것으로 중국이 구체적인 협조 의사를 밝혔음을 의미하는 것이다.

중국 단동세관은 7월 24일 북한으로 들어가려는 수출품 수송 트럭을 검문 검색하던 중 과일 상자들 밑에서 6개의 과일 상자로 위장한 미사일 부품의 원료인 바나듐(vanadium) 70kg을 적발해 압수했다.[229] 바나듐은 황산, 염산 등의 부식 작용에 저항성이 강하고 강철제품을 더 강하게 만드는 특징이 있어 철과 합금해 비행기 엔진이나 미사일 케이스 초전도 자석 등을 제조하는 데 필수적인 첨가 원료로 쓰인다. 안보리 대북결의 1874호에 따라 북한 군수품의 밀수출을 통제하자 대북제재에 동참한 중국도 군수용으로 쓰일 수 있는 전략 품목의 대북수출 통제를 더욱 강화한 것으로 알려졌다.

또 중국의 철강회사가 유엔 안보리의 대북제재 리스트에 오른 북한 기업과 북한 내 동광산 개발에 나섰다가 돌연 관련 설비의 제조중단을 요청한 것으로 알려졌다. 중국의 철강 회사인 중광은 2006년 11월 혜산 동광산을 개발하기로 조선 광업 개발 무역회사와 협약을 맺고,

228) 어느 대화가 되었든 중국이 일정한 역할을 할 수 있다는 보증이 있어야 하는데 중국은 아직 그 부분에 대해 미국을 믿지 못하는 것 같다.
229) 적발된 바나듐은 68개의 병에 담겨 과일로 위장되어 있었으며, 시가 20만 위안(3600여만 원) 상당이었다. 《중국 랴오성 단동일보》, 2009.07.28.

이 광산에 투입할 채광 설비의 제작을 선양북방 중공업(NHI)에 의뢰했다. 그러나 조선 광업 개발 무역회사는 유엔 안보리의 대북제재 기업명단에 오른 업체다. 이미 설비제조가 마지막 단계인 상황에서 갑작스럽게 제조중단을 요구한 것은 중국이 북한의 핵실험 이후 유엔 안보리의 대북제재에 동참한 맥락에서 취해진 것이다.

한편 미국과 중국은 7월 28일 워싱턴에서 폐막한 전략경제대화에서 유엔 안보리 대북결의 1874호를 적극 이행하기로 합의했다. 양국은 이날 발표한 공동 언론 발표문에서 "양국은 6자회담, 한반도 비핵화, 한반도와 동북아에서의 평화와 안정목표를 달성하기 위한 지속적인 노력의 중요성을 확인했다."고 밝혔다.[230]

이 같은 일련의 조치들은 중국이 미국과의 전략경제 대화를 통해 결의안 1874호의 실행과 평화적 수단을 이용한 핵문제 해결의 중요성을 강조했다는 합의를 발표하기 전후에 이행된 것이다. 중국은 미중 전략 대화를 통해 일정수준 대북제재를 이행하는 대신 미국은 평화적인 방법으로 북핵문제를 해결한다는 식의 타협이 이루어졌을 가능성이 있다.

최근 중국은 북한에 대해 엄청나게 화가 나 있고 골치 아파하고 있으며, 북중 간 고위급 교류가 뜸해진 것도 중국의 불쾌감을 반영하는 것이라는 분석이 나와 관심을 끌고 있다.[231] 이런 분위기에 더해 세계 최강국의 꿈을 꾸고 있는 중국으로서도 국제사회가 일치된 목소리로 제재 참여를 요구하고 있다는 현실을 계속 외면할 명분을 찾기 힘든 상황이다. 그러나 이러한 단편적인 조치들을 중국의 근본적인 대북정책의 변화 신호로 해석하기에는 무리라는 지적이 많다. 중국이 본격적인 대북제재에 나서기는 쉽지 않을 것이라는 판단이다.

---

230) 또 양국은 "유엔 안보리 결의 1874호의 실행과 평화적 수단을 이용한 핵문제 해결이 중요성을 강조했다."고 밝혔다. 《조선일보》, 2009.07.30..
231) 북한의 2차 핵실험 강행 이후 북한에 대한 중국의 불만이 쌓여 있다는 데는 전문가들의 이견이 없다. (이태환 세종연구소 중국센터장)

하지만 중국의 고민은 다른 데 있다. 북한의 핵보유가 기정사실화되면 일본이 핵무장의 길로 들어설 것이고 그 위로 한국과 대만이 따를 것이 불 보듯 뻔하기 때문이다. 무엇보다도 대만이 국가 생존을 위한 새로운 탈출구를 마련한다는 이유로 핵을 개발한다면 중국에게는 그야말로 악몽 중의 악몽이 될 것이다.

미국이 중국에 급변 대책을 논의하자고 요청했다가 거절당했다고 AP통신이 8월 2일 보도했다. 중국이 거절한 이유로는 첫째, 미국의 제안은 중국·북한 간의 관계를 이간질하려는 술책기기 때문이다. 중국이 이 문제를 논의하는 것 자체로 북한을 자극해 북중관계가 극도로 냉각될 수 있다. 둘째, 포스트 김정일 대책을 미국과 협의했다는 사실이 알려질 경우, '북핵문제의 중재자'라는 중국의 입지가 흔들리게 된다. 셋째, 중국이 북한에 부여하는 미국과의 대립 구도에서 '완충지역'이라는 '지정학적 중요성'도 있다.

그러나 북한 붕괴에 대비해 미중 양국이 대화할 필요가 있다는 현실론도 만만치 않다. 스인홍(時殷弘) 인민대학 국제관계학원 교수는 "중국도 대비책이 필요하다는 것을 알지만, 논의사실이 북한에 새 나갈 수 있다는 게 고민"이라며 "북한 상황이 더 안 좋아지면 미국과 대화에 나설 것"이라고 전망했다.[232] 여기에 북한의 도발과 급변사태에 대한 중국의 고민이 있다.


## 4) 일본의 대북제재 핵무장 카드

북한이 2차 핵실험을 하자 일본 언론은 2006년 10월 1차 핵실험 때와는 달리 차분한 보도태도를 보였다. 6월 28일 개최된 한·일 정

---

232) 스인홍 교수는 "권력투쟁이 경제적 곤란, 외부의 대립적 환경과 결합하면 북한정권은 급격히 붕괴할 수 있다."고 말했다.

상회담에서 아소다로 일본총리는 "한·미·일 공조를 강화하면서 중국과의 공조를 심화시킬 필요가 있다."고 강조했다. 한·일 두 정상은 대북제재에 관한 유엔 안보리 결의 1874호의 확고한 이행 필요성을 한 목소리로 강조했다.

일본 정부는 2009년 6월말 말레이시아를 통해 미얀마에 자석 측 정장치 등을 불법 수출하려한 북한인 1명과 일본인 2명을 체포했는데 여기에는 북한군사 프로그램 관련 회사가 개입되어 있었다.[233]

아소다로 일본총리는 지난 한일정상회담에서 "북한 핵문제가 심각해지면 일본 내부에서 핵무장을 해야 한다는 목소리가 강해질 것"이라고 말했다.[234] 《아사히신문》은 "이 발언이 양국 정상화 외무장관 등 소수가 참석한 가운데 북한 문제로 의제를 한정한 회담에서 나왔다. 당시 양국은 회담내용을 발표하지 않기로 했다."며 "한국측에서도 강한 이론은 나오지 않는 것으로 보인다."고 보도했다. 양국 정상회담에서 일본의 핵무장론이 언급된 일은 처음이다.

일본의 핵무장은 '정치적 의지'의 문제일 뿐 기술적으로는 아무 장애가 없는 상태이다. 일본은 오랜 기간의 외교노력으로 미국으로부터 평화적 목적의 재처리·농축 권한을 보장받았고, 이를 통해 이미 50톤 가량의 플루토늄을 보유하고 있는 것으로 알려졌다. 이는 핵탄두 수천 개를 만들 수 있는 양으로 50kg 안팎으로 추정되는 북한 플루토늄 양의 1000배에 달한다. 아베 전 총리는 "일본은 1주일 이내에 핵무기를 만들 수 있다."고 했다. 일본은 4톤에 달하는 탄두를 우주로 쏘아 올릴 수 있는 H2 로켓도 갖고 있다.

한국과 일본 정부 관계자들은 "일본이 핵무장을 하겠다는 것이 아니라 북한의 핵보유를 확실히 막아 달라."는 메시지를 중국에 던진 것으로 보고 있다. 그 말이 사실일 것이다. 그러나 우리가 주목해야 하

---

233) 북한과 미얀마는 2007년에 외교관계를 복원했으며 2008년 11월 미얀마 군 대표단이 북한을 방문해 군사협력에 관해 협의를 했다. 《동아일보》, 2009.07.23.
234) 《아사히신문》, 2009.7.31.

는 것은 '북한 핵문제가 심각해지면'이라는 일본 핵무장 전제조건이
다. 지금의 상황이 지속된다면 북한 핵문제가 심각해질 것은 뻔한 일
이다. 그것은 북한이 핵을 포기할 가능성이 점점 줄어들고 있기 때
문이다.

《아사히신문》은 복수의 한일관계 소식통의 발언을 이용해 "아소 총
리가 북핵문제의 열쇠를 쥐고 있는 중국이 대응을 촉구하기 위한 설
득용으로 이런 전망을 제기했다."고 보도했다. 사실상 일본의 핵무장
은 현실적으로 말처럼 쉽지 않다. 무엇보다 일본은 평화헌법에 '전쟁
과 무력행사 포기'를 규정하고 있으며, 1968년 1월에는 "핵무기를 제
조하지 않고, 보유하지 않으며, 도입하지도 않는다."는 비핵화 3원칙
을 발표했다.

따라서 일본이 핵무장을 하려면 헌법을 바꾸고 미일동맹의 근간
까지 뒤집어야 하는데 그것이 쉽지 않을 것은 당연하다. 그런데도 일
본의 핵무장론은 워낙 뿌리가 깊은데다.[235] 최근 북한의 핵실험이라
는 '명분'까지 갖췄으니 아소총리의 발언은 단순한 외교적 수사로 넘
길 수만은 없다.

일본의 입장에서 보면 북한과 같은 예측 불가능한 정권이 핵미사
일을 도쿄에 겨누고 있다는 것은 누가 뭐래도 그냥 지나칠 일이 아니
다. 이에 대해서 미국이 일본에 핵우산을 제공한다 해도 거기에만 의
존할 수 없다는 것이다. 나가소네 야스히로 전 총리는 평소 "핵우산
을 일본에 제공하고 있는 미국의 태도가 반드시 지금처럼 계속될 것
인지 보장할 수 없기 때문에 핵무장 검토의 필요성"을 앞장서서 주장
해 왔다.[236] 일본에 이어 한국과 대만이 핵무기를 갖는다면 중국이 최
대의 피해자가 될 것이기 때문에 중국만이 할 수 있는 북핵폐기에 앞

---

235) 이케다 하야토 전 총리는 1961년 11월 방일한 미국의 딘 러스크 국무장관
에게 "내각에 핵무장론이 있다."고 밝힌 바 있다.
236) 2009년 4월 북한의 미사일 발사, 5월 핵실험 이후 일본 우익 정치인들 사
이에 '핵무장 발언'이 잇따라 나왔다.

장서 달라는 의미로 분석된다.

8월 30일 실시 예정인 일본 총선을 앞두고 자민당과 민주당이 7월 31일과 27일 발표한 선거공약에서 두 당은 강력한 대북정책을 약속했다. 대북정책에 보수적 색체가 강한 자민당은 "북한이 핵개발 및 탄도 미사일 관련 활동을 완전히 포기하도록 수출금지 등 대북제재 조치를 지속하고 유엔 안보리 결의에 근거한 행동을 미국, 한국 등 관계국과 일치해 실시한다."고 밝혔다.

한편 민주당은 "북한의 반복되는 핵 실험과 미사일 발사는 일본과 세계의 평화와 안전에 대한 명백한 위협이므로 결코 용인할 수 없다."며 "북한이 대량살상 무기와 미사일의 개발 보유배치를 포기하도록 국제사회와 협력하되 유엔 안보리 결의에 근거해 북한 선박에 대한 화물검사를 하겠다."고 밝히고 있다. 강경한 대북정책에 대해서는 자민당과 민주당이 큰 차이가 없다.


## 5) 북한의 곤경, 사면초가

### 숨통조이는 제재와 대미 비난 포문

북한은 나름대로 여러가지 이유가 있었겠지만 외교·군사·전략적 목적이 뚜렷하지 않은 핵실험을 비롯해서 장·중·단거리 미사일을 무더기로 쏘아 올렸다. 적게는 수십만 달러에서 많게는 수억 달러나 드는 무모한 짓을 제동장치도 없이 밀어붙였다. 기아에 허덕이는 수백만 북한 주민들을 거들떠 보지도 않고 해낸 모험들이 대외적인 효과는 고사하고 북한의 숨통을 조이는 국제체재를 자초했으니 말이다.

또한 믿고 의지했던 중국마저 북한에 대한 독자적인 대북제재를 시작했고 노심초사 끝에 간신히 벗어났던 미국의 테러지원국 지정이 재지정으로 방향을 잡아가고 있다. 이란과 은밀하게 진행해 오던 연간

20억 달러 무기거래도 들통이나 앞으로 전망이 불투명해졌고 유엔 안보리 제재위는 2009년 4월 북한의 로켓발사 이후 단천상업은행 등 3곳의 북한 기업과 은행에 대한 해외자산 동결조치를 취했다. 7월 16일 제재위는 북핵관련 인사 5명과 5개 기업과 기관 그리고 미사일 제조 등에 사용되는 첨단 소재 등 2개 물자에 대해서도 제재를 확정했다.

북·미 대화와 관련, 북한에게 남아 있는 카드는 있다. 북한이 억류하고 있는 미 커런트 TV 기자 2명의 신변에 관한 것이다. 미 연방하원에서는 두 기자에 대한 석방촉구 결의안을 채택하고[237] 미 국무부도 바쁘게 움직였다. 이런 맥락에서 백악관의 개리 세모어(Gary Samore) 비확산 담당 조정관은 일찍이 "북한이 가마도 협상장으로 돌아오는 방안을 찾고 있는 듯하다."고 말한 바 있다.

그럼에도 불구하고 북한의 대미 강경발언과 국제사회의 대북압박에 대응한 반격은 여전했다. 북한은 최근 한·미가 북핵문제 해법으로 제안한 '포괄적 패키지 전략'을 "말도 안 된다."고 일축했다. 또 7월 23일 태국 푸켓에서 북 외무성 대변인은 힐러리 클린턴 국무장관을 '소학교 녀학생', '장마당에나 다니는 부양받아야 할 할머니'로 불렀다. "(클린턴에게) 전혀 지능도가 느껴지지 않는다."라고도 했다.[238] 그는 "현 위기 상황의 본질은 미국의 뿌리 깊은 적대시 정책의 결과이다."며 "유엔 안보리 제재는 신경도 쓰지 않는다. 6자회담은 이미 종말을 고했다."라고도 했다.

### 북·미 대화요구로 살길 노려

최근 한동안 상대적으로 '침묵'을 지키던 북한이 일제히 대미 비난 포문을 연 것은 결국 앞으로 북핵 국면을 북·미 양자구도로 끌고 가

---

237) 미 상원에서도 오바마 대통령에게 관련 서한을 보냈던 의원들이 후속행동에 나서려고 했으나 국무부의 요청으로 일단 연기된 상태이다.
238) 클린턴 장관은 7월 20일 ABC방송에 출현, "북한은 관심을 끌려는 어린아이들이며 버릇없는(unruly) 10대들"이라며 비난했다.

기위한 포석으로 분석된다. 특히 미국의 '선 비핵화' 조건에 맞서 '선 적대정책 해제'를 내세운 것은 일종의 기싸움이다. 7월 23일 북한 리홍석 외무성 국제기구 국장은 "일본과는 전혀 대화할 생각이 없다." 면서도 "미국과는 대화를 반대하지 않는다. 전적으로 미국에 달려 있다."며 여지를 남겨 두었다.

유엔주재 북한 대표부의 신선호 대사는 7월 24일 오바마 미 행정부 출범 이후 처음으로 미국과 양자대화를 재개하는 데 관심이 있다는 입장을 밝혔다. 신 대사는 이날 외신 기자들과 만나 "우리는 대화에 반대하지 않는다. 우리는 공동의 관심사에 관한 어떤 협상에도 반대하지 않는다."고 말했다.[239] 그는 북한이 미국과 대화를 하지 않는데 대한 비난을 들을 이유가 없다며 "미국과 대화가 없는 것은 우리 때문이 아니다. 우리는 언제든지 대화할 준비가 되어 있다."고 말했다. 그러나 신 대사는 "6자회담은 영원히 끝났다."고 밝혀 한국을 비롯한 다른 나라들을 협상에서 배제하겠다는 뜻을 밝혔다.

북한의 태도는 아직 불확실하다. 하지만 북한이 오바마 행정부가 요구하고 있는 조건 없는 대화 복귀를 수용한 것은 아닌 것 같다. 미국과 국제사회의 압력에 대한 항변의 뜻이며 꽉 막혀 있는 현재의 국면에 대한 명분을 축적하기 위한 것일 수도 있다.[240] 한편 북한의 진심을 완곡하게 표현했을 가능성도 배제할 수 없다. 북한의 '대화관심'에는 국제사회의 변화된 대북인식과 대북압박이 큰 영향을 미친 것으로 볼 수 있다. 따라서 북한의 대미 대화재개 신호를 보낸 것은 국제사회의 강경한 대북재제 국면을 전환시켜 보려는 것이다.

북한은 또 일단 대화에 나서 한·미 양국이 잇달아 제안한 '포괄적

---

239) 북한의 신선호 대사는 한국 기자들에게는 자신의 기자회견 일정을 통보하지 않았다.
240) 박근광 북한 외무성 순회대사는 "우리를 핵무장으로 떠민 것도 미국이고 조선반도에서의 핵 대결도 철두철미 조미 사이의 대결"이라고 주장했다. 《노동신문》, 2009.7.26.

패키지'의 구체적 내용을 알아보려는 것일 수도 있다. 보다 시급한 것은 북한 주민들의 체감 경제난이 최악으로 치닫고 있는 상황을 반전시켜야 하는 압박이 북한으로 하여금 대화의 길을 선택하도록 하는 압력으로 활용했을 가능성이 크다.[241]

북한에게는 '현실적인' 선택으로 보인다. 병약해진 김정일 위원장은 대포동 미사일과 핵무기로 무장한 강성대국을 물려준다는 계획 아래에 오바마 행정부의 대화 제안을 무시하고 강경 일변도의 정책을 폈고, 이제는 북한이 가지고 있는 '핵심카드'를 모두 소진했으니 협상 쪽으로 국면전환을 시도한 것일 수 있다. 이에 따라 어떤 형태로든 조만간 북·미대화가 재개돼 상호 구체적인 입장을 는의할 것이라는 전망은 가능하나 타협점을 찾기 위해서는 또 많은 시간을 소비하게 될 가능성이 크다.

### 최후의 여 기자 카드

북한이 연일 북·미양자대화를 하자는 메시지를 직간접적으로 던지고 있다. 북한 외무성은 7월 27일 대변인 담화를 통해 6자회담 불참 입장을 거듭 확인하며 "현 사태를 해결할 수  있는 대화방식은 따로 있다."고 했다. '따로 있는 대화방식'이란 곧 북·미 간 양자대화를 의미한다. 북한은 미국이 북·미 양자대화에 내키지 않아도 '억류기자'라는 아킬레스건이 있기 때문에 결국 어떤 형태로든 양자대화에 응할 것이라는 판단을 할 것이다. 미국도 핵문제와는 별도로 북한과 커런트 TV 억류 여 기자 문제를 논의하자는 데는 별다른 이의가 없는 것 같다.

결국 북한은 6월 8일 두 여 기자를 재판에 부쳐 '조선민족 적대죄'와 '비법국경 출입죄'를 적용해 12년의 노동교화라는 중형을 선고해 미국을 조급하게 만들었다. 여기에서 북한은 클린턴 전 대통령의 방

---

241) 한국개발연구원(KDI)은 최근 보고서에서 "현재 북한의 경제상황은 핵 위기와 김일성 주석의 사망이 겹친 1994년에 비견할 정도라고 밝혔다.

북을 요구했다. 미국 주요 언론들의 보도에 따르면 북한은 억류 중이던 기자들이 미국 내 가족과 통화하도록 허용하면서 클린턴 전 대통령이 직접 방문한다면 자신들을 풀어줄 용의가 있다는 북한 당국의 의사를 전했다.[242]

미 행정부 관리들은 뉴욕 채널과 북한 주재 스웨덴 대사관을 통해 북한의 입장을 확인했다. 클린턴 미행정부로부터 이를 전해 듣고 '임무'를 맡겠다고 밝혔다. 북한이 북핵문제를 6자회담 대신 북·미 양자협상으로 몰고 가려는 의지를 보이는 등 여 기자 문제를 정치적으로 활용하려는 조짐이 보이자 미국정부는 특사 타이틀 대신 민간 자격의 대표를 파견하는 방식으로 방향을 굳힌 것으로 알려졌다.

북한의 당초전략은 정확히 맞아떨어졌다. 미국 여 기자들을 의도적으로 유인해 북한에 억류하고 클린턴 전 대통령을 평양으로 끌어들이는 데 성공했으니 말이다. 북·미 양자대화의 구색을 맞추며 폭넓은 양자대화를 했다고 선전할 수 있고 김정일 위원장의 외교적 영도력과 건강을 대내외에 과시할 수 있는 절호의 기회를 얻었기 때문이다.

클린턴 전 대통령의 방북은 결국 '벼랑 끝 대치 후 대화 손 내밀기'라는 북한의 전통적 협상전술이 또 한 번 먹혀든 사례로 기록될 것으로 보인다.[243] 북한은 클린턴 행정부와의 핵 갈등이 최고조에 이른 1994년 6월 지미카터 전 미국 대통령을 평양에 초청해 북·미 대화의 돌파구를 만들었다. 2006년 10월 1차 핵실험을 한 뒤에는 알렉세예프 러시아 외교부 차관과 탕자쉬안 중국 국무위원을 초청한 뒤 이들의 중재로 그해 12월 북·미 양자회담을 성사시켰다.

힐러리 클린턴 미 국무장관은 "여 기자 석방교섭과 북한 핵문제는 별개"라고 수차례 다짐했고 미 백악관도 클린턴 전 대통령의 방북을 "순전히 개인적이고 인도적인 목적의 방북이었다."고 못 박았다. 미국

---

242) New York Times, August 5,2009.
243) 북한은 1994년 1차 핵 위기와 2002년 2차 핵 위기 때 미국 등 국제사회에 긴장을 최고조로 끌어올린 뒤 돌변하여 대화국면을 조성했다.

이 당장 북한과 핵협상을 벌이기에는 여러 문제가 있겠지만 양국의 직접 담판이 사실상 시작했음을 알리는 신호일 수 있다.

미국이 가장 두려워하는 것은 북한 핵이 미국을 적대시하는 테러 집단 손에 넘어가는 것이다. 미국은 이 위협을 제거하는 비핵확산이 최우선이고 그것이 한국의 '비핵화' 우선과 충돌되었을 경우 우리는 어떠한 전략을 가지고 우리의 국익을 최대화할 것인가를 심각히 생각할 때가 온 것이다. 북한의 '여 기자' 카드가 북한에 대한 국제제재를 풀고 북한을 세계 '불량국가'로부터 회생시키는 우를 범하는 일이 되어서는 안 될 것이다.


◆ 우리의 기도

"여호와 우리 하나님이여 주께서는 그들에게 응답하셨고 그들의 행한 대로 갚기는 하셨으나 그들을 용서하신 하나님이시니이다."(시 99:8) 혼란이 가중되는 상황에서도 하나님의 말씀에 따라 용서의 마음을 주셔서 긍휼함으로 바라보게 하시옵소서.

첫째, 북한은 억류 중이던 미 커런트 TV 여 기자 2명을 내세워 클린턴 미 전 대통령을 평양으로 끌어들여 대화를 시도했으나 미국은 6자회담을 통한 비핵화를 고수해 북·미 직접대화가 불투명해지고 있고 이루어진다 해도 북한의 의도대로 되진 않을 것 같습니다. 이번 일들이 계기가 되어 북한과 주변국들의 관계에 해결점을 찾는 지혜를 주시고, 핵무기의 완전 해결 길로 나아가게 하시옵소서.

둘째, 2차 핵실험 후 유엔 안보리의 1874호 결의안은 북한의 무기검색, 금융제재, 화물검색 등으로 김정일 정권의 '생명선'을 끊는 치명적 제재로 이어지고 있습니다. 테러국가에 무기를 팔아 국제사회에 혼란을 가중시키고 불안하게 하는 만행을 저지르는 북한 정권을 아시

는 주님, 공의로 다스리시사 행실이 정직한 자를 보호하시고 죄인을 패망케 하시옵소서.(잠 13:6)

셋째, 북한은 두 차례에 걸친 핵실험을 통해 미국으로부터 핵보유국의 지위를 인정받고 더 많은 경제외교적 이득을 얻어내려 하였으나 오히려 중국마저 대북제재에 나서게 하는 결과를 가져왔습니다. "악한 자는 자기의 악으로 말미암아 넘어지리라."(잠 11:5후) 하신 말씀대로 이루시는 하나님. 모든 계획이 어긋나고 있는 북한정권에 하나님을 두려워하는 마음을 주셔서 하루속히 악을 제하는 회개하는 마음을 주시옵소서.

넷째, 국제정세가 대북제재로 변화되는 시점에 일본은 핵무장론을 언급했습니다. 실질적인 핵무장이 아닌 북한 핵보유를 막기 위해 중국정부에 메시지를 던진 것이라고 했지만, 북한이 핵보유국으로 인정된다면 세계 각국은 자국을 보호하기 위해 핵무장의 길로 들어설 수 있습니다. "우리의 싸우는 무기는 육신에 속한 것이 아니요 오직 어떤 견고한 진도 무너뜨리는 하나님의 능력이라."(고후 10:4)고 말씀하신 하나님, 눈에 보이는 무기에 두려워하지 않고 오직 선으로 악을 이기는 담대함을 주시옵소서.

다섯째, 정치경제적 고립으로 인해 북한 땅에 굶주리는 자도 늘어날 것이고, 체제유지를 위한 성도 핍박이 더욱 심해질 것으로 예상됩니다. 북한 성도들에게 더욱 굳건한 믿음을 허락하셔서 김일성, 김정일 1인 독재 신정체제에 사로잡힌 하나님의 백성을 진리 가운데로 인도해 주시옵소서.

예수님의 이름으로 기도합니다. 아멘.

# Ⅶ. 북한 로켓발사, 무엇이 문제인가?

주변국들이 그토록 만류했지만 북한은 대포동 2호 로켓을 막무가내로 쏘아 올렸다. 북한은 매스컴을 총동원하여 '인공위성 광명성 2호 발사 성공'을 알렸고 서방국들은 실패로 결론을 내렸다.

국제사회의 강력한 반발을 예상하면서도 북한이 그렇게 할 수밖에 없었던 절박한 이유는 한마디로 '위기조성을 통한 생존전략' 때문이었다. 총체적 위기에 처한 체제와 경제를 살려내기 위해서는 미국과 한국의 지원이 절실히 요구되며 이는 한·미 정부를 압박하는 극적인 이벤트나 '벼랑 끝 전술'이 불가피했기 때문이다.

유엔 안보리가 북한을 규탄하는 의장성명을 채택하자 북한은 북핵 6자회담 및 합의 이행 거부, 핵시설 원상복구, 자체적인 '경수로 건설'을 선언하는 등 '해 볼 테면 해 보자'는 식으로 초강경 전면대결에 나섰다. 북한의 핵위협이 이 지역 불안을 고조시킬 경우 한국에서도 핵 개발의 요구가 고개를 들 것이고, 일본과 대만도 핵 도미노에 휩싸이게 되면서 한반도를 둘러싼 핵 경쟁이 치열해지는 악몽의 시나리오가 현실로 나타나게 될지도 모른다.

문제는 미국의 입장과 태도이다. 미국은 북한을 핵보유국으로 공식 인정하지는 않지만 적어도 준 핵보유국으로 인정하면서 비핵화가 아닌 핵무기 비확산 쪽에 정책의 무게를 두고 있다. 미국은 중장기적으로 미·북 양자회담과 6자회담을 통해서 북핵을 관리하거나 해결하는 방안을 추진해 나갈 것으로 보인다. 그러나 분명한 것은 '북한의 도발적 행위에 보상은 없을 것'이라는 것이다.

결국, 북한이 도발로 촉발된 안보위협을 제거하는 첫 걸음은 국제사회가 "나쁜 행동을 보상하지 않는다."라는 원칙을 철저히 지키는 것이다. "범사에 기한이 있고 천하 만사가 다 때가 있나니… 지킬 때가 있고 버릴 때가 있으며" (전 3:1-6)라는 말씀에 따라 지금은 원칙을 지켜야 할 때이며 무한정 북한의 도발을 인내할 수만은 없다. 함께 기도하기를 원한다.

# 1. 로켓발사 성공인가, 실패인가?

## 1) 궤도진입 실패 확인

북한이 마침내 4월 5일 장거리 로켓을 발사했다. 2009년 2월 24일 로켓발사를 예고한지 한 달여 만의 일이다. 북한은 로켓발사 전 3월 11일 국제민항기구(ICAO)와 국제해사기구(IMO)에 광명성 2호 인공위성을 은하 2호 발사체에 실어 4월 4일~8일 사이에 발사하겠다고 통보했다. 북한은 함경북도 화대군 무수단리 시험장에서 650km 떨어진 동해상에 1단계 로켓이, 3,600km 떨어진 북태평양에 2단계 로켓이 각각 낙하할 것이라고 했다.[244]

그러나 실제 1단 로켓은 500km에 떨어져 예상보다 약 150km, 2단 로켓은 3200km로 400km나 못 미친 지점에 낙하한 것으로 알려졌다. 이는 오차범위를 넘어선 것이며 인공위성이 원하는 궤도에 진입하지 못했다는 분석이다. 결국 1~2단의 추진력이 부족해서든지, 아니

---

244) 북한은 로켓발사 관련, 한국과 국제사회의 경고에 대해 강경하게 반응하면서 3월 9일 총 참모부 대변인 성명을 통해 "위성 요격 시 한·미·일의 본거지에 보복 타격전을 개시할 것"이라고 경고했다.

면 3단 로켓 자체의 문제점이든지 결국 탄도미사일로서의 전환 가능성으로 보여 주는 데는 실패했다는 것이다.[245]

북한의 로켓발사를 추적한 북미항공우주사령부(NORAD)는 "북한이 미사일의 1단계 추진체는 동해로 낙하했으며, 나머지 추진체와 탑재물(payload)은 태평양에 함께 떨어진 것으로 파악하고 있다."고 발표했다. 또 사령부는 "어떤 물체도 궤도에 진입하지 못했으며, 어떤 파편도 일본에 떨어지지는 않았다."면서 "로켓이 북·미 또는 하와이에 위협이 되지 않아 어떤 조치도 취하지 않았다."고 밝혔다. 결국 이 발표대로 2·3단 로켓이 함께 떨어졌다면 2·3단 분리에 실패했던 것으로 분석된다.[246]

한편 미국의 항공우주과학 전문 사이트인 스페이스플라이트 나우(Space flight Now)는 4월 12일 북한의 장거리 로켓은 일시적으로 우주에 진입했으며, 하와이 쪽으로 최대 820km 날아갔다고 분석했다. 이 사이트는 북한 로켓이 발사대에서 약 3,200km 날아갔다는 미·일의 초기 분석과는 달리, 실제로는 3,846km 비행했다고 밝혔다. 또 이 사이트는 북한의 장거리 로켓은 1단계 추진체와 분리되고 나서, 2단계 추진체가 정상적으로 작동해 우주로 향해 올라간 후 분리 발사되게 되어 있는 3단계가 제대로 가동되지 않았다는 것이다.[247] 이 같은 분석은 미국의 초기 발표와는 차이가 있어 앞으로 북한의 로켓발사와 관련한 논란이 일어날 가능성을 말해 주고 있다.

북한은 1998년 대포동 1호(최대 사거리 2500km) 때보다 2단계 로켓의 낙하지점이 2배 가량 늘어나 사정거리 증대에는 성공한 것으

---

245) 이상희 국방장관은 "지금까지 판단한 것은 1~3단계 로켓이 모두 해상에 추락한 것으로 본다."고 말했다. 북한은 2006년 대포동 2호 발사 실패 이후 로켓 분리기술 문제 등을 여전히 해결하지 못한 것으로 보인다.
246) 미국 북미 항공우주사령부는 지구궤도를 도는 직경 10cm 이상의 모든 물체를 탐지할 수 있다.
247) 이 사이트는 이 로켓이 대기권의 외곽에서 우주 쪽으로 80km 가량 일시적으로 진입했다고 밝혔다.

로 평가된다. 미 본토에 도달하는 1만km 이상의 다륙 간 탄도 미사일(ICBM)로 전환되는 데는 이르지 못했지만, 미사일 분야에서는 일정한 진전을 이룬 셈이다. 한편 일부 전문가 중에는 처음부터 북한이 2·3단을 분리할 생각이 없었다는 주장을 하고 있다. 목적이 인공위성이 아니라 탄도미사일의 성능을 시험하는 것이라견 2•3단 분리는 큰 문제가 아니라는 것이다. 2•3단 분리 기술은 인공위성 발사체에서는 핵심 기술이지만 탄도미사일에는 필수조건은 아니라는 지적이다.

북한은 4월 4일 로켓을 발사할 것 같은 메시지를 던져 국제사회의 시선을 집중시켰다. 이날 오전 북한은 로켓발사장 주변 3곳에 관측 카메라를 설치했고 조선중앙통신은 "인공위성은 곧 발사된다."고 발표했다. 발사 하루 전 국제사회를 우롱한 언론플레이를 한 것이다.

## 2) 성공발사 대대적인 축제

북한은 로켓발사 후 서방국들의 실패 결론에도 쿨구하고 북한 매스컴을 총동원하여 "인공위성 광명성 2호 발사성공"을 알렸다. 조선중앙통신은 5일 오후 3시 28분 보도에서 "우리의 과학자, 기술자들은 국가우주개발 전망 계획에 따라 운반로켓 '은하 2호'로 인공지구위성 '광명성 2호'를 궤도에 진입시키는 데 성공하였다."고 밝혔다. 이 보도에 따르면 이날 오전 11시 20분에 발사됐으며 탐재된 인공위성은 9분 2초만인 11시 29분 2초에 궤도 진입했다는 것이다.

인공위성은 경사각이 40.6도이고 주기는 104분 12초인 타원궤도를 돌고 있고 지구에서 제일 가까운 궤도의 거리는 490km, 제일 먼 거리는 1,426km이다. 조선중앙통신은 "인공위성에는 측정기재와 통신기재들이 설치돼 있다."며 "현재 불멸의 혁명송가 '김일성 장군의 노래'와 '김정일 장군의 노래' 선율과 측정 자료들을 470MHz로 지구상에 전송하고 있고 위성을 이용해 UHF주파수 대역에서 중계 통신이 진행되고 있다."고 주장했다.

이어 이 통신은 위성발사가 "위대한 영도자 김정일 동지의 웅대한 구상에 따른 것"이라며 "우주의 평화적 이용을 위한 과학연구 사업을 추진하고 앞으로 실용위성 발사를 위한 과학기술적 문제를 해결하는 데 결정적인 이의를 가진 것"으로서 "나라의 우주과학 기술을 더욱 높은 수준으로 끌어올리기 위한 투쟁에서 이룩된 자랑찬 결실"이라고 강조했다.

한편 북한 인민군 총참모부는 4월 8일 이번 로켓발사가 "우리 당의 정치·외교·국방에서의 빛나는 승리이며, 선군조선의 자주적 존엄이 진리이고 진리가 반드시 승리한다는 것을 만천하에 과시한 민족사적 대거"라며 성공을 거듭 주장했다. 북한당국이 4월 9일 최고인민회의 제12기 1차 회의와 15일 김일성 주석의 97회 생일을 앞두고 '광명성 2호' 발사를 주민내부 단합과 체제 선전에 활용하려는 의도를 분명히 했다.[248]

분명한 것은 NORAD가 어떤 물체도 지구궤도에 진입하지 않았다고 공식발표했으며 한국정부도 이를 확인한 것이다. 일본도 북한 로켓은 2단 추진체를 분리하지 못한 채 태평양에 낙하한 것으로 확인했지만 낙하지점을 정확하게 포착하지 못해 낙하물 회수에 나서고 있다는 것이다. 낙하물이 회수되면 북한로켓에 대한 전모가 밝혀질 것을 우려, 북한은 신경질적인 반응을 보였다. 이에 대해 총참모부는 "우리의 자주권을 조금이라도 침해하면 용서치 않을 것"이라고 경고했다.[249]

총참모부는 "일본 반동들이 위성운반체의 부분품(부품)들을 찾겠

---

248) 조선중앙통신은 4월 5일 "우리나라 과학기술의 비약적인 발전을 상징하는 이번 위성발사의 성공은 총진군 길에 한 사람같이 떨쳐나선 우리 인민을 크게 고무하고 있다."고 선전했다.
249) 총참모부 보도는 북한이 로켓발사 이후 국제사회의 대응과 관련해 나온 첫 반응이며 일본에 국한된 것이다.

다고 전투 함선들을 기동시키는 것은 공화국(북한)의 자주권을 침해하는 참을 수 없는 군사적 도발행위"라며 강력 반발을 보였다.

사실상의 장거리 미사일 실험인 이번 도발이 기술적으로는 실패했다 하더라고 북한은 미사일 사거리 향상을 보여 주었다. 핵보유국 지위의 기정사실화와 미사일 능력 향상이 맞물려 우리가 직면할 안보위협이 현저하게 커졌다. 남북 간 미사일 격차가 허용한계를 넘어선 것은 치명적 위협이다.

## 2. 로켓발사 및 강경대응 전략의도

북한이 로켓을 발사하고 유엔 안보리 '의장성명' 채택에 강경대응하는 전략적인 의도는 한마디로 '위기조성을 통한 생존전략'으로 요약해 볼 수 있다. 구체적으로 체제안정, 대미관계 개선, 경제난 해결과 남한 정부 압박을 극적인 이벤트나 '벼랑 끝 전술'을 통해 달성하려는 북한의 전략이다.

유엔 안보리는 4월 13일 북한 로켓발사를 규탄하고, 이를 북한의 미사일 실험을 금지하는 안보리 결의 1718호를 위반한 것으로 규정하는 의장성명을 15개국 만장일치로 채택했다. 의장성명은 특히 1718호 결의 8항에 의해 부과된 대북제재 조치를 조정키로 합의하고 이달 말까지 대북제재 대상명단을 선정하는 등 강도 높은 대북제재에 착수할 것임을 분명히 했다.

이에 대한 반발로 북한은 14일 "6자회담에 다시는 절대로 참가하지 않을 것이며 회담의 그 어떤 합의에도 구속되지 않을 것"이라고 선언했다. 북한은 이날 외무성 성명을 내고 핵 폐기 2단계 조치로 진행돼온 영변 핵시설의 불능화 조치를 원상 복구하고 자체적인 '경수로 건설'을 검토하겠다고 밝혔다.

외무성 성명은 "우리의 자위적 핵 억제력을 백방으로 강화해 나갈 것"이라며 "6자회담 합의에 따라 무력화됐던 핵시설들을 원상 복구해 정상 가동하고 그 일환으로 시험 원자력 발전소에서 나온 폐연료봉들이 깨끗이 재처리 될 것"이라고 밝혔다. 또 "우리의 주체적인 핵동력 공업 구조를 완비하기 위하여 자체의 경수로 발전소 건설을 적극 검토할 것"이라고 말했다.[250]

이어 북한은 4월 15일 영변 핵 불능화 작업에 참여 중인 미국의 전문가들과 IAEA 감시요원들에게 봉인과 감시카메라의 제거 방침을 알리고 요원들이 가급적 이른 시일 내에 북한을 떠날 것을 통보했다. 이는 북한이 핵시설 복구 단계를 잘게 세분화해 한 단계씩 긴장 수위를 올리는 '살라미전술'로 미국 오바마 행정부의 인내심을 시험하고 있는 것이다.[251]


## 1) 이완된 김정일 체제 재결속

로켓발사는 4월 9일 김정일 3기 체제의 출범에 맞춰 '우주강국'의 이미지를 선전함으로써 김정일 건강이상설 이후 이완된 체제를 재결속하려는 시도이다. 위성발사는 실패했지만 북한으로서는 이를 인정할 수 없고 우주궤도에서 위성이 "불멸의 혁명송가 김일성 장군의 노래와 김정일 장군의 노래 선율과 측정 자료들이 지구상에 전송되고 있다."는 주장을 지속할 수밖에 없다.

이미 북한은 김일성 사망 4년 후, 김일성 정권 공식 출범 원년인

---

250) 북한은 3월 24일과 26일에도 유엔 안보리 제재조치가 있을 경우 6자회담을 중단하고 핵 불능화 조치를 원상 복구할 것이라고 예고한 바 있으나 '경수로 건설' 카드를 들고 나온 것은 처음 있는 일이었다.
251) '살라미전술'은 얇게 썰어 먹는 이탈리아 소시지 '살라미'에서 따온 말로 북한이 협상단계를 최대한 세분화해서 하나씩 문제로 삼고 각 단계에서 경제적 보상을 얻어 내 이득을 극대화하는 전술이다.

1998년 8월 '광명성 1호 위성'을 쏘아 올려 꺼져가는 주민들의 충성심과 국가적 자긍심을 회생시킨바 있다. 물론 이 위성 발사는 실패했음에도 북한은 성공했다는 주장을 반복했다. 이번 장거리 로켓발사사태는 1998년 북한이 대포동 1호 미사일을 발사했을 때의 상황과 비슷하다.

북한 내부 상황은 내부결속이 어느 때보다 필요하다는 점에서 두 시점이 흡사하다. 1998년에는 2~300만 명이 굶어 죽은 이른바 '고난의 행군'이 막바지에 이른 시점이었다. 그런가 하면 2009년에는 만성적 경제, 식량난에다 김정일 국방위원장의 건강 이상까지 겹쳐 있다. 1998년에는 김정일 정권의 공식 출범을 위해서, 2009년에는 후계구도 마련을 위해서 내부결속이 절실한 때이다.

특히 최근에는 자본주의 시장의 온상이 되고 있는 종합시장을 개편하려는 북한당국에 맞서 시장 세력이 소동을 일으켰다. 이 소동의 이유가 주로 시장단속 조치에 대한 민중의 불만이었다.[252] 그래서 북한 독재정권은 주민들의 의지를 완전히 무시할 수 없으며 단속과 통제에도 불구하고 북한사회에는 국가의 힘에 도전할 세력이 보이지 않게 성장했다.

이러한 도전세력을 제거하기 위해서는 전쟁위기 분위기를 조성하는 한편 로켓발사로 김정일 위원장의 영도력을 과시하려는 것이다. 장거리 로켓발사를 앞두고 마치 전쟁전야와 같은 긴장된 분위기를 연출한 것도 같은 맥락이다. 《노동신문》은 1면에 인민군 총참모부가 "고도의 전투준비 태세를 갖추고 있다."고 밝힌 '중대보도' 전문을 게재했고,[253] 조선중앙방송은 이를 5차례나 재방송하는 등 일촉즉발의 긴장 분위기를 조성했다.

---

252) 2005년에 북한정권은 배급제를 재개했고, 2006년부터 남성들의 장사 금지, 2007년 50세 미만 여성들의 장사 금지 등 잇따른 조치로 시장의 규모를 축소하려 노력하였다.
253) 《노동신문》, 2009.4.3.

또 북한은 유엔 안보리가 북한 로켓발사를 규탄하는 의장성명을 채택하자 북핵 6자회담 거부를 선언하고 핵시설 원상복구 등의 '초강경 대응'으로 정면대결에 나선 것도 의도적인 긴장 분의기를 띄워 주민들에게 초미의 경각심을 불러일으키려는 것이다. 한편 북한 당국은 김정일 국방위원장이 2월 16일 자신의 생일연설을 통해 "우리는 반드시 이긴다."고 강조한 사실을 거듭 소개하며 "선군(先軍) 조선의 전성기가 도래했다."고 선전하여 이완된 김정일 체제의 재결속을 위해 안간힘을 드렸던 것을 볼 수 있다.

## 2) 북미관계 정상화 압박

북한의 로켓발사는 미 본토 타격이 가능한 대륙간 탄도미사일 (ICBM) 개발능력을 과시하여 오바마 행정부를 상대로 북미관계 정상화를 압박하려는 의도가 있는 것으로 분석된다. 북한은 오바마 행정부 출범 이후 내심 대북정책의 긍정적 변화를 기대했던 것으로 보인다. 그러나 국제적인 금융위기는 오바마 정부의 전향적인 대북정책을 가로막고 대외 정책 우선순위에서 북핵문제를 뒤로 미루었다. 2012년 강성대국 대문을 열기 위해서는 북·미 간 군사적 적대관계 해소가 필수적인 과제로서 북·미 직접대화의 장 마련이 급한 것이다.

이와 관련 북한은 2006년 10월 핵실험 이후 북·미 직접대화의 장을 마련한 경험이 있다. 따라서 이번에도 미국의 관심을 유도하기 위해서는 '위기조성전략'을 쓰지 않을 수 없다는 판단이다. 그러나 북한은 로켓발사에 앞서 미국·중국·러시아 등에 발사사실을 미리 통보했던 것으로 알려졌다.[254] 이는 전례 없던 일이며 로켓발사 목적이 대

---

254) 이는 북한이 IMO(국제해사기구)등에 예고한 발사시점(4월 4~8일)보다 훨씬 구체적인 시간대였던 것으로 전해졌다.

미 직접 협상을 통해 정치,경제적 대가를 챙기려는 의도임을 분명히 한 것이다.

북한이 미사일 발사가 아닌 위성 발사라고 강조한 것도 미국과의 갈등이 아니라 대화를 원한다는 의사표시라고 할 수 있으며, 안보리 상정만 해도 6자회담을 거부하겠다고 한 것 역시 북·미 양자대화를 겨냥한 의중을 나타낸 것으로 볼 수 있다. 유엔 안보리가 채택한 의장성명에 반발해서 "6자회담에 다시는 절대로 참가하지 않을 것"이라고 단호한 태도를 보인 북한의 의중에는 6자회담보다 유리하다고 생각되는 북·미 직접 회담을 염두에 두고 있기 때문이다.

한편 북한은 '페리프로세스'로 대표되는 대포동 1호 때의 해법, 즉 미사일을 매개로 한 미국과의 '빅딜'을 희망하는 것으로 보인다. 1998년 당시 대포동 1호의 기술은 미국의 예상을 뛰어넘는 것이었고, 쇼크를 받은 미국은 북한과의 직접협상을 서둘렀다. 결과적으로 북한은 미국을 협상테이블로 끌어들이는 데 성공했다.

1998년 클린턴 행정부의 윌리엄 페리 대북정책조정관은 방북(1999년 5월)에 이어 북한의 미사일 발사 중지와 미국의 대북 경제제재 해제, 장기적으로는 북미관계 정상화까지 포함하는 내용의 '페리 프로세스'를 내놓았다. 이어 2000년 올브라이트 미 국무부장관의 방북을 거치면서 북한은 미사일 발사 유예를 선언하고 미국은 그 대가로 매년 10억 달러 이상의 지원을 하는 '빅딜'이 타결직전까지 갔다. 결국 미국의 정권교체로 이 딜은 백지화됐지만 북한에게는 여전히 최상의 시나리오이다.[255]

---

255) 하지만 현재의 정치적, 군사적 환경이 달라졌기 때문에 북한이 희망하는 것처럼 오바마 정부가 따라줄 것을 기대할 수는 없을 것이다. 그의 우선순위에는 경제문제, 아프가니스탄 문제가 있고 북한문제는 상대적으로 밀려 있어 클린턴처럼 조급하지 않다는 것이다.

## 3) 경제난 일거타결 유혹

북한이 3~5억 달러나 드는 로켓발사를 감행한 것은 경제난 해결에 필요한 외화를 일거에 획득하려는 유혹 때문이다.[256) 그동안 북한은 한국을 비롯한 주변국들로부터 경제 지원을 받아 그런대로 경제난을 극복하면서 로켓발사를 위한 경비를 어렵지 않게 충당해 왔다. 그러나 최근 들어 한국은 물론 미국과 일본으로부터 경제 지원이 중단되었을 뿐만 아니라 세계경제 침체로 중국으로부터도 지속적인 경제 지원을 기대하기 어렵게 되었다.

이런 상황에서 자본주의 체제에 편입되지 않은 북한이 정상적인 경제교류를 통해 필요한 외화를 획득하는 것은 거의 불가능한 일이다. 그래서 북한은 로켓발사, 6자회담 불참 및 핵 개발 등의 충격요법으로 미국을 끌어내어 다시 한 번 '빅딜'을 해 보자는 것이다. 클린턴 행정부 때처럼 미사일 발사유예 대가로 매년 10억 달러씩 약속을 받아낼 수 있다면 그 가능성을 포기할 필요가 없고, 로켓발사가 성공하는 경우에는 중동에 비싼 가격으로 수출을 할 수 있다고 북한은 믿고 있기 때문이다.

북한이 로켓발사체를 수출하여 벌어들일 수 있는 외화는 정확히 알 수는 없지만 10억 달러를 훨씬 상회하는 선이 될 가능성이 크다.[257) 북한은 이미 이란과 위성발사 기술협력을 수행했고, 그에 대한 대가를 받은 것으로 알려졌다.

또한 북한의 로켓발사로 남한이 심각한 안보위협을 느껴 친북좌경 정책으로 전환, 북한에 적극적인 경제 지원을 나선다면 그야말로 금

---

256) 이화여대 조동호 북한학과 교수는 북한의 로켓은 돈을 벌기위해 개발한 것이라고 했다. 《동아일보》, 2009. 4. 10.
257) 클린턴 대통령 임기말기에 미국이 3년간 매년 북한에 10억 달러를 현금으로 지불하고 인공위성을 쏴 주면 북한은 장거리 미사일의 개발·생산·배비·수출은 하지 않는다는 합의 직전까지 갔었다.

상첨화가 될 것이라는 계산이다.


## 4) 남남갈등 확산과 위성발사 기선제압

북한은 로켓발사와 유엔 안보리 제재에 대한 초강경 대응을 지렛대로 북미관계 진전을 이루고 그 성과를 바탕으로 이명박 정부를 압박하여 대북정책을 바꾸려는 계산이 깔려 있는 것으로 보인다. 북한은 통미봉남에 대한 남한 정부의 초조감과 남북관계 경색에 따른 남남갈등 확산 등을 이용하여 남한으로부터 경제적인 실리를 챙기려는 것이다. 이 과정에서 일본과의 관계개선 노력을 병행함으로써 이명박 정부를 압박하고 친북좌경 세력들에게 힘을 실어줌으로써 현 정부 퇴진으로 몰고 가려 할 것이다.

국내 일부 과학계는 북한의 장거리 로켓발사는 한국이 2009년 7월말 발사할 예정인 소형 위성발사체(KSLV-1)의 대내외 효과를 줄이기 위한 '김빼기 작전'이라는 분석도 나왔다. 한 우주전문가는 "한국이 KSLV-1 발사에 심혈을 기울이고 있다는 사실을 잘 알고 있는 북한이 기대효과를 반감시키기 위해 서둘러 위성을 발사했을 가능성이 높다."고 말했다. 북한이 이번 위성발사에 성공했다면 한국을 제치고 세계에서 10번째로 자체 힘으로 인공위성을 쏘아 올리게 되는 셈이었으나 북한에게는 아깝게도 그 기회를 잃고 만 것이다.[258]

---

258) 북한은 이번 '은하 2호' 로켓 기술을 확보하기 위해 30년이 넘는 시간을 투자해 온 것으로 알려졌다.

# 3. 북한의 동북아 안보 위협과 긴장고조

　　북한 로켓발사 문제를 중심으로 동북아는 큰 소용돌이에 휩싸일 것으로 예상된다. 우선 UN안보리가 개최되어 북한을 제재하기로 합의하였다. 유엔 안보리가 북한의 장거리 로켓발사를 규탄하는 성명을 채택하자 북한이 북핵 6자회담 거부를 선언하고 핵시설을 원상 복구하고 자체적인 '경수로 건설'을 검토하겠다는 '초강경대응'으로 정면대결에 나섰다.[259] 이는 결국 북한이 핵과 장거리 미사일 개발로 평화를 위협하면서 "어디 누가 이기나 한번 해 보자."는 식으로 국제사회를 향해 도전장을 던진 형국이다.

　　국제사회의 제재 움직임, 한국의 PSI 가입, 일본의 자체 대북제재 강화 등 북한을 압박하는 카드도 한꺼번에 던져진 상황이다. 버락 오바마 미 행정부 출범 이후 장거리 로켓 카드를 꺼냈던 북한으로서는 상황이 뜻대로 풀려 나가지 않자 새로운 주도권을 잡기 위한 또 다른 보다 강력한 '벼랑 끝 전술'을 쓸 공산이 커 동북아의 안보가 크게 위

---

259) 북한은 4월 14일 유엔 안보리의 대북비난 의장성명 채택에 반발해 "6자회담에 다시는 절대로 참가하지 않을 것이며, 우리의 자위적 핵 억제력을 백방으로 강화해 나갈 것"이라고 선언했다.

협박을 가능성을 배제할 수 없다.

일본은 군사대국화에 대한 목소리를 더욱 높일 것으로 점쳐지고 있고 남한에서도 대북제재 확대 및 장거리 미사일 개발에 대한 여론이 비등해지고 있다. 다른 한편 보즈워스 미국 특사 방북을 통한 북·미 직접 대화 재개,[260] 남한의 대북 특사파견을 통한 남북 대화 재개, 중국 달래기를 위한 김정일 위원장의 방중 등의 움직임도 엇갈릴 전망이다.

북한은 대포동 2호 로켓을 발사해 미사일 사거리를 대포동 1호 발사 때보다 2배 이상 늘렸다. 미국 알래스카와 하와이에는 못 미치지만 가공할 만한 거리를 날아가 태평양에 떨어졌다는 것이다. 북한은 2012년 '강성대국의 문을 여는 해'에 맞춰 미 본토에 도달을 목표로 대륙간 탄도미사일(ICBM) 개발에 더욱 박차를 가할 것이다.

북한은 핵무기•생화학 무기 등 대량살상 무기를 미사일에 탑재해 주변 국가들을 심각하게 위협할 수 있게 되었다. 핵무기 개발에 이어 운반수단인 미사일 사정거리를 확대하고 핵을 소형화하는 데 성공을 한다면 미일을 포함한 모든 주변 국가들을 북한의 전략목적에 따라 움직일 수 있는 지렛대를 갖게 되는 것이다. 이는 열강의 이해가 첨예하게 맞물려 있는 동북아의 국가들에 군비확충의 명분을 주고 전력증강 경쟁을 촉발할 결과를 가져와 지역안보를 위협하게 된다.

특히 일본에서는 북한 로켓발사를 계기로 군사력 강화를 주장하는 목소리가 높아지고 있다. 2009년 4월 5일에 민방 후지 TV가 실시한 여론조사에 따르면 응답자의 60% 이상이 "방위예산 증액"에 찬성한 것으로 나타났다. 일본《산케이신문》도 4월 6일자 사설에서 "자위권 발동으로 북한의 미사일 시설을 선제 파괴할 능력을 갖출 것인지를 포함해 국정의 장에서 적극적으로 논의할 필요가 있다."고 주장했다.

---

260) 6자회담은 2002년 10월 발생한 '2차 핵위기'를 관리해 온 틀로서, 깨질 경우 '3차 핵위기' 발발이 불가피할 것이다.

한편 미국의 강경보수파 인사들도 북한도발에 대한 강력한 대응을 요구했다. 조지부시 행정부시절 대표적 내오콘(신보수주의자)인 존 볼턴 전 유엔대사는 4월 6일 《월스트리트저널》 기고문에서 "북한이 발사를 강행한 것은 이상한 일이 아니다."라며 버락 으바마 정부의 사전 대응이 유약했다고 비난했다.

로켓발사와 함께 북한의 비핵화 전망이 불투명혜짐에 따라 한반도 안보위협이 증대되고 있다. 이제까지 북한은 핵시설 등 핵 프로그램은 비핵화의 대상이지만, 이미 만든 핵무기는 핵군축의 대상이라고 주장해 왔다. '정당한 대가'를 지불하면 핵 프로그램은 포기할 수 있지만, 핵무기는 미국의 대남 핵우산이 폐기되지 않는 한 포기할 수 없다는 입장이다. 탄도미사일 사거리 증가로 핵 권력이 증대되었기 때문에 앞으로 핵 군축 협상에 대한 북한의 요구는 더욱 커질 전망이다.

북한의 핵 실험과 장거리 탄도미사일 개발능력 향상으로 핵위협이 현실화되면서 남북 간 군사력 균형이 북한 우위로 전환될 가능성이 높아졌다. 한국은 재래식 전력에서 대북우위를 차지하고 있으나 북한이 핵무기를 전력화하면 북한 우위로 바뀔 수밖에 없게 된다. 더구나 북한이 미군기지가 있는 오키나와나 괌, 하와이를 타격할 수 있는 사거리만이라도 확보하는 경우, 유사시 미군의 한반도 개입이 제약을 받을 수도 있다.[261]

---

261) 유사시 북한은 미군의 개입을 저지하기 위해 오키나와 괌 등을 핵 인질로 잡을 가능성을 배제할 수 없다.

# 4. 북한 로켓발사와 주변국 입장

　북한 로켓발사와 관련, 한·미일은 대북제재 움직임을 본격화하고 있다. 미국 주도로 유엔 안보리 제재논의를 하고 있는 가운데 미·영·불·일의 '제재 불가피론'과 중·러의 '신중대응론'이 팽팽하게 맞섰다. 그러나 유엔 안보리는 4월 13일 15개국 만장일치로 '의장성명'을 채택하고 북한을 제재키로 합의했다. 이와 함께 미국은 공화당 하원 외교위원회 로스레티넌(Ros-lehtinen) 의원을 중심으로 대북제재 완화 중단 관련 입법이 추진 중이다.[262]

　북한의 핵 위협이 주변국들을 불안하게 하는 경우 한국에서도 핵 개발의 요구가 고개를 들 것이고, 일본과 대만도 핵 도미노에 휩싸인다면 한반도를 둘러싼 핵 경쟁이 치열하게 되는 악몽의 시나리오가 현실로 나타나게 될지도 모른다.

---

262) 2009년 1월 상원인준청문회에서 클린턴 미 국무장관은 북한의 도발적 행동이 있는 경우, "2008년 유예된 제재를 재부과할 수 있다."고 공언했다.

## 1) 미국의 입장

오바마 대통령은 북한의 로켓발사 전 4월 3일 북한이 미사일 발사를 강행할 경우 국제사회가 함께 제재에 나설 것이라고 경고했다. 그러나 어떤 조치를 취할 것인지에 대해서는 구체적인 언급을 피했다.[263] 오바마 행정부는 출범 후 북핵문제에 대해 부시 행정부 때 강조된 북핵의 완전하고 검증 가능하며 복구 불능한 폐기(CVID) 대신 북핵을 기정사실로 인정하고 다만 핵무기의 확산을 막자는 정책 변화를 한 것으로 감지되어 왔다.

그동안 오바마 행정부의 주요 인사들은 북한을 '핵무기 보유국'으로 인정하는 발언을 했다. 미 국가정보위원회와 국방부 산하 합동군사령부는 보고서에서 북한을 핵무기 보유국으로 표현했고 로버트 게이츠 국방장관도 외교 전문지 「포린 어페어」 기고에서 북한이 이미 여러 개의 핵무기를 개발했다는 입장을 밝혔다. 이는 미국이 북한을 핵보유국으로 공식 인정하지는 않더라도 적어도 준 핵보유국으로 인정하면서 비핵화가 아닌 핵무기 비확산 쪽에 정책의 무게를 둔다는 의미로 해석할 수 있다.

한편 미국은 북한의 대남 군사 협박과 로켓발사를 미국의 관심을 끌기 위한 것으로 파악하고 북한의 전략적 의도에 말려들지 않기 위해 신중히 대응하고 있다. 미국이 북한에게 로켓발사에 대하여 '유엔 안보리 결의 1718호' 위반이며 중대한 결과를 초래할 것이라고 경고하면서도 과잉대응을 자제하고 있는 것은 그러한 맥락이다.

데니스 블레어 국가정보국장은 3월 10일 상원 군사위원회 청문회에서 북한이 발사하려는 것은 인공위성인 것 같다고 하였으며 게이츠 장관은 3월 29일 북한의 미사일 사거리가 아직 알래스카에 미칠 능력이 안 된다고 평가하며 이를 요격할 예정이 없음을 밝혔다. 한편, 미

---

263) 로이터통신, 2009.03.03.

국은 북한의 통미봉남 의도를 단호히 거부하면서도 북한과의 대화의 지를 표명하고 있다. 보즈워스 특별대표는 로켓발사 이틀 전 "압박이 가장 생산적인 접근은 아니며 인센티브가 결합되어야 한다."고 하면서 북한과의 대화를 암시하였다.[264]

2009년 4월 5일 북한의 장거리 로켓발사에 대한 미 행정부의 대응은 유엔 안보리 회부와 미·북 양자회담, 6자회담재개 노력 병행이라는 '강온전략'으로 요약된다. 오바마 대통령은 EU 정상들과의 회의를 위해 방문 중인 체코 프라하에서 로켓발사 1시간 만에 '도발적 행위'라는 내용의 대북 비판 성명을 발표하여 유엔 안보리의 소집을 요구했다.[265] 그는 이번 사태가 다른 '불량국가'의 행태에도 영향을 미칠 것을 우려, 신속하게 엄중한 조치를 취한 것이다.

그럼에도 불구하고 오바마 대통령은 직접적인 제재를 가하겠다는 입장은 표명하지 않았으며 미 국무부 관계자들도 북한을 어떻게 징계할지에 대해서는 발언을 삼가고 있다. 미국의 이런 입장은 현재 상황을 대치국면으로 몰기보다는 대화 재개를 통해서 해결하는 정책으로 끌고 나가겠다는 것이다. 미국의 이러한 입장은 유엔 안보리 차원의 결의안 채택을 포기하고 이보다 강도가 낮은 '의장성명'을 제안했으며, 이 안에는 북한의 로켓발사 행위에 대한 우려 표명과 함께 6자회담 재개 요구가 포함되었다는 것이다.

이런 맥락에서 볼 때 오바마 행정부는 유엔 안보리에서 조치 이후 중장기적으로 미·북 양자회담과 6자회담을 통해서 북핵문제를 관리하거나 해결하는 방안을 지속적으로 추진해 나갈 것으로 예상된다. 북한 로켓발사를 계기로 오바마 행정부는 북한 문제가 차지하는 위

---

264) 오바마 행정부가 북핵 특사로 임명한 보즈워스 전 주한 미 대사가 특사직을 파트타임(part time)으로 하도록 한 것도 미국 북핵 정책의 이런 변화를 뒷받침 하는 것으로 평가하고 있다.
265) 오바마 대통령은 체코 프라하의 흐라드차니 광장에서 "핵 실험을 즉각 중단하고 핵무기 감축과 핵물질 생산 중단을 위한 새 협정을 추진하겠다."고 했다.

상을 높일 전망이며, 6자회담보다는 미·북 양자협상이 우선시되고 6자회담은 단지 미국과 북한의 협상을 추인하는 기구로 전락할 가능성도 배제할 수 없다.

북한의 잇따른 강경조치에 미국은 북한과의 회담재개를 모색하는 한편 북한의 핵실험 등으로 악화될 가능성에 대비하는 '이중전략'을 구사하고 있다. 힐러리 클린턴 국무장관은 북한의 태도를 비판하면서도 북한과 곧 대화할 수 있기를 기대한다고 말했다. 미국은 북한과의 접촉이 시작되면 핵과 미사일은 물론 북한의 관심사를 충분히 논의할 수 있다는 자세이다. 미국은 양자 접촉과 함께 6자회담을 병행하지 않으면 미국이 모든 부담을 져야 하기 때문에 6자회담의 조속한 재개를 추진한다는 입장이다.

미·북 직접협상에서 미국이 플루토늄 관련 비확산에 초점을 맞추고 핵무기를 포함한 완전한 비핵화 문제는 추후 문제로 미룬다면 북미관계의 진전속도는 더욱 빨라질 수 있을 것이다. 미국과 북한이 핵신고에 대한 제한적인 검증에 합의하고 플루토늄과 관련 핵시설의 폐기 절차에 들어가는 형식을 취하게 될 것이 예상된다. 미국은 궁극적으로 북한 핵과 미사일 문제를 해결해야 하는데다 억류된 여 기자 귀환 문제도 다뤄야 하기 때문에 적절한 시점에 고위급 채널을 가동해 북한과의 대화재개 수순을 밟으려 할 것이다.


## 2) 일본의 입장

아소다로(麻生太郎) 일본총리는 북한의 로켓발사 발표와 관련 3월 13일 "타국의 영토 위를 날아가는 탄도미사일 훈련을 하는 나라는 없다."고 북한은 비난했다. 일본은 4월 2일 중일 정상회담에서 　"북한이 발사를 강행하면 유엔 안보리 결의안을 채택해 강한 메시지를 전할 필요가 있다."며 중국의 협조를 요청했다. 이어 일본은 지대공유 도미사일, 패트리엇(PAC-3)을 비롯해 이지스함, 정찰기, 최신 레이더 등을 총동원해 미사일 발사에 대비했다.

북한이 4월 5일 로켓을 발사하자 아소다로 총리는 "북한의 로켓발사는 도발적인 행위로 간과할 수 없다."며 "앞으로 유엔 안보리에서의 새로운 결의 채택을 위해 국제사회와 협력에 대응하겠다."고 말했다. 그러나 4월 10일 중・러의 반대에 부딪혀 미국이 안보리 이사회 차원의 결의안 채택을 포기하고 이보다 강도가 낮은 '의장성명' 채택을 제안했으며 일본도 결의안 채택에 대한 강력한 주장을 철회한 것으로 보인다.

아소다로 총리는 "결의안이나 의장성명 등 선택지가 많지만, 빈약한 내용만 담기는 결의안이라면 의미가 없다."며 의장성명을 수용할 뜻이 있음을 시사했다.[266] 이에 따라 일본 정부가 추진하고 미국정부가 동의했던 새로운 대북제재 결의안 채택은 사실상 무산된 셈이다.[267] 그러나 일본 정부는 11일부터 태국에서 열리는 '아세안+3' 정상회의에서 강력한 내용의 대북 의장성명 채택을 추진했다.

일본은 유엔 안보리 제재에 대한 반발로 북한이 6자회담 거부와 합의 파기를 선언함에 대해 "6자회담은 지속돼야 한다."는 입장이다. 한편 일본정부는 4월 10일 각료회의를 열어 기존의 독자적인 대북제재조치를 다소 강화하는 내용의 제재조치를 의결했다. 추가된 조치는 북한에 대한 송금보고 의무액을 현 3,000만 엔 초과에서 1,000만 엔 초과로 기준을 강화하고, 북한 방문자가 엔화를 가져갈 때 신고하는 금액 기준도 100만 엔 초과에서 30만 엔 초과로 강화하는 내용 등이다.

이와 함께 일본은 이 기회를 군사대국화로 가는 길을 여는 데 활

---

266) AFP통신, 2009.04.10.
267) 중국은 의장성명보다도 강도가 더 낮은 '언론발표문' 채택을 주장해 왔다.

용하려는 눈치이다. 일본은 1998년 북한이 대포동 1호 미사일을 발사하자 정보 수집을 위성 발사계획과 전역 미사일 방위(TMD) 연구 개발계획을 확정했다. 북한이 2006년 대포동 2호 미사일을 발사하고 핵실험을 강행하자 일본은 다음해 방위청을 방위성(省)으로 승격시켰다. 이번 북한의 로켓발사로 일본을 군비강화는 물론 '평화헌법'을 개정해 자위대를 자위군으로 바꿔야 한다는 목소리가 높게 일고 있다. 일본의 보수 세력은 물론 중도좌파 세력도 일제 북한을 공격해 일본의 군사대국화 당위성을 한껏 띄우고 있다.[268]

## 3) 중·러 및 EU의 입장

중국과 러시아는 북한의 로켓발사 이전부터 북한에 대해서 자제할 것을 바라면서도 발사 후라도 주변국들이 대화와 협상으로 문제를 풀어 나갈 것을 요청했다. 중국 장위 외교부 대변인은 2월 17일 정례 브리핑에서 북한 로켓발사와 관련 "대화와 협상으로 한반도의 평화와 안정을 유지해야 한다."며, "이는 유관 당사국의 이익일 뿐만 아니라 국제사회 모두가 원하는 것"이라고 주장했다.

중국은 북한이 유엔 안보리 제재에 반발하여 북핵 6자회담 거부를 선언한 데에 대해 "6자회담은 지속돼야 한다."고 강조했다. 그러나 중국은 당사국들이 "예민한 반응은 삼가야 한다."는 태도를 보여 러시아와 미묘한 견해차를 드러냈다. 장위외교부 대변인은 "북한과 협의하기 위해서 당사국들은 흥분을 가라앉히고 차분하게 대응할 필요가 있다."고 말했다. 이어 그는 "북한에 대한 새로운 안브리 결의나 제재에는 반대한다."고 조심스럽게 북한을 두둔하는 태도를 보였다.

---

268) 일본의 군사대국화를 꾸준히 경계해 온 《아사히 신문》 도 4월 6일 "북한 미사일 발사"라는 제목의 1면 머리기사에서 북한의 행태를 비판적으로 다루었다.

러시아 알렉세이 브로다브킨 외무차관은 3월 27일 "현재 동북아 지역에 긴장이 고조되고 있다는 것을 알고 있으며, 우리는 북한이 로켓발사를 자제해 줄 것을 바란다."고 말했다. 이어 그는 "모든 이해 당사국들은 동요나 상호위협 없이 침착하고 이성적으로 대처해야 하며, 대화와 협상으로 문제를 풀어야 할 것"이라고 주문했다.

러시아는 북한의 반발성명이 있은 후에도 중국과는 달리 짤막한 언급을 했다. 러시아 외교부는 "북한의 결정은 유감스러운 것이며 북한이 한반도 핵문제 해결을 위한 6자회담을 중단하지 않기를 촉구한다."는 발표를 했다.

중·러는 북한이 로켓을 발사하자 북한이 발사한 로켓이 인공위성이라는 결론을 내리고 한국과 미국, 일본 등 관련 당사국에 과도한 대응을 자제할 것을 촉구하고 나섰다. 이에 따라 북한에 대한 유엔 안보리 제재에 대해서도 양국은 반대 입장을 분명히 했다.

장위 중국 외교부 대변인은 4월 5일 오후 기자회견에서 "북한이 사전에 인공위성 발사라고 밝힌 바 있으며, 우리는 상황을 주의 깊게 지켜보고 있다."며 "관련 각국이 냉정하게 자제하면서 이 문제가 적절히 처리되기를 희망한다."고 밝혔다.

러시아 외무부의 안드레이 네스테렌코 대변인도 이날 "로켓의 항로를 분석할 결과, 북한이 발사한 로켓은 저궤도 인공위성으로 확인됐다"며 "관련 당사국들이 객관적 근거를 바탕으로 이 문제를 평가하고 자제할 필요가 있다."고 말했다. 이런 맥락에서 중국과 러시아는 안보리 논의에 동의하면서도 대북제재에는 반대했으며 미일은 이 벽을 넘지 못하고 안보리 '의장성명' 채택으로 만족할 수밖에 없었다.

다른 한편, 유럽연합은 4월 5일 발표한 성명에서 "이번 북한의 로켓발사는 동북아 지역의 평화와 안정을 위협하는 행위"라고 비난하며, "북한은 탄도미사일 개발을 중지하고 핵개발 계획도 포기해야 한다."고 강경한 입장을 보였다.

# 5. 어떻게 대응할까?


## 1) 한국의 입장

북한은 이번 로켓발사로 핵에 이어 장거리 미사일 능력까지 보유하게 되는 한국에게는 악몽과 같은 시나리오가 펼쳐지고 있다. 이에 반해 한국은 NPT(핵확산금지조약)에 따라 핵무장 능력을 포기했고, MTCR(미사일 기술 통제체제)에 가입해 사거리 300km, 탄두 중량 500kg을 넘는 미사일을 개발할 수 없게 돼 있다. 핵과 미사일에서 남북한 간의 전략적 불균형을 갈수록 심각해질 수밖에 없다.

이런 맥락에서 한국정부는 북한로켓발사가 유엔 안보리 결의 1718호를 명백히 위반하는 것으로서 북한의 어떠한 주장에도 불구하고 한반도 및 동북아의 안정과 평화를 위협하는 도발적 행위로 규정하고 있다.[269] 정부는 4월 5일 이명박 대통령 주재로 국가안전보장회의(NSC)를 열어 "북한의 도발에 대해 단호하고 의연하게 대응할 것이다. 그러나 동시에 열린 자세로 인내와 일관성을 갖고 북한의 변화를

---

269) 제5조는 "북한은 탄도미사일 프로그램과 관련한 모든 활동을 중지하고 기존의 미사일 발사 유예 약속을 재확인한다."고 규정했다.

기대할 것"이라 입장을 정리했다.

　정부의 외교안보정책 조정회의 의장인 유명환 외교통상부 장관은 성명을 통해 "우리 정부는 향후 북한의 어떤 도발에도 대처할 수 있는 만반의 대비태세를 강화함은 물론 유엔 및 관련국들과의 협의하에 이번 발사에 대한 구체적인 대응조치를 취하고 있다."고 했다.[270] 한편 정부 내에서 PSI에 전면 참여가 필요하다는 목소리가 커짐과 함께 유명환 장관은 "정부는 PSI전면 참가를 적극적으로 검토하고 있다."고 밝혔다. 그러나 이러한 입장은 최근 "유엔 안전보장이사회의 논의 과정을 지켜본 뒤 가입 일정을 확정한다는 방침 결정"으로 다소 신중한 태도를 보였다.[271]

　이와 함께 한국은 북한의 미사일 공격을 효과적으로 막아낼 수 있도록 군사력을 강화하되 특히 한국과 미국이 체결한 미사일 지침의 재개정을 통해 한국미사일의 사거리를 연장해야 한다는 입장이다. 특히 북한이 유엔 안보리 제재 반발로 내놓은 6자회담 및 합의 구속거부, 핵시설 불능화 조치 원상복구와 자체적인 경수로 건설 등은 한국의 안보와 직결되는 것으로서 국제적 공조를 통해 반드시 저지해야 할 것이다.


## 2) 보고만 있을 것인가?

　북한의 로켓도발에 대한 논의는 유엔 안보리 결의 1718호 위반이라는 사실에서 출발해야 한다.[272] 1718호는 평화에 대한 위협, 파괴, 침

---

270)　정부는 우리 국민의 방북을 신중하게 하도록 유도하고 북한 체류 인원의 규모를 최소한도로 조정한다는 조치를 취하고 있다.
271)　한반도의 긴장감이 고조된 상황에서 PSI참여를 즉각 발효해 북한을 자극할 필요가 없다고 판단했기 때문인 것으로 보인다.
272)　북한은 2006년 7월 대포동 2호 발사로 안보리 대북제재 결의 1695호를, 그 해 10월 핵실험으로 1718호를 자초했다.

략행위와 이에 대한 대응조치를 규정한 유엔헌장 7장에 따른 조치였다. 북한의 도발시 점점 심각해지는데도 아무런 저재를 하지 못한다면 유엔은 존재할 이유가 없다.

안보리 결의를 위반한 북한이 제재를 받지 않는다면 북한은 곧이어 핵실험과 로켓발사의 연장선상에서 핵무기를 소형화해 로켓에 탑재하고 주변국을 위협할 것이다. 2차 핵실험을 감행할 가능성도 있다. 장거리 미사일과 핵물질을 해외에 판매할 수도 있다. 그러면서 당연히 제재를 받아야 할 북한이 안보리 상정만 해도 6자회담이 없어지고 핵 불능화 조치도 원점으로 돌린다고 하니 그야말로 '적반하장'이 따로 있는 게 아니다.

북한이 도발로 촉발한 안보위협을 제거하는 첫 걸음은 국제사회가 "나쁜 행동을 보상하지 않는다."는 원칙을 철저히 지키는 것이다. 이번 로켓발사와 '벼랑 끝 전술'로 긴장감을 계속 고조시켜 주변국들로부터 지원과 양보를 받아 내기 위한 북한의 도발과 위협은 억제해야 한다. 이제까지 예를 보면, 북한의 도발로 위기가 발생한 후에는 국제공조가 가장 중요한 것으로 나타났다. 특히 북한의 도발적 행동을 저지하려면 반드시 중국과 러시아의 협조를 얻어 내야 하고 이를 위해 고도의 세련된 외교 전략과 능력이 필요하다.[273]

한편 북한 로켓발사에 대해 국제사회의 대응이 미온적이면 당장의 위기는 잠복될지도 모르지만 북한의 비타협적인 태도와 앞으로 유사 전술을 반복 사용하는 악순환이 지속될 것이다. 주변국들은 국제공조 등을 통해 북한이 유엔 안보리 제재에 반발해서 내놓은 북한의 6자회담 불참, 핵시설 재가동뿐만 아니라, 핵시설 원상복귀, 2차 핵실험, 무력시위 등을 억제하기 위한 철저한 대비책을 강구해야 할 것이다.[274]

---

273) 안보리의 분열상을 노출하는 듯한 중국과 러시아의 대응은 북한의 추가 도발을 조장할 우려가 있다.
274) 인센티브 제공을 통해 사전 예방하는 방법도 있으나 유화정책으로 비칠 소

로버트 게이츠 미 국방장관은 북한이 핵무기 개발을 포기하도록 하기 위해서는 외교적 수단보다는 경제제재가 더 효과적이라고 말했다. 피터슨 연구소의 마커스 놀랜드 선임연구원은 "2005년 9월 미국 재무부가 북한이 돈세탁 은행이었던 마카오의 방코델타아시아(BDA) 은행의 계좌를 동결했던 압박 책이 성공적이었다는 점을 상기해 볼 필요가 있다."고 말했다. 사실 당시 금융제재는 유럽과 아시아 은행에 숨겨져 있던 북한 지도부의 개인 자산들에 타격을 줬고 매우 효과적이었다. 안보리의 '의장성명'이 제대로 기능을 발휘할 수 없을 때는 주변 국가들이 협력하여 북한에 경제제재를 가하도록 해야 할 것이다.

북한은 그들의 초강경대응이 6자회담을 폐기시키고 그들이 바라는 북·미 직접협상을 끌어낼 수 있는 지렛대로 볼 것이다. 그러나 북한의 이러한 행동이 오바마 행정부의 '반짝관심'을 자극할지는 모르지만 과거처럼 많은 양보를 결코 얻어낼 수 없음을 분명하게 가르쳐 주어야 할 것이다. '당근과 채찍' 정책을 병행할 수는 있지만, 대결정책에 '당근'은 결코 문제해결의 실마리가 아님을 명심해야 할 것이다.

한편 한국은 앞으로 북한의 위협에 대비, 한국형 미사일방어(MD) 체제를 본격적으로 구축해야 할 것이다. 대량 살상무기 확산방지구상(PSI)에 완전히 참여해 북한 미사일 기술의 확산을 막고, 북한 스커드에 대비한 미사일방어(MD) 시스템을 강화하는 것이다. 한·미 연합방위체제를 강화해 북한의 핵과 미사일 위협에 대한 방어력 구축에 만전을 기해야 할 것이다.

또 하나 당면 과제는 주한·미군의 패트리엇(PAC-3) 미사일 추가 배치와 이지스함인 세종대왕 함의 SM-3 미사일 적재 등 한·미 연합 대응전력의 확충이다. 이번 대포동 2호 발사를 계기로 한·미 양국이 맺은 미사일 협정을 재개정해야 한다. 현재 300km 이내로 되어 있는 미사일 사거리를 적어도 북한 전역을 사정권에 넣을 수 있는 550km

_____
지가 많아 오히려 장기적으로는 도발적 행동을 부추긴 소지가 다분하다.

로 늘려야 할 것이다.[275]

　앞으로 북한체제는 2008년 김정일 건강 이상을 계기로 다시 불거져 나온 김정일 후계를 둘러싼 심상치 않은 내부갈등에서 보듯 언제 무슨 일이 일어날지 모르는 불안한 상태이다. '북한의 급변사태'에 대비한 한·미일 공조와 함께 앞으로는 한·중·러 3자 협의도 이루어져야 할 것이다. 또한 이러한 급변사태에 대비하여 남북대화 채널도 적절한 선에서 유지해 두는 것이 필요할 것이다.

---

275) 한 군 고위 관계자는 "북한 전역을 사정권에 포함시키는 사거리 550km의 미사일을 개발할 수 있도록 협정을 개정해야 한다."고 말했다.

# 6. 대량살상무기방지 확산 구상[276]

정부가 2009년 4월 14일 '대량살상무기 확산방지구상'(PSI)에 정식참여하기로 최종 방침을 정하였다. 북한은 그동안 한국정부가 대량살상무기확산방지구상에 가입할 경우 이를 '선전포고'로 간주하겠다고 경고해 왔다.

대량살상무기확산방지구상(WMD)은 대량살상무기의 국제적 확산을 막기 위해 2003년 6월 미국 주도로 발족한 국제 협력체제로 PSI로 부르기도 한다. 이 구상에 의하면, 대량살상무기의 확산을 방지하기 위한 정보 공유는 물론, 필요한 경우에는 가입국의 합동작전도 가능하다. 또 인신매매 금지나 마약·위조지폐 등의 밀수와 마찬가지로 대량살상무기의 밀수를 각국의 국내법으로 저지할 수 있는 내용도 포함되어 있다.

대량살상무기는 생화학무기·중장거리미사일·핵무기 등으로 짧은 시간 안에 많은 인명을 살상할 수 있는 강한 파괴력을 가진 무기들을 통틀어 이르는 개념으로 이 가운데 북한의 생화학무기를 살펴보면 다음과 같다.

---

276) Weapons of Mass Destruction Proliferation Security Initiative.

북한은 한국 전쟁 이전부터 화학전에 관심을 보였으며, 1960년대부터 화학전 장비 개발 중에 나선 것으로 알려져 있다. 공격적 화학전 능력을 강조한 1970년대를 거쳐 1980년대부터는 각종 화학작용제의 대량 생산 및 비축, 대규모 살포 및 투발 수단의 발전을 이루어 왔다.

신의주, 만포, 아오지, 청진, 강계, 함흥, 안주, 순창 등에 화학작용제 생산 시설을 갖추어 현재 신경 작용제 등 2,500~5,000톤에 달하는 12종에 이르는 화학작용제를 비축하고 있는 것으로 알려져 있다. 생물학 작용제의 경우 그 실전 배치 여부에 대해서는 논란의 여지가 있지만, 치사율이 높은 탄저균 등 4종에 대해 연간 1톤 이상의 생산 능력을 보유 했다는 평가이다.

이러한 생화학 무기가 탄도 미사일에 탑재될 경우 예상되는 피해와 위협의 강도는 비약적으로 증가할 것이다. 현재 군 당국은 북한이 보유한 지대지 미사일에 이미 상당량의 화학탄이 정착되어 있는 것으로 추정한다. 이러한 화학탄이 장착된 미사일은 광범위한 지역을 오염시킬 수 있다. 북한의 이러한 대량 살상 무기가 국제적으로 확산되지 못하도록 하는데 PSI가 필요한 것이다.

2000년 이후 탈북한 관계자들의 전방 지역 근무 경험에 따르면, 경기도 김포시와 파주시와 인접한 개성시 판문군 일대에만 해도 6사단 소속 1개 화학 중대, 각 연대마다 1개 화학 소대가 구성되어 있는 것으로 전해지고 있다.

◆ 우리의 기도

"만물이 그에게서 창조되되 하늘과 땅에서 보이는 것들과 보이지 않는 것들과 혹은 왕권들이나 주권들이나 통치자들이나 권세들이나 만물이 다 그로 말미암고 그를 위하여 창조된 것"을 믿습니다.(골

1:16) 만왕의 왕 되신 우리 주 예수 그리스도를 찬양하며 북한 로켓발사 도발 문제를 올려드리며 기도드립니다.

첫째, 북한이 로켓발사로 세계의 안전을 위협하고 있습니다. 로켓 3단 분리에 실패하였음에도 인공위성이 세계를 돌며 김일성을 찬양하고 있다는 거짓으로 민중을 현혹시키고 있습니다. "거짓 증인은 벌을 면하지 못할 것이요 거짓말을 뱉는 자는 망할 것이니라."(잠 19:9)는 말씀처럼 거짓의 끝은 멸망임을 북한이 분명히 깨달아 알게 하여 주시옵소서.

둘째, 로켓발사에 이어 북한은 유엔 안보리 의장성명에 강경대응하며 6자회담 참가 거부와 핵시설 재가동 등을 선언하며 악한 길을 고집하고 있습니다. "악한 자의 집은 망하겠고 정직한 자의 장막은 흥하리라."(잠 14:11) 하신 말씀대로 북한이 악한 길을 버리고 선하고 정직한 길을 가도록 하나님께서 강권적으로 역사하여 주시옵소서.

셋째, 미국, 일본, 중국, 러시아 등 주변의 나라들이 각기 처한 나라의 이해관계에 따라 엄연한 바른길을 버리고 옳지 않는 것에 타협하지 않게 하시고 "오직 정의를 물 같이, 공의를 마르지 않는 강 같이 흐르게"(암 5:24) 하는 일에 과감히 동참하게 하시옵소서.

넷째, 북한 로켓발사 이후 남북관계도 경색 국면을 면치 못하고 있습니다. 하루 속히 북한이 이성으로 돌아와 얼어붙은 남북관계가 봄 날씨처럼 풀리게 하시고 한국의 정치지도자들에게도 하늘의 지혜를 부어 주셔서 고도의 세련된 외교 전략과 능력으로 해결점을 찾게 하시옵소서.

다섯째, 북한은 개성공단 현대아산 직원을 비롯해서 미국인 여 기자 2명도 분명한 이유를 밝히지 않은 채 장기간 억류하여 인권을 침해하고 있습니다. 어서 속히 이들이 풀려나와 자유의 몸이 되게 해 달라고 하나님께 간절히 기도드립니다.

예수님의 이름으로 기도합니다. 아멘.

# Ⅷ. 6자회담 재개와 북핵 해결 전망

요즈음 6자회담에 대한 북한의 태도를 종 잡을 수 없다. 6자회담을 한다는 건지 안한다는 건지 도대체 갈피를 잡을 수 없다. 북한은 분명히 "다시는 6자회담에 참가하지 않을 것이며, 기존 6자회담의 어떤 합의에도 더 이상 구속받지 않겠다. 6자회담은 영원히 끝났다."고 선언했다. 이어 대화에는 대화로, 제재에는 핵 억제력으로 대처하겠다는 말도 했다.

그러던 북한이 중국 후진타오 국가 주석이 보낸 다이빙궈 국무위원 앞에서는 양자와 다자 회담을 모두 할 의사가 있다고 태도를 바꾸었다. 후진타오 특사 자격으로 뒤이어 방북한 원자바오 중국총리에게 김정일 위원장은 북·미 회담 결과를 보고 6자회담을 포함한 다자회담을 진행할 용의가 있다고 말했다. 6자회담이란 표현을 하나 더 쓴 것 말고는 같은 말을 한 것이다.

김 위원장은 그의 전략용어인 '다자대화'라는 참가대상국 수가 '애매한 용어'를 사용했는데 이는 6자회담을 찍어서 한 이야기는 아니다. 상황에 따라서 북한은 3자나, 4자 회담을 고집해 6자회담 참가국의 분열을 꾀할 수 있다. 6자회담 틀에서 고립감을 느꼈던 북한이 일본이나 한국, 러시아 가운데 일부를 제외해야 한다고 주장할 수도 있다.

북한이 '6자회담 조건부 수용' 의사를 밝혔으나 내세운 조건들은 6자회담 전에 이루어질 가능성이 없는 것들이다. '미·북 양자대화를 통한 양국의 평화적 관계 전환'은 미국의 대북적대시 정책 철폐 및 북·미 간 평화협정, 주한미군 철수 등을 모두 포괄할 수 있는 개념이기 때문이다.

그럼에도 불구하고 김 위원장의 발언이 앞으로 북한이 6자회담에 전격 복귀하게 되는 디딤돌이 될 가능성이 있다. 주변 국제 상황이 더 이상 북한이 버티도록 놔두지 않을 것이다. 한·미를 중심으로 한 국제사회는 북한의 술책에 넘어가지 않으려면 원칙을 지켜 단호하게 대응해야 할 것이다. 그러나 강경대응이 만능은 아니다. '대화와 제재'를 '조화와 균형'에 맞게 병행하여 '합력해서 선을 이루는 것'(롬 8:28)이다. 함께 기도하기를 원한다.

# 1. 북핵 6자회담 파탄

## 1) 북핵 합의와 단계적 이행

북한은 체제생존과 남한을 제압할 목적으로 1990년 초부터 은밀하게 핵 연료인 플루토늄을 생산해 왔다. 북한의 핵 개발 징후가 구체적으로 늘어남에 따라 미국을 비롯한 주변국들이 북한에 대해 핵개발 포기 권유와 압박을 가했다. 그 결과 1994년 10월 21일 미국과 북한은 제네바 핵 합의를 통해서 북한에 경수로를 지어 주는 대가로 핵동결을 시키는 데 성공했다.

그러나 핵 동결 합의를 해 놓고도 한쪽으로 북한은 농축 우라늄을 이용한 핵개발을 은밀하게 추진했다. 북한이 농축우라늄 핵개발 사실을 시인한 2002년 10월 이후 미국은 북핵 개발 저지를 위해 중국과 함께 3자회담을 시작으로 4자와 6자회담을 연이어 개최했다.[277] 그 결과 UN안보리의 대북제재 결의안(1718)을 통과시켜 북한을 압박했으나 중국의 외면으로 실효를 거두지 못했으며 북한은 6자회담에

---

277) 한국은 주도적인 역할을 주장해 왔으나 3자 회담에서는 제외되는 수모를 겪기도 하였다.

서의 합의를 외면했다.

북한은 6자회담에 복귀하여 북한의 완전 핵 폐기를 통한 한반도 비핵화와 평화체제 구축에 동의하고 이에 대한 이행 원칙들을 큰 틀에서 규정한 '9·19 공동성명'(2005년)에 합의했다. 이어 한국과 미국은 '9·19 공동성명'에서 제시된 원칙들을 '행동 대 행동'이행 원칙에 따라 단계적으로 상호 조율된 조치가 이루어지도록 하기 위한 로드맵으로 '2·13 합의'(2007년)을 끌어냈다.[278]

'2·13 합의'는 제1단계 초기 이행 조치를 명시한 합의문이고, 이어 이루어 낸 '10·3 합의' 문서는 다음 단계 조치들을 규정한 문건이다. '10·3 합의문'은 비핵화 2단계인 핵 프로그램의 신고와 2단계 조치의 핵심인 영변의 5MW 원자로, 핵 재처리 시설과 핵 연료봉 제조공장 등 3개 핵시설을 12월 31일 이전에 불능화하는 것이었다.

한반도 비핵화를 달성하기 위한 북핵의 폐기과정은 특별한 돌발 변수가 없는 한 첫째 가동중단·폐쇄·봉인, 둘째 신고·불능화, 셋째 검증·폐기의 3단계로 구분하여 진행되기로 한 것이다. 그러나 북한 핵문제는 '신고'라는 장애물 때문에 시한을 6개월이나 넘겼고 북한은 자신의 의무사항인 '모든 핵 프로그램에 대한 완전하고 정확한 신고'를 회피했다. '정확하고 완전한' 신고에는 원칙적으로 플루토늄 총량, 핵 무기수, 핵 실험시설, 기타 핵 확산 기록, 그리고 검증방안도 포함된 것이다.

정확한 핵 신고는 곧 핵 폐기를 의미하기 때문에 북한의 결심이 필요한 시점이었다. 북한은 결국 신고에서 우라늄 농축프로그램(UEP), 핵 이전, 핵무기 등을 제외시켰다. 2008년 7월 10일 개막된 북핵 6자회담에서 북한이 제출한 핵프로그램 신고서의 내용에 대한 검증과 관련하여 첫째, 핵시설 현장방문, 둘째, 관련부서 및 기록제출, 셋째,

278) 이 합의에서 참가국들은 북한의 비핵화 과정을 세분화하고 단계마다 이행실태의 점검과 상응조치를 합의해 가면서 최종목표에 도달해 가는 방식을 채택했다.

기술자 면접조사 등 3원칙에 합의했다.[279]


## 2) 악마는 디테일에

"악마는 디테일에 있다." 일정 부분 성과를 거두었음에도 불구하고 상세한 검증방안을 담은 검증계획서 작성에 실패했다. 무엇보다도 장비 반입과 시료채취, 대상설정 등 검증의 주요 세부사항은 전혀 합의되지 않았다. 민감한 부분을 덮고 넘어가 앞으로 논란의 불씨를 자초하는 북핵 협상의 전형적인 모습이 되풀이되었다. 북한의 핵 폐기는 기술적인 문제를 넘어 근본적인 북한의 핵포기 의지에 달려 있기 때문에 더욱 어렵다. 북한에게 핵은 단순한 위협용 무기가 아니라 '체제 유지용' 수단으로 삼고 있기 때문이다.[280]

북한은 2008년 6월 26일 핵 활동 내용을 담은 신고서를 제출했고 다음날 원자로의 냉각탑을 폭파했다. 미국은 10월 11일 북한은 테러 지원국 명단에서 삭제했고 이로써 북한은 미국 무기수출 통제법, 수출 관리법, 국제금융기관법, 대외원조법, 적정국교역법 등 5개 법률에 따라 제재에서 벗어났다. 6자회담 참가국들은 7월 12일 수석 대표회의 '언론발표문'을 통해 6자회담 틀 내에 한반도 비핵화를 검증하기 위한 검증체제를 수립하기로 합의했다. 그러나 검증방식에 있어 미국과 북한은 이견을 좁히지 못했다. 북한은 검증대상을 영변핵시설에만 국한되고 검증방식도 제한적이어야 한다는 주장을 굽히지 않았기 때문이다.

북한은 결국 "10·3 합의에 따라 진행 중이던 핵시설 무력화(불능화) 작업을 즉시 중단키로 했다."고 선언했다. 북한은 불능화 중단선

---

279) 《 CBS 노컷뉴스 》, 2008.07.14.
280) 잭크라유치 전 백악관나 NSC 부보좌관은 "북한이 핵을 포기하지 않을 것"이라고 했다. 《중앙일보》, 2008.07.04.

언이래 핵시설 원상복구, 핵시설봉인 해제요구 수준으로 압박을 높여 갔다. 9월 24일 북한은 영변 핵시설에서 봉인과 카메라 장비를 제거 했으며 IAEA 검증팀이 재처리시설에 접근하지 못하게 했다.

## 2. 북한의 북핵 회담 전략

### 1) 다자 내의 북·미 양자회담

북한은 1994년 제네바 합의 때처럼 양자회담을 가져 핵개발을 포기하는 조건으로 체제보장과 경제 실리를 최대한 챙기려 했다. 중국의 3자회담 제의를 받고도 북한이 미온적인 반응을 보이자, 중국은 기술적 이유를 내세워 3일간 북한에 대한 석유공급을 중단하면서 압박을 가했다. 이에 마지못해 북한은 4월 12일 다자대화 참석입장을 공식 발표했다. 미국이 다자회담을 내세워 중국 참여를 강력히 요구하여 중국을 참여는 시켰지만 북한은 실제로는 북미양자 회담으로 끌고 간다는 전략이었다.

이 회담에서 북한은 내내 폐연료봉 재처리와 관련 모호한 표현을 함으로써 회담에서의 협상력을 제고시키는 동시에 미국의 태도 변화를 압박했다. 한편 북한은 대화를 통한 핵문제 해결 의지를 보이면서 미국 측의 양보를 얻어 내려 했다. 북한은 3자 회담을 마친 4월 25일 조·미 쌍방의 우려를 동시에 해소할 수 있는 이른바 3단계 '대범한 핵 해법'을 내놓았다. 즉, 미국이 북한의 요구 사항을 해결해 주면 북한도 그에 상응하는 해결 조치를 취한다는 단계의 핵문제 해법이다.

북한의 이 같은 제안은 당시 미국에서 '거의 수용할 수 없을 정도로 어리석은 내용'이었다. 북한이 각 단계마다 선(先) 조치를 요구하고 있는 것은 미국의 대북 핵 포기 선 조치와는 상충되는 것이기 때문이다. 이에 대해 파월 장관은 다자회담 지속을 시사하면서도, 북핵문제의 안보리 결의, 북한 미사일 수출 선박의 나포 시사 등 외교적 강경 발언을 되풀이했다.[281]

## 2) 핵 개발을 위한 6자회담 전략

북핵문제 해결을 위해 '선 북·미 양자대화, 후 다자대화'를 고집하던 북한이 남북한과 미·일·중·러가 참여하는 6자회담을 전격 수용했다. 그 이유는 첫째, 미국이 북한의 양자회담 주장에 대해 상당히 융통성을 보였기 때문이다. 북한은 미국이 "다자회담 줄거리 안에서 조·미 쌍무 회담을 할 수 있을 것"으로 판단하였다. 결국 북경 3자회담 때와 같이 한·중·일·러가 지켜보는 가운데 북·미 단독 접촉을 갖겠다는 전략이었다.

북한은 미국과 양자회담을 통해 핵문제 해결의 관건이 미국의 '대조선 정책 전환'에 있음을 강조하였다. 북한은 '대북 적대시 정책 포기', '동시 행동 조치'에 의한 해결, '대북 핵 위협 소멸 확인 후 사찰 수용' 등 3가지 원칙을 6자회담에 임하는 북한의 기본 입장으로 표명했다.

둘째, 북한은 미국의 대북 압박을 그대로 지켜보고만 있을 수 없었다. 미국은 6자회담 성사를 위한 외교노력과 함께 북한을 겨냥해 대

---

281) 2002년 4월 30일 북한은 "미국이 핵문제를 유엔으로 끌고 가면 비상 행동 조치를 취할 것" 이라고 밝혔다.

량 살상무기 확산 방지구상(PSI)을 구체화하고, 마약과 위조지폐 단속을 강화하면서 경수로 중단 가능성까지 내비치는 등 대북 압박을 늦추지 않았다. 때문에 북한이 대화 외에는 사용할 수 있는 카드가 없었다. 이런 맥락에서 북한은 상황이 호전될 때까지 시간을 벌고 그때 가서 다시 회담을 공전시키는 전략을 쓰겠다는 것이다.

셋째, 북한은 다자대화가 어떻게 보면 그들의 장기목표에 유리할 수도 있다고 본 것이다. 협상에 의한 다자적 해결이 가져다 줄 수 있는 잠재적 이익 즉 5개국들에 의해 제공될 여러 유인(誘因)들은 훨씬 더 클 수도 있다. 이외에도 다자토론은 북한으로 하여금 자신들이 볼 때 비합리적인 미국의 요구를 최대한 노출시킬 수 있는 절호의 기회로 활용할 수 있다는 것이다.

넷째, 북한이 러시아를 끌어들인 이유로, 러시아는 그간 UN 안보리에서의 북핵 논의에 중국과 함께 일관되게 반대 입장을 개진하는 등 북한의 입장을 많이 두둔했기 때문이다. 한때는 북·중 간 관계가 뜸해지는 반면 북·러 관계가 가까워지는 조짐도 노였다. 북한은 6자회담 개최와 관련, 중국을 통하지 않고 관련국들에 직접 대화을 취하는 등 중국과 미묘한 거리를 두기도 했다.[282]

이는 중국이 북·미 간 '중재역'이라는 입장을 강조하면서 실제로는 북한의 핵계획 폐기를 요구하는 미국과 공동보조를 맞춘 데 대한 불만을 드러냈던 것으로 보인다. 북한이 러시아를 끌어들인 것을 북한이 중국과는 거리를 두는 한편 러시아를 자신 편으로 끌어들여 6자회담의 주도권을 장악하려는 의도였던 것으로 볼 수 있다.

결국 북외무성 대변인은 당시 "6자회담에 임하는 우리의 취지는 명백하다."며, 첫째, 미국의 정책전환 의지를 명백히 확인하고, 둘째, 그 어떤 선사품으로서의 안전 담보나 체제 담보를 요구하는 것이 아니라

---

282) 북·중 간의 이러한 조짐은 2003년 4월 베이징에서 열린 북·미·중 3자 회담 후 두드러졌다.

서로 공격하지 말자는 데 대해 '법적으로 담보하는' 불가침 조약을 체결하고, 셋째, 미국이 "대북 적대시 정책을 포기하기 전에는 조기 사찰이란 있을 수 없다는 것"이라고 말했다.


### 3) 단계적 해법 고수

북한은 북·미 사이의 핵문제 해결을 위한 조치들을 동시 행동으로 맞물려 행해야 한다는 원칙을 견지해 왔다. 동시 행동은 한반도 비핵화의 현실적 방도이며, '조기사찰'은 어떤 경우에도 절대로 허용할 수 없다는 것이다.

북한이 제시한 4단계 해법은 동시 행동의 원칙을 따라야 하며 그 순서는 첫째, 미국의 중유 제공을 재개하고 인도주의 식량 지원을 대폭 확대한 동시에 북한은 핵 계획 포기의사를 선포하며, 둘째, 미국이 불가침 조약을 체결하고 전력 손실을 보장하는 시점에서 북한은 핵시설과 핵 물질 동결 및 감시 시찰을 허용하며, 셋째, 북•미, 북•일 외교관계가 수립되는 동시에 북한은 미사일 문제를 타결하며, 넷째, 경수로가 완공되는 시점에서 북한은 핵시설을 해체하는 것이다.[283]

궁극적으로 북한이 목표하는 것은 미국의 대북 적대정책을 전환시키는 것이다. 하지만 당면목표는 '말대말'의 첫 단계 행동조치로서 핵활동 동결 시 미국이 북한을 테러지원국 명단에서 해제하고, 정치•경제•군사 제재와 봉쇄를 풀고 주변국들과 함께 중유나 전력 등 에너지를 지원케 하는 것이다. 북한은 미 행정부가 핵문제 해결의 의사가 있다면 동시 일괄 타결안과 그 첫 조치로 '동결 대 보상'에 합의를 해

---

283) 이 당시 한국도 북핵 해결을 위한 '3단계 접근법'을 제시했으나 북한이 미국에게 선행조치를 취할 것을 요구하는 것과는 반대로 북한이 선행조치를 취해야 함을 강력히 주장했다.

야 한다는 입장이다.[284)

한편 북한은 '동시 행동 원칙'을 내세우기도 했다. 김계관 북한 수석대표는 연설에서 "북한은 조•미 관계가 정상화되고 신뢰가 조성되며, 핵 위협이 제거됨에 따라 핵무기 및 핵무기 계획을 검증 가능하게 폐기할 것을 공약할 것"이라며 선(先) 관계정상화 입장을 밝혔다.[285)

## 4) 인도 파키스탄식 해결 전략

북한이 제재와 경고를 무릅쓰고 핵 실험과 탄도미사일 발사하는데는 그들 나름대로 전략이 있다. 무엇보다도 북한은 미국이 군사행동으로 북한의 핵 개발을 막거나 응징할 수 없을 것으로 보고 있다. 또 국제사회의 제재도 오래가지 못할 것이며, 중국과 러시아가 계속 지원해 줄 것이라는 계산도 깔려 있는 것으로 판단된다. 핵 실험으로 핵무기 보유를 기정사실화 한 뒤 일정한 기간 '고난의 행군'으로 견디어 내면 결국은 핵보유국이 되어 미국과 대등한 위치에서 핵 협상을 할 수 있을 것이라는 기대를 하고 있는 것이다.

북한은 6자회담 자리에서 이미 여러 차례 "왜 우리가 동북아의 파키스탄이 될 수 없느냐"고 주장해 이런 야망을 숨기지 않았다. 이스라엘•인도•파키스탄처럼 핵실험을 통해 핵보유국으로 인정받겠다는 야심이다.[286) 미국은 테러와의 전쟁 때문에 파키스탄 핵보유를 인정했고, 중국 경제 목적에서 인도의 핵무기를 받아들인 셈이다. 북한 김계관 6자회담 수석대표는 기조연설에서 "조건이 성숙되지 않은 현 단계

---

284) 북한은 미국이 '완전하고 검증가능하며 되돌릴 수 없는 폐기'를 요구하자, "핵동결'은 핵 폐기의 시작 단계"라고 주장했다.
285) 북한은 선 핵 포기를 주장한 미국 측 제안에 대해서는 불합리한 제안으로 받아들일 수 없다고 했다.
286) 강석주 북한 외무성 제1부상은 베이징에서 "핵을 어떻게 포기하겠는가, 포기하려고 핵을 만들었다는 것인가"라고 반문했다. 일본 NHK, 2006.11.22.

에서 핵무기 문제를 논의코자 할 경우 핵군축 회담의 진행을 요구하는 게 불가피하다."고 했다. 이는 북한이 핵보유국으로 인정받겠다는 것이다. 그렇게 되면 NPT에 의한 IAEA의 핵 사찰을 받지 않아도 되는 면책 특권이 생긴다. 북한이 핵 불량국에서 미국이나 러시아처럼 핵 관리국으로 바뀐다는 것이다.

## 5) 북한의 대범하고 획기적인 해결책

조총련 기관지인 《조선신보》는 2008년 10월 6일 북한이 핵 검증 문제 논의를 위해 방북한 힐 차관보에게 '대범하고 획기적인 해결책'을 제시하며 최후통첩을 할 것으로 보인다고 보도했다. 북한의 입장을 대변하는 《조선신보》는 이날 "부시정권에 제공된 마지막 기회"라는 제목의 기사에서 "부시 행정부가 (최후통첩에) 호응하면 조선반도 정세는 크게 호전될 수 있다."며 "만약 합의점을 찾지 못하면 6자회담 구도는 붕괴의 위기에 처할 가능성이 있다."고 강조했다.

《조선신보》는 "핵문제는 본질적으로 조선반도와 동북아시아의 안전 보장에 관한 문제이며, 현시점에서는 조·미가 적대관계 청산의 이정표를 세워야 할 필요성이 제기된다."고 했다. 《조선신보》의 이 같은 논조는 비핵화와 연계한 한반도 평화체제 문제 등을 논의하기 위한 북·미 고위급 정치 및 군사 회담 개최를 힐 차관보 방북길에 제시한 것으로 분석된다. 《조선신보》는 '대범하고 획기적인 해결책'의 구체적인 내용을 밝히지 않았으나 결국 북한이 원하는 것은 '북·미 방위조약' 체결[287] 등으로 미국이 대북 적대 관계를 청산하고 핵보유국으로서 북한체제를 인정 보장하라는 것이다.

---

287)  북한은 2008년 5월 24일 미국과 '북?미 방위조약' 체결을 희망하고 있다고 토니 남궁 미 뉴멕시코 주지사 수석고문이 밝힌바 있다. 《중앙선데이》, 2008.05.25.

# 3. UN 안보리 대북제재와 6자회담 불참선언

## 1) UN 안보리 결의, 1874 대북제재

북한은 2009년 5월 25일 국제사회의 만류에도 불구하고 2차 핵실험을 감행했다. 이는 북한이 핵실험과 미사일 탈사(4월 5일)를 통해 핵무기를 실은 미사일로 한국 등 주변 국가를 공격할 수 있는 능력을 갖추고 있음을 국제사회에 과시한 것이다. 그러나 북한의 이와 같은 도발적인 행위는 주변국들과의 관계를 악화시키고 국제제재를 자초했다.

유엔 안보리는 6월 21일 북한과의 모든 무기 및 관련 물품의 거래를 중단시키는 결의 1874호를 채택했다. 이 결의안은 전문+34개 조항으로 2006년 1차 핵실험 직후 채택된 결의한 1718호보다 크게 늘었고 북한의 핵실험을 비난하면서 '가장 강력하게 규탄한다'고 했다. 화물검색과 관련, 1874호는 북한을 오가는 선박이 금수대상 무기를 싣고 있다고 의심되면 공해상에서 검색할 수 있도록 권고하고, 선박이 반발할 경우 인근 항구로 유도해 검색을 할 수 이는 권한을 부여했다.

무기금수 부분에서 1874호는 북한의 주 외화수입원인 무기 수출을 차단하기 위해 소형무기 한 개라도 북한 땅에서 나오지 못하도록 했다.[288] 금융제재와 관련, 1874호는 북한의 대량살상무기, 미사일 프로그램에 기여할 수 있는 모든 금융거래를 금지시켰다. 특히 이 결의안은 제재 불이행에 대해 집중적으로 자료를 수집하고 분석하는 역할을 담당하는 '전문가 그룹'(panal of expert)를 두기로 했다.

한편 유엔 안보리는 9월 24일 민간 핵기술을 제공받은 뒤 군사적 목적으로 전용한 국가에 대해 핵물질을 회수할 수 있는 권리를 담은 '결의문 1887'을 만장일치로 채택했다.

미국은 북한의 잇따른 도발에 상응하는 제재조치로서 북한선박 추적, 북한기업 제재, 북한과 거래하는 외국 기업을 제재하는 동시에, 북한 인권 특사를 통해 탈북자 및 인권문제도 국제사회에 제기하고 있다. 미국은 7월 1일 국제 금융 채널을 통해 북한의 핵과 무기 수출을 지원한 혐의를 받는 17개 북한 은행과 기업들에 제재를 가하기로 했으며,[289] 이는 미국이 김정일 위원장의 재정적 '생명선'을 끊어 버리겠다는 뜻이다.

중국은 초기에 미온적인 제재태도를 보였다. 유엔 안보리 결의에 동의하긴 했지만 중국은 적극적인 제재의지가 없음을 분명히 했기 때문이다.[290] 그러나 최근 중국은 북한에 대해 독자적인 대북제재로 돌아서 북한을 압박했으며 이는 북핵 개발이 이 지역의 핵 도미노를 불러일으킬 수도 있다는 우려 때문인 것으로 분석된다. 실제로 아소다로 일본 총리는 "북한 핵문제가 심각해지면 일본 내부에서 핵 무장을 해야 한다는 목소리가 강해질 것"이라고 말한 바도 있다.

---

288) 단 북한의 무기수입은 소형무기에 한해 예외를 인정했으나, 이 역시 모든 거래를 안보리에 사전 신고토록 했다.
289) 《월스트리트 저널》, 2009.07.01
290) 북한이 5월 25일 2차 핵실험이 있은 다음날 중국은 "이럼 핵실험은 전략상 불가피한 선택이었다."고 말했다.

## 2) 북한의 6자회담 불참선언

북한은 UN 안보리가 4월 14일 '의장성명'을 채택하자 이에 대한 대응조치로 외무성 명의의 성명을 통해 "앞으로 다시는 6자회담에 참가하지 않을 것"이라며, "기존 6자회담의 어떠한 합의에도 더 이상 구속되지 않겠다."고 선언했다. 북한은 이 성명에서 "불능화 작업이 진행 중이던 핵시설을 원상복구" 하고 이를 통해 획득할 '폐연료봉'들을 "깨끗하게 처리할 것"이며 "자체의 경수로 발전 건설을 적극 검토할 것"이라고 밝혔다. 실제로 북한은 4월 25일 영변 핵시설에서 폐연료봉의 재처리 작업을 시작했다고 발표했다.

북한 외무성은 4월 29일 대변인 성명을 내고 UN 안보리가 대북제재를 철회하고 "즉시 사죄하지 않으면 우리는 부득불 추가적인 자위적 조치들을 취하지 않을 수 없게 될 것"이라고 위협했다.[291] 김영남 북한 최고인민회의 상임위원회 위원장은 7월 15일 유엔 비동맹회의에서 미국과 그 동맹국들이 북한의 주권을 존중하지 않기 때문에 핵 프로그램을 둘러싼 군축 협상을 재개할 준비가 되어 있지 않으면 "6자회담은 영원히 끝났다."고 말했다.

유엔 주재 북한 대표부의 신선호 대사는 7월 24일 미국과 양자대화를 재개하는 데 관심을 표명하면서 "6자회담은 영원히 끝났다."고 하여 6자회담에는 다시 참가하지 않겠다는 기본입장을 되풀이했다. 북한 외무성 대변인은 7월 27일 담화를 통해 "6자회담은 자주권 존중과 평등의 원칙 없이는 성립될 수 없는 회담이었다. 현 시대를 해결할 수 있는 대화방식은 따로 있다."고 주장했다. 이어 신선호 유엔 주재 북한대사는 9월 3일 "우리는 자주권과 평화적 발전권을 난폭하게 유린하는 데 이용된 6자회담 구도를 반대한 것"이라고 반대이유

---

291) 외무성은 "여기에는 핵 실험과 대륙간 탄도미사일 발사 실험들이 포함될 것"이라고 했다.

를 밝혔다.

북한의 박길연 외무성 부상은 9월 28일 유엔 총회 기조연설에서 "대화에는 대화로, 제재에는 핵 억제력으로 대처할 것"이라며 "미국이 제재를 앞세우고 대화를 하겠다면 우리 역시 핵 억제력 강화를 앞세우고 대화에 임할 것"이라고 주장했다. 이는 미국이 제재를 앞세우는 한 6자회담에 참가할 이유가 없다는 논리이다. 같은 날 자성남 영국 주재 북한대사는 "6자회담이 북조선을 반대하는 무대로 악용되고 있다는 판단에 따라 거부한 것이지 조선반도 비핵화 자체를 거부하는 의미는 아니다."라고 하여 6자회담 반대에 대한 국제사회의 곱지 않은 시선을 피하려 했다.[292]

---

292) 김정일 위원장은 10월 5일 중국 원자바오 총리와 회견에서 "우리는 조·미 회담 결과를 보고 다자회담을 진행 할 용의를 표명했다. 다자회담에는 6자회담도 포함돼 있다."라고 설명했다.

# 4. 6자회담 재개 움직임

## 1) 북한과 미국의 접촉

오바마 행정부의 대북정책은 UN 안보리 결의 1874호 및 1718호를 이행하고 이를 위해 국제 공조를 강화하며 미국의 재정 및 군사력을 통한 대북압박이다. 미국은 강력한 조치가 취해지지 않을 경우 동북아 지역 내 군비경쟁이 촉발될 위험이 있다고 인식하고 있다. 따라서 미 행정부는 북한이 이미 약속하고 보상받은 행동 및 도발적 행동에 대해서는 보상하지 않는다는 원칙을 견지하고 있다.

그동안 미국은 6자회담을 통한 북핵 해결에 주력했지만 북한은 미국과 핵 프로그램을 둘러싼 양자 군축 협상을 주장하면서 6자회담에는 참가하지 않겠다고 버텼다. 최근 들어 한·미 양국과 다른 6자회담 참가국들은 북한 비핵화에 도움이 되면 '6자회담 맥락에서 6자회담의 복귀를 위한' 북·미 양자회담이 가능하다는 입장을 보이고 있다. 북한도 현실적으로 6자 틀을 쉽게 깰 수 없는 상황에서 다자 틀 내에 양자대화를 시도하면서 5자 압력구도를 벗어나 보겠다는 의도가 있는 것으로 보인다.

소식통에 따르면 김정일 국방위원장은 2009년 8월 5일 3시간 30여 분간 이어진 클린턴 전 대통령과의 면담에서 미국과 '새롭고 더 나은 관계'(a new and better relation)를 원하고 있다면서도 "미국이 대북 적대시 정책을 철회하는 것이 우선"이라고 강조했다고 한다.[293] 미국은 대북제재를 계속하면서도 북한에 '대화의 문은 언제든지 열려있다'는 신호도 함께 보내는 '투트랙(two-track)' 접근을 하고 있다. 북한이 되돌릴 수 없는 비핵화 조치들을 취한다면 궁극적으로는 수교 등 '포괄적 패키지'를 제공하겠다는 다짐까지 하고 있다.

최근 북한이 미국과의 양자회담 성사를 위해 적극적인 '구애공세'를 펼치면서, 스티븐 보즈워스(Bosworth) 대북정책 특별대표의 평양방문을 환영한다는 의사를 미국에 전한 것으로 알려져 관심이 모아지고 있다.

8월 24일 한·미의 외교소식통은 "북한은 최근 2~3차례에 걸쳐 보즈워스와 성김(Kim) 대북특사가 평양을 방문해 줄 수 있는지를 미국 측에 물어 왔다."며 "북한의 이런 태도는 2009년 초와는 확연히 다른 것"이라고 했다.[294] 보즈워스의 방북 여부에 관심이 쏠리는 것은 그 자체가 곧 북·미 양자대화의 '신호탄'으로 해석될 수 있기 때문이다. '대북정책 특별대표'라는 타이틀을 달고 있는 보즈워스의 방북은 핵문제를 포함한 북·미 현안의 전면적 논의의 기회가 된다는 것이다.

그간 미국은 일관되게 북한에 대해 "6자회담 테이블로 돌아와야 하며, 양자 회담은 6자회담의 틀 내에서만 가능하다."고 강조해 왔다. 따라서 비핵화에 대한 북한의 진정성이 확인된 이후에나 북측에 보즈워스 방북 여부를 회신할 수 있는 입장이라는 것이다.[295] 6자회담의

---

293) 이는 결국 북한이 지난 50년 동안 했던 이야기를 다시 반복한 것에 지나지 않는다.

294) 일각에서는 북한이 이들의 '9월 방북'을 희망했다는 이야기도 나왔다는 것이다.

295) 워싱턴의 기류는 생각 이상으로 강경하다. 미국은 절대로 서두르지 않는다는 입장이다.《조선일보》, 2009.08.26

재개를 위해 회담 당사국들과 충분한 협의를 갖는다면 '6자회담 내의 양자회담'이라는 대전제는 훼손하지 않은 채 평양을 방문할 수 있는 명분을 갖추게 되는 것이다.

미 행정부는 8월 25일 스티븐 보즈워스 대북정책 특별대표의 방북 요청을 일단 거부했다. 이언 켈리(Ian Kelly) 미국무부 대변인은 "북한이 6자회담을 다시 시작한다는 데 동의하지 않으면 미국은 양자대화를 갖지 않을 것이냐"는 질문에 대해 "그렇다."그 말해 북한이 6자회담 복귀의사를 밝힌 후에나 보즈워스 대표의 방북이 가능할 것을 시사했다.

한편 필립 크롤리 미국 군무부 공보담당 차관보는 9월 11일 "미국은 북한과 대화할 준비가 되어 있다."고 밝혔다. 그러나 현재 추진되고 있는 북·미 대화는 이전과는 달리 '대화'와 '제재'가 병행된다는 것이다. 앞으로 북·미 대화는 6자회담 틀 안에서 진행되며, 그 초점도 북한을 6자회담으로 복귀시키려는 데 맞춰져 있다. 한 외교 소식통은 "북한은 곧 재개되는 북·미 접촉을 '핵 군축 협상'의 시작으로 활용하려 하겠지만, 미 행정부는 그럴 생각이 전혀 없다."그 말했다.

미 국무부의 이언 켈리 대변인은 9월 14일 정례 브리핑에서 "우리는 6자회담 맥락 밖에서는 북한과 어떠한 실질적 양자대화도 가지지 않을 것이라는 점을 줄곧 밝혀왔다."며 "우리의 양자회담 목적은 북한을 6자회담으로 복귀시키는 데 있다."고 말했다. 이런 상황에서 김정일 위원장이 직접 나서서 비핵화 목표 불변, 다자대화 병행으로 요약되는 긍정적인 발언을 함에 따라 북·미 양자대화 추진이 활기를 띄게 했다.

제임스 스타인버그 미국 국무부 부장관은 9월 30일 "미국은 북한을 6자회담에 복귀시키기 위해 직접적인 북·미 양자 접촉에 나설 준비가 돼 있다."며 "북한이 이 기회를 잡아야 할 것"이라고 말했다. 이날 북한 조선중앙통신은 "미국의 반공화국 적대시 정책 철회 없이 우리의 핵 포기에 대해 운운하는 것은 허황한 꿈"이라고 강조했다.

오바마 행정부는 김정일 위원장이 원자바오 중국 총리에게 '북미양
자대화'를 강조한 데 대해, '6자회담이 최선'이라는 입장을 밝혔다. 북
한이 "6자회담은 끝났다"고 했던 기존의 입장을 일부 수정했지만, 오
바마 행정부는 북·미 양자대화가 아니라 6자회담을 통해서만 실질적
인 대화를 하겠다는 입장을 분명히 밝혔다.[296] 이런 입장은 보즈워스
대북정책 특별 대표의 방북이 이루어지더라도 이는 북한을 6자회담
에 복귀시키기 위한 것이지, 협상하기 위한 것이 아니라는 기존의 전
략에서 변한 것이 없다.

김 위원장이 내건 조건 중 핵심은 "북·미 양자 회담을 통해 북·미
적대관계를 평화적인 관계로 전환해야 한다."는 대목이다. 북한이 주
장해 온 미국의 대북 적대시 정책 철회는 곧 주한 미군 철수와 평화
협정 체결을 모두 포함하는 것인데 북·미 양자 회담에서 이 문제들이
쉽게 해결될 전망이 없다.

북한은 여전히 미국의 '대북 적대정책 철회'라는 조건을 내걸고 있
다. 북·미 양자 접촉을 설득하겠다는 미국과의 그 속내가 사뭇 다르
다. 그러나 북미는 양자회담을 추구하고 있으며 양자회담의 성사는
시간문제이다. 이런 맥락에서 북한의 단거리 미사일 발사가 북한과의
대화 재개를 최종 검토하는 상황에서 결정적인 걸림돌이 되지 않고
있다는 것이다.


## 2) 회담 재개를 위한 중국의 역할

의장국으로서 북핵 6자회담을 주도해 왔던 중국이 회담 재개를 위

---

296) 오바마 행정부는 6자회담이 북한의 '선택사항'이 아니라, 반드시 복귀해야
하는 '필수 사항'임을 각인시켰다.

해 김정일 위원장과 직접 접촉하는 등 팔을 걷었다.[297] 후진타오 중국 국가 주석은 9월 16일 다이빙궈 중국 외교 담당 국무위원을 6자회담 재개 논의를 위해 특사로 북한에 보냈다. 중국이 후 주석의 친서를 지닌 고위급 특사를 파견한 것은 무엇보다 6자회담의 장국으로서 중단된 6자회담을 되살리는 데 앞장서 한반도 비핵화 협상에서 주도적 역할을 지속하겠다는 것이다.

6자회담은 중국 입장에서 자국의 경제 개발을 위해 필요한 한반도 정세의 안정을 확보하면서, 한반도에 대한 영향력도 유지할 수 있는 최고의 카드로 간주되고 있다. 반면 북한은 6자회담보다 미국과의 직접 대화를 고집해 왔다.

이번 방북에는 6자회담 중국 측 수석대표인 우다웨이(武大偉) 외교부 부부장도 수행해 중국이 6자회담 재개 방안을 논의하겠다는 뜻을 분명히 했다.[298] 중국이 6자회담 재개에 적극성을 띄는 데는 의장국으로서가 아니더라도 다른 이유가 있다. 특히 북한이 두 명의 여 기자 석방 등을 계기로 미국과의 직접 접촉을 추진하는 상황에서 자칫 미국에 주도권을 뺏길 수도 있다는 조급함도 배경으로 꼽힌다.

중국 신화통신은 9월 18일 김 위원장이 후진타오 중국 국가주석의 특사 자격으로 방북한 다이빙궈 국무위원을 만났다고 전했다. 이 자리에서 김 위원장은 "북한은 비핵화의 목표를 계속 추구할 것이며 한반도의 평화와 안정을 위해 노력할 것"이라며 "이 문제를 양자(bilateral)와 다자(multilateral)회담을 통해 해결하기를 희망한다."고 말했다.

후 주석은 이날 다이빙궈 국무위원을 통해 김 위원장에게 보낸 친

---

297) 북한도 지난 8월 25일 북중 접견지역인 중국 단동시에 주선양 단동 영사 지부를 정식으로 열었다. 단동에 외국의 외교 공관이 들어선 것은 이번이 처음이다. 《동아일보》, 2009.08.27
298) 중국의 방북단에는 푸쯔잉 상무부 부부장과 궈예저우 공산당 대외 연락부 부장 조리도 수행했다.

서에서 "한반도의 비핵화를 실현하고 동북아시아의 평화와 안정, 발전을 증진하는 것은 중국의 일관된 목표"라고 강조했다. 또 그는 "중국은 이 목표를 달성하기 위해 북한과 함께 모든 노력을 기울일 준비가 되어 있다"고 말했다.

북·미 회담을 고집하던 김 위원장이 양자 또는 다자 회담을 모두할 의사가 있다고 태도를 바꾼 것은 대화의 문을 열어 놓고 제재의 고삐를 늦추지 않은 한·미 전략이 주효한 것으로 보인다. 한·미 공조가잘 이루어지지 않으리라는 김정일의 예상과 달리 한·미 공조는 흔들리지 않았기 때문이다.[299] 이날 김 위원장이 '6자회담'이란 표현을 쓰지 않고 '다자회담'이라고 한 것은 북한이 앞으로 주변상황을 이용, 과거처럼 3자 또는 4자 회담을 적절히 활용하여 때에 따라서는 한국과일본 또는 러시아도 회담에서 제외될 수 있음을 시사한 것으로 볼 수있다. 한편 "6자회담 불참"이란 말을 뒤집어야 하는 상황에서 체면 때문에 '다자'라고 했을 가능성도 없지 않다.

중국 외교부 대변인은 "10월 4~6일 원자바오 총리의 방북기간 동안 경제, 무역, 교육, 관광 분야에서 일련의 협정이 체결될 것"이라며 "중국은 그동안 북한 경제의 발전과 인민 생활의 개선을 위한 경제 원조를 제공해 왔다."고 말해 원 총리 방북 때도 대규모 지원을 시사했다.[300]

실제로 원 총리의 대북 '선물 보따리'는 공개된 것만 2억 달러를 웃돈다. 무상 경제원조와 기술과 교육 분야의 지원협정, 관광 산업관련협정, 중국 측 비용 부담을 전제로 한 신압록강 대교 건설 등이 있다.

중국 측이 1억 5000만 달러 가량의 공사비를 부담하는 신 압록강대교 신설도 북한 입장에선 2002년 무산된 '신의주' 특구의 꿈을 되살

---

299) 그동안 북한은 한·미 공조가 원활치 않은 상황을 이용해 당근만 챙기고 비핵화는 피해가는 수법을 반복했다.
300) 중국은 지난 2005년 10월 후진타오 주석이 취임 후 처음으로 북한은 방문했을 때 20억 달라 가량의 식량과 경제 원조를 제공했다고 한다.

릴 수 있는 카드다. 북한이 이에 합의한 것은 이 대교가 북한이 2006년부터 추진 중인 압록강 하구 '비단도 자유무역 지대' 프로젝트의 기반 시설이 되기 때문이다.

중국은 경제 외에 안보분야에서도 '성의'를 표시했다. 원 총리는 이번에 평양 동쪽 100km거리에 있는 평안남도 회창군의 중국 인민지원군 열사 묘를 참배해, 유사시 대북안보지원 의지를 표시했다.[301]

그럼에도 불구하고 중국은 북한의 조속한 6자회담 복귀약속을 받아내는 데 실패했다. 김정일 위원장은 10월 5일 원자바오 총리에게 "조·미 회담 결과를 보고 6자회담을 포함한 다자회담을 진행할 용의가 있다."고 밝혔다. 김 위원장은 "북미관계는 양자 회담을 통해 반드시 평화적인 관계로 전환돼야 한다."는 말도 덧붙였다. 북한은 여전히 미국의 '대북 적대 정책 철회'라는 조건을 내걸고 있다. 북한은 6자회담을 언급하기는 했지만 북·미 관계가 그들의 뜻대로 되어야 참석하겠다는 뜻이다. 설령 북한이 어렵게 6자회담에 참석한다 해도 북핵 해결을 의미하는 것은 아니다.

북한의 이런 태도에 대하여 중국 측은 예상은 했지만 당혹스러워 하는 눈치다. '6자회담'이라는 표현이 하나 더 들어간 것을 제외하고는, 사실상 9월 18일 다이빙궈 국무위원이 방북했을 때 김 위원장이 밝힌 "양자, 다자 대화에 나서겠다."는 태도에서 진전된 내용이 없기 때문이다.

친강 중국 외교부 대변인은 10월 6일 평양에서 가진 브리핑에서 "과거 3자회담(북·미·중)이든 4자회담(남북한과 미·중)이든 그리고 6자회담이든 미·북 양자대화는 그 틀 내에서 이루어졌다. 양자대화가 6자회담을 대체하지 않을 것"이라고 했다.

이언 켈리 미국무부 대변인은 김 위원장의 발언에 대해 "한반도의 검증 가능한 비핵화가 북한과의 대화 핵심 목표이며 이를 위해서는 6

---

301) 6.25 전쟁 때 240만 명의 중국군이 참전했다는 사실을 상기시켰다.

자회담이 최선의 방안이라는 점에 대해 5개국은 의견의 일치를 보았다."고만 밝혔다.

중국의 지원이 북에 대한 국제적 제재 내용을 담은 유엔결의 1874호에 위배되지 않는지 면밀히 따져 봐야 한다. 1874호 결의에는 "모든 회원국은 북한 주민에게 직접적으로 도움이 되는 인도주의 및 개발 목적이거나 비핵화를 증진시키는 용도를 제외하고는 북한에 새로운 공여나 금융지원, 양허성 차관을 제공하지 말 것을 촉구한다."는 내용이 들어 있다. 중국이 대북 영향력을 유지하기 위해 유엔이 금지한 지원을 약속했다면 유엔 안보리 상임이사국 자격이 없다.[302] 그러나 한국정부 관계자는 "중국 정부가 이런 무상원조는 유엔결의 1874호에 위배되지 않는다고 외교경로를 통해 우리 정부에 설명해왔다."고 말했다.

원자바오 총리는 한·중·일 3국 정상회담에 참석하여 방북결과를 설명하면서 "김정일 위원장과 여러 차례 만나 모두 10시간 가량 같이 있었으며, 가장 긴 면담은 4시간이었다. 북한은 6자회담에 유연성을 보였고, 미국과의 관계 개선을 희망했을 뿐만 아니라 한국, 일본과도 개선하려고 한다고 했다."며 "지금이 북한과 대화할 기회"라고 했다. 북·미 접촉이 조만간 있을 것으로 예상되는 시점에서 북한이 이런 태도를 보이는 것은 미국과는 핵문제를 협상하고 한국과 일본으로 부터는 경제적 지원을 챙기겠다는 속셈인 것으로 분석된다.


### 3) 그랜드바게인이란?

이명박 대통령은 9월 21일 미국 뉴욕에서 "이제 6자회담을 통해

---

302) 북한은 2005년 후진타오 주석 방북에서 20억 달러 지원을 받은 지 정확히 1년 만인 2006년 10월 1차 핵실험을 실시했다.

북핵 프로그램의 핵심 부분을 폐기하면서 동시에 북한에 확실한 안전보장을 제공하고 국제 지원을 본격화하는 일괄타결, 즉 그랜드바겐(grand bargain)을 추진해야 한다."고 말했다. 이어 이 대통령은 이제까지 우리는 "북핵의 완전한 폐기라는 본질적 문제를 제쳐둔 채 핵동결에 타협하고 이를 위해 보상하고 북한이 다시 이를 어겨 원점으로 회귀하는 지난 20년대의 전철을 되풀이해선 안 된다."고 말했다.[303]

이 대통령은 2009년 6월 워싱턴 한·미정상회담에서 기존의 대북협상 틀인 단계적 보상과는 다른 '포괄적 패키지'를 제안했다. 북의 비핵화 조치와 이에 상응하는 보상을 한 번에 해결한다는 것이다. 당시에는 핵문제 해결과 경제 지원이라는 아이디어 차원이었지만 이번에는 북의 체제보장을 의미하는 안전보장이란 표현과 국제사회 지원이 추가되어 한층 진전된 내용이다.

한국정부는 8월 말부터 대북제재와 대화의 '투트랙'을 기조로 북핵폐기의 종착점에 대해 확실하게 합의하고 이러한 목표를 달성하기 위한 행동방안을 마련하는 '통합적 접근법(integrated approach)'를 제시했다.

북핵 해법을 위한 '그랜드바겐' 방안의 기본개념은 북한이 가장 내놓기 싫어하는 것과 가장 갖고 싶어하는 것을 한 테이블에 올려놓고 일괄타결 짓자는 것이다. 즉, 북한의 돌이킬 수 없는 핵 폐기를 확실히 하는 협상을 진행한 뒤 바로 이행에 들어가 북핵 폐기와 북한체제보장 및 대북지원을 동시에 실천하는 '원샷 딜'을 하자는 것이다.[304]

이 대통령은 미국 뉴욕에서 북핵 해법을 위한 '그랜드바겐' 구상을 제안한 데 대해 일부 미국 당국자들이 "모르는 일"이라는 반응을 보인 것이 한·미 공조에 문제가 있는 것처럼 일부 언론에 보도된 것은

---

303) 이 대통령은 코리아 소사이어티, 아시아 소사이어티, 미국외교협회 등 3개 기관 공동 주최 간담회에서 이같이 말했다.
304) 예컨대 핵 연료봉과 핵시설을 아예 IAEA에 맡기는 것처럼 '되돌릴 수 없는 행동'을 단번에 보여 주어야 한다는 것이다.

'변방적' 인식으로 보고 있다.[305] 실제로 이 문제에 대해서 한·미 간에 이견 없는 것으로 나타났다. 미 국무부는 9월 23일 "이 대통령이 북핵문제 해결의 방법으로 언급한 '그랜드바겐'과 관련해 아무런 논란이 없다. 한·미 양국은 매우 긴밀한 조율을 해 왔다."고 강조했다. 제임스 스타인버그 미국무부 부장관도 9월 23일 '그랜드바겐'은 그간 한·미가 협의해 온 사안으로 포괄적이고 결정적인 해결책이 필요하다는 점에서 양국 간 아무런 이견이 없다."고 했다.[306]

2009년 10월 9일 청와대 한일 정상회담 자리에서 하토야마 총리는 이 대통령이 제안한 "그랜드바겐 '구상에 대해' 아주 정확하고 올바른 방향"이라고 지지한 뒤 "북한의 핵 및 탄도 미사일 개발에 대해 일괄적, 포괄적으로 문제를 파악하고 북한의 구체적인 행동, 뜻이 나타나지 않는 한 경제협력을 해서는 안 된다."고 강조했다. 한편 두 정상은 일본인 납치문제도 포괄적 패키지에 포함돼 있다는 데 인식을 같이했다. 그러나 중국의 원자바오 총리는 그랜드바겐과 관련해 3국 정상회담에서 "개방적 태도로 적극 협의하겠다."고 했으나 대체로 미온적인 태도를 보였다.

이 대통령은 북한도 그랜드바겐을 거부할 수 없을 것이라고 했지만 북한은 '핵문제 해결에 백해무익한 제안'이라는 반응을 내놨다. 북한은 핵문제에 관해선 미국과의 양자대화를 주장하고 있어 그랜드바겐 제안이 당장 성과를 내기는 쉽지 않을 것이 예상된다. 북한이 6자회담에 전면적으로 복귀한다고 하더라도, 한·미 등이 일괄 타결식 '그랜드바겐'은 북핵 해법의 원칙으로 정한만큼 북한과의 협상은 전과는 또 다른 형태의 난항을 겪을 것이 예상된다. 그랜드바겐이 이루어지는 상황에서 북한의 현 체제가 존속된다는 보장이 없기 때문이다.

---

305) 미국무부 동아태차관보 커트캠벨은 2009년 9월 "솔직히 말해 그랜드바겐을 전혀 알지 못한다."고 말해 '사전조율 미흡' 논란을 일으켰다.
306) 그는 이날 서울 외교부 청사에서 권종락 제1차관을 만난 뒤 기자들에게 이같이 밝혔다.

# 5. 6자회담 전망과 과제

## 1) 6자회담 언제 열리나?

북한은 7월 24일 "우리는 언제든(미국과의 대화) 준비가 돼 있다."고 말한 데 이어 27일 "현 사태를 해결할 수 있는 대화방식은 따로 있다."면서 노골적으로 북·미 양자대화를 요구했다. 북한은 북핵문제에서 실질적 파워를 행사하고 있는 미국을 붙잡고 중국을 흔들어 당장의 국제적 고립과 제재를 모면해 보려는 속셈이다. 그러나 미국은 북한의 제의를 사실상 거부했다.

김정일 위원장은 9월 18일 "비핵화 문제를 양자- 또는 다자대화를 통해 해결하기를 희망한다."고 말했다. 김 위원장은 그의 전략용어인 다자대화라는 참가대상국 수가 '애매한 용어'를 사용했기 때문에 6자회담이 재개될 것으로 보는 것은 성급한 판단이다. "6자회담에 절대로 참여하지 않겠다."고 선언한 북한이 다자회담을 한다는 것은 3자나, 4자회담을 고집해 6자회담 참가국의 분열을 꾀할 수도 있다. 6자회담 틀에서 고립감을 느꼈던 북한이 일본이나 한국, 러시아 가운데

일부를 제외해야 한다는 주장할 수 있기 때문이다.[307] 그러나 한·미 일 3국은 '6자회담의 복원'이 아닌 다른 형식의 다자회담은 용인할 수 없다고 밝히고 있다.

김정일 위원장은 10월 5일 중국 원자바오 총리와 회담에서 '6자회 담 조건부 수용'의사를 밝혔다. 그가 공개적으로 '6자회담 복귀 가능 성'을 언급한 자체는 표면상으로는 진일보한 발언이다.[308] 그러나 내세 운 조건을 자세히 살펴보면 '6자회담 수용'이라는 말은 중국에 대한 인사 치례일 뿐 속 내용은 사실상 6자회담을 거부하고 북·미 양자대 화에 전념하겠다는 종전 입장 그대로라는 분석이 지배적이다. 북한이 6자회담 복귀 전제로 내세운 '미·북 양자대화를 통한 양국의 평화적 관계 전환'은 미국의 대북 적대시 정책 철폐 및 북·미 간 평화협정, 주 한·미군 철수 등 모두 포괄할 수 있는 개념인데, 6자회담 전에 이런 것들이 이루어질 가능성은 전혀 없는 것이다.

그럼에도 불구하고 김 위원장의 발언이 앞으로 북한이 6자회담에 전격 복귀하게 되는 디딤돌이 될 가능성이 있다. 특히 6자회담 의장 국인 중국의 적극적인 중재 노력이 진행되고 있는 만큼 김 위원장의 결단을 내릴 시점이 다가오고 있다는 관측도 많다. 사실상 북한은 방 문한 원자바오 중국 총리는 6자회담 복귀에 미온적 태도를 보인 북측 에 경제 개발 지원을 보류했다고 《아사히신문》이 보도했다.[309] 또 오바 마 행정부는 북한이 태도 변화를 행동으로 보여 주지 않으면 제재의 고삐를 조이겠다는 생각도 분명하기 때문이다.

한편 북한 외무성 이근 미국국장과 대표단이 10월 26~7일 캘리포 니아 주 라호야에서 열리는 6자회담 참가국 간의 동북아시아 협력대

307)  북한은 오래전부터 일본을 6자회담에서 배제할 것을 주장해 왔다.
308)  김 위원장은 원총리와의 회담에서 "우리는 조미 회담 결과를 보고 다자회 담을 진행할 용의가 있다. 다자회담에는 6자회담 포함된다."고 말했다. 조선중 앙통신, 2006.10.06.
309)  북한이 6자회담 복귀 문제에 대해 명확한 태도를 밝히지 않은 데 따른 불 만이 반영된 것 같다고 신문는 분석했다. 《아사히신문》, 2009.10.17.

화(NEACD) 포럼에 참석하는 길에 뉴욕에 체류하면서 북·미 간 양
자 접촉을 통해 북·미 고위급 대화와 관련한 사전실무 협의를 한다
는 것이다. 이러한 북·미 양자 접촉이 과연 6자회담으로 이어갈지는
지켜보아야 할 것이다.


## 2) 해결해야 할 과제

2009년 6월 16일 한·미정상회담 이후 기자회견에서 오바마 미 대
통령은 "북한의 도발에 대해 보상하는 과거의 패턴을 되풀이하지 않
겠다. 북한이 계속해서 위협하면 중대하고 심각한 제재에 직면할 것"
이라고 했다. 그러나 오바마 대통령은 "북한이 평화와 경제 발전, 국
제사회의 인정을 받는 길을 택하면 협상을 하게 될 것"이라고 협상 가
능성도 열어 뒀다.

고든 플레이크 맨스필드재단 소장은 "북한의 긴장고조에 굴복해
악행을 보상하는 식의 패턴을 깰 수 있는 근본적인 상황변화에 이른
것"이라며 "한·미공조가 빈틈없이 진행되고 있다는 점에서도 현재 국
제사회의 대북 압박은 매우 효과적"이라고 말했다. 길버트 로즈먼 프
린스턴대 교수는 "달라진 국제 환경은 북한에 대해 더 강력한 채찍을
들고 있지만 대화에 나설 경우 더 확실한 당근을 받을 수 있을 것"이
라고 강조했다. 한·미를 중심으로 한 국제사회는 북한의 술책에 넘어
가지 않으려면 단호하게 대응해야 한다. 원칙을 굽혀 북한에 양보하는
것은 국제공조를 무너뜨리고 북한 술책에 말려드는 것이다.

한일 정상들은 10월 9일 북핵 해결을 위한 양국의 확실한 공조를
다짐했다. 두 정상은 북한이 과거의 잘못된 패턴을 반복하는 사태를
막기 위해 근본적이고 포괄적인 북핵 해법을 추구해야 한다고 강조했
다. '한반도 비핵화'를 강조한 중국으로서도 북핵을 근본적이고 포괄

적으로 해결하자는 제안을 거부할 명분이 없다. 중국이 북한의 조건부 6자회담 복귀 의사에 솔깃해 원칙을 무너뜨리면 국제사회의 대북 제재에 혼란이 올 수 있다.

한편 대북 강경대응이 만능이 아니다. 대화와 타협의 문을 함께 열어 놓아야 한다. 미국 내 북한 문제 전문가인 조웰 위트는 10월 7일 컬럼비아대에서 열린 미국의 대북전략 토론회에서 "북한 비핵화는 단순히 경제적 대가를 주고받는 식이 아니라 근본적으로 관계의 변화를 가져오는 방법을 통해서 달성할 수 있다."고 주장했다.[310] 근본적인 관계 변화를 상징적으로 보여 주는 예로 그는 북·미 간 연락사무소 설치와 남북간 평화선언 등을 꼽았다.

미국 뉴욕을 방문 중인 이명박 대통령은 9월 21일 미국외교협회 오찬 간담회에서 '선(先) 북핵 폐기를 통한 경제 회생, 후(後) 남북 통일'이라는 경제적 통일관'을 제시했다. 이 대통령은 "통일보다 중요한 것은 남북한이 화평하게 지내는 것"이라며 "북한의 경제 상황이 좋아져야 통일을 생각할 수 있다. 그래서 우리는 북한이 핵을 포기하면 지원하려 준비하고 있다."고 밝혔다.

이 대통령의 이러한 언급은 남한의 '흡수통일'에 대한 우려를 떨치고 북한의 경제상황 개선에 비중을 두면서 남북 간 협력의 당위성을 강조한 것이다. 북한을 대화와 협력으로 이끄는 논리적인 근거가 될 수는 있으나 북한이 쉽게 받아들일 수 없는 '전제'들이 너무 많다. 북핵 폐기, 남한지원을 통한 북 경제회생, 남북 평화 공존 등은 체제유지를 최우선으로 하는 현 북한 정권이 쉽게 받아들일 수 없는 것들이다.[311]

---

310) 조웰위트는 북핵문제는 돈을 줘서 손을 떼게 하는 '월가 식' 그랜드바겐(일괄타결) 방식으로는 해결할 수 없다고 주장했다.
311) 이 대통령은 "무력행사를 통한 통일은 결코 원치 않고, 평화적 통일을 원한다."고 말했으나 북한은 통일방식에는 관계없이 공산화 통일만을 원할 뿐이기 때문이다.

이러한 목표를 달성할 수 있는 길은 어느 한쪽이 아닌 '대화와 제 재'를 '조화와 균형'에 맞게 병행해 나가는 것이다. '강경에는 제재'로 ' 대화에는 타협'으로 북한을 끌고 나가는 것이다. 오늘날의 북한 태도 는 국제사회로부터 강경제재를 불러 일으키기에 충분한 상황으로 볼 수 있다.

## ◆ 우리의 기도

"여호와께서 그들이 스스로 겸비함을 보신지라. 내가 멸하지 아 니하고 저희를 조금 구원하여 나의 노를 시삭의 손을 통하여 예루살 렘에 쏟지 아니하리라."(대하 12:7) 우리가 하나님 앞에 스스로 겸비 하여 나아갈 때 하늘에서 들으시고 이 나라가 주의 것 되게 하소서.

첫째, 북한은 지금까지 체제유지와 남한을 압박할 목적으로 국제 사회의 반대에도 불구하고 핵무기를 개발해 왔습니다. 북한 핵 폐기 를 통한 한반도 비핵화, 평화체제 구축이 논의될 6자회담 참석여부 를 번복해 가면서 핵무기를 통한 체제유지를 해 나가려 하고 있습니 다. 의로운 지도자는 선한 일을 계획하고, 그 선한 일을 행함으로 굳 게 선다(사 32:8)고 말씀하신 하나님, 북한당국 지도자들에게 의로운 마음을 주셔서 선한 일을 계획하게 하옵소서.

둘째, 북한은 6자회담이 아닌 북·미 양자회담을 요구하는데 이는 미국이 대북 적대정책을 철회하고, 핵보유국으로서 북한체제를 인정, 보장받기 위한 것입니다. 북한이 주장해 온 미국의 대북 적대시 정책 철회는 곧 주한 미군 철수와 평화 협정체결을 모두 포함하는 것인데 북·미 양자에서 이 문제들이 쉽게 해결될 전망이 없습니다. 세계 각 국을 자신의 이익을 채우기 위한 도구로 인식하는 북한 당국을 깨우 쳐 주셔서 참 평화의 길로 인도하옵소서.

셋째, 6자회담의 의장국인 중국이 회담재개를 위해 9월 16일 특사들을 김정일 위원장과 직접 만나 기술 및 교육 분야의 지원협정, 관광산업 관련협정, 신 압록강 대교 건설 등의 지원을 약속했으며, 중국인민지원군 열사 묘를 참배해 유사시 대북안보지원 의지를 표시했습니다. 6자회담 재개뿐만 아니라 북한에 대한 주도권을 찾겠다는 의도가 깔려 있습니다. "그가 판 밭은 희년에 그 판 사람 곧 그 땅의 원주민에게 되돌아갈지니라."고(레 27:24) 말씀하신 하나님, 중국의 압력이 아닌 북한 스스로의 결정에 따라 북핵문제가 해결되게 하시옵소서.

넷째, 이명박 정부는 북핵문제 해결을 위한 '그랜드 바겐'을 제안하여 대북제재와 대화의 '투트랙'을 기조로 북핵 폐기와 북한 지원을 동시에 실천하는 포괄적이고 결정적인 해결책을 제시했습니다. 그랜드바겐이 바람직한 방향에서 이루어져 남북이 함께 행복하게 잘 사는 상생이 이루어지게 하시옵소서.

다섯째, 6자회담에 대한 한·미·중·일 등의 의견은 핵 폐기와 동북아 평화체제 유지이나, 북한은 미국과는 핵문제를 협상하고 한국과 일본으로부터는 경제적 지원을 챙기겠다는 속셈이 있는 것으로 판단됩니다. 하나님, 한·미를 비롯한 모든 나라가 원칙을 지켜 단호하게 대응하면서 '대화와 제재'를 조화와 균형에 맞게 병행하면서 협력해서 선을 이루어 나아가게(롬 8:28) 하시옵기를 원합니다.

예수님의 이름으로 기도합니다. 아멘.

# Ⅸ. 북한 인권탄압과 탈북

# 1. 탈북자와 동독이탈 주민[312)

## 1) 동독이탈 주민

한국에 정착하는 탈북자의 수가 향후 20년간 연평균 5.3% 증가할 것이라는 연구결과가 나왔다. 국회 외교통상통일위원회 소속 국회의 원이 21일 국회 예산정책처에 의뢰, 제출받은 자료에 따르면 2008년 에는 2천 809명, 2009년에는 2천 835명이 입국하였고, 2010년에는 3천 240명에 달할 것으로 예측됐다.

국회 예산 정책처는 북한에 급격한 정치적 변화가 발생하지 않는 한 탈북자 수는 완만하게 증가, 10년 후인 2019년에는 5천 804명, 20년 후인 2029년에는 8천 654명의 탈북자가 한국에 들어올 것이라 고 내다보았다.

한국사회는 탈북자들을 통하여 북한을 경험하고 이들과 같이 살면 서 50년이 넘는 분단으로 남북한 사람들이 얼마나 이질화되어 가고

---

312) 참고: 연합뉴스, 2009.10.21. "탈북자수 향후 20년간 연 5.3% 증가예상", "서독의 동독이탈주민 정착지원을 통해서 본 북한이탈주민 지원방안", 한반도 평화연구원.

있는지 알아가고 있다. 탈북자들이 한국사회에 어떻게 정착하고 있는지는 다가올 통일 사회의 모습을 미리 보여 주는 것이라고 할 수 있다.

급변 사태가 발생하지 않는 한 완만하게 증가할 것으로 예상되는 탈북자들과 2009년 현재 약 18,000명에 달하는 탈북자들의 정착과 정착 지원에 문제가 있다면 향후 발생할지 모르는 탈북자들의 대량 입국 사태와 통일 준비에 문제가 생길 것이다. 정착 지원을 체계적으로 하여 탈북자들에게 실질적인 도움을 줄 수 있는 선례를 동독 이주민의 서독 정착에서 찾을 수 있다.

독일의 경우, 동독 주민의 이주가 통일까지 끊임없이 지속되어 동독에서 서독으로 이주한 사람이 약 4백 60만 명으로 연 평균 10만 명 이상 이주한 셈이다.

'동독 이주민들'은 크게 세 가지로 분류되고 있다. 첫째, 동독 정부의 허가를 받고 넘어 온 48만 명의 합법적 이주자와 둘째, 동독 정부의 허가 없이 탈출한 사람들 그리고 서독 정부가 동독 정부에 대가를 지불하고 데려온 약 3만 명에 달하는 정치범이다. 이들 외에도 1950년부터 1987년까지 140만 명이 넘는 해외 이주민들이 서독으로 이주하였다.

이러한 '동독 이주민들'을 서독정부가 통일을 염두에 두고, 장기적 차원에서 인적 자원 개발에 집중하고, 여성과 청소년 등 대상별로 특성화된 지원의 필요성을 인지하였으며, 대상별 지원 체계를 구축한 것 등은 탈북자 정착 지원에 중요한 시사점이 될 것이다.

◆ 우리의 기도

"그러므로 내가 그리스도를 위하여 약한 것들과 능욕과 궁핍과 박해와 곤고를 기뻐하노니 이는 내가 약한 그 때에 강함이라."(고후

12:10)

　첫째, 오직 겸손한 마음으로 자기보다 남을 낮게 여기는(빌 2:3), 섬기려고 오신 예수님의 모습을 따라(마 20:28, 막 10:45) 죽도록 충성하는 신실한 선교사들로 말미암아 탈북자들에게 하나님의 말씀이 전파되게 하여 주시옵소서.

　둘째, 한국교회와 성도들이 탈북자들을 섬김과 갈씀으로 양육하고 훈련하는 일에 게으르지 않고 열심을 품게 하시며 하나님의 열심(왕하 19:31, 사 9:7, 사 37:32)으로 잘 감당하게 하여 주시옵소서.

　셋째, 한국정부와 민간단체들이 탈북과 탈 동독의 차이점을 고려하며 서독의 동독이탈지원체계와 내용에서 시사점과 보완점을 도출하여, 실제적인 도움을 주는 정책을 개발하여 탈북자들이 위로를 얻게 하여 주시옵소서.

　예수님의 이름으로 기도합니다. 아멘.

# 2. 북한 「금수강산」 홍보잡지

## 1) 북한 대외 홍보용 잡지 「금수강산」

북한에서 발간되는 약 120여 종의 잡지는, 대중잡지, 화보잡지, 문학잡지 등으로 나누어져 있다. 그중 화보 잡지는 사진과 개인의 글인 수기, 개인의 방문록이나 상식 등이 게재된다.

화보 잡지인 대외 홍보용 「금수강산」 2009년 7월호는 대외 홍보용 잡지답게 "지금도 우리는 여전히 종교를 나쁘게 보거나 종교인들을 학대하지 않는다. 오히려 국가가 그들에게 무상으로 교회당도 지어 주고 생활조건도 보장해 주고 있다. 다른 나라에서와 마찬가지로 우리나라에서도 모든 종교 단체들과 교인들의 활동은 법적으로 철저히 보호되고 있다." 고 적고 있다.

또한 이 잡지는 "우리나라 헌법에 명기되어 있는 신앙의 자유에 대한 조항은 빈말 공부나 비누거품 같은 약속이 아니다. 우리는 예나 지금이나 신앙의 자유를 유린해 본 적도 없다. 만일 공화국 정권 아래에서 제재를 겪은 종교인이 있다면 그것은 조국과 인민의 이익을 팔아 먹은 범죄자들과 민족반역자들 뿐일 것이다."라고 주장한다. 아울러

1981년 성경 150권과 찬송가 100권을 가지고 방북한 전 숭실대 총장 김성락 목사에게 오찬 석상에서 김일성이 식전 기도를 드리도록 권고한 일화를 소개하고 있다.

「금수강산」 잡지를 통해 김일성은 "그날 내가 김성락 목사에게 식전 기도를 드리도록 권고한 것은 그 무슨 생색을 내자는 것도 아니었고 우리가 종교와 종교 신자들에 대하여 부정적으로 대하지 않는다는 것을 선전하자는 것도 아니었다."고 설명하고 있다.

김일성은 이어 "손님을 손님답게 대하고 싶은 주인으로서의 예절과 일생을 독실한 기독교 신자로 살아온 김성락 목사가 조국에 와서도 구속을 받지 않고 교도를 지킬 수 있게 하자는 순수한 인도주의적 감정을 가지고 그런 권고를 했을 뿐이었다."라고 말했다. 그리고 "목사의 기쁨"이란 제목으로 故 문익환 목사의 평양 방문 일화를 싣고 있다.

한편 지난 2008년 8월호 「금수강산」 잡지에는 평양 봉수교회가 재건축됐다며 "교회당이 개건된 후 이곳을 찾는 외국인과 해외동포, 교인들의 수가 훨씬 늘어나고 있다."고 소개한 바 있다. 잡지는 봉수교회 소속 "전도사 김영순"의 말을 인용, "교회에서는 개주 일요일 10시에 그리스도교인들의 기본 신앙생활인 주일 예배가 열린다."고 밝히기도 했다.


◆ 우리의 기도

"오직 너희는 그리스도 복음에 합당하게 생활하라."(빌 1:27상)

첫째, "모든 종교 단체들과 교인들의 활동은 법적으로 철저히 보호되고 있다."라는 홍보와 다르게 북한 성도들을 탄압하는 악행이 중단되고, 탄압과 국가 안전 보위부 등의 감시를 피하여 열심히 신앙생활

하는 성도들에게 평강의 주께서 친히 때마다 일마다 평강을 허락하여 주시옵소서.(살후 3:16)

둘째, '조국과 인민의 이익을 팔아먹는 범죄자들과 민족반역자들'로 핍박과 고통받는 주의 백성들에게 배달되는 성경과 풍선 전도지 등을 통하여 위로를 얻으며, 하나님의 영광이 선포되게 하여 주시옵소서.

셋째, 대외 홍보용 잡지에 미혹 당하는 것이 아니라 주님께서 주신 하나님의 말씀, 성경으로 북한이 회복되며, 정치적 혹은 경제적 어려움으로 위기에 처한 성도들이 주의 사랑을 덧입게 하여 주시옵소서.

예수님의 이름으로 기도합니다. 아멘.

# 3. 북한의 수용 시설

## 1) 북한의 감옥

탈북자 문제를 취재하려다 체포된 것으로 전해졌던 미국의 여 기자 로라 링(Laura Ring)과 유나 리(한국 명 이승은)에 대해 북한은 우리나라의 대법원에 해당하는 중앙 재판소에서 재판을 열어 '조선 민족 적대죄'와 '비법(불법) 국경 출입 죄'를 적용하여 노동 교화형 12년을 선고하였다.

노동 교화형은 범죄자를 교화소로 보내 일을 시키는 형벌이다. 교화소는 한국의 교도소와 같은 곳으로 교도소에서 징역형을 받은 사람들의 생활 형태와 비슷하다고 보면 된다. 인민브안성(경찰청)에서 관리하는 함경남도 단천시, 함경남도 정평군 교화소, 평안남도 증산군(구 개천시 교화소), 황해북도 사리원시, 강원도 천내군 등의 교화소에 현재 10~15만 명이 수감되어 있는 것으로 알려져 있다. 또한 소년 범죄자를 대상으로 하는 사리원시 '소년 교화소'와 군인들을 대상으로 하는 '인민군 교화소'가 평안남도 신양군에 위치하고 있다고 한다.

미 워싱톤 DC 소재 기독인권운동단체인 ICC(International Christian Concern)가 2001년 6월에 발표한 북한의 기독교 탄압실태를 통하여, 적게는 6,000명에서 많게는 10만 명에 달하는 기독교인이 수용되어 있다고 추산한 정치범 수용소(관리소)는 한국 전쟁 후 1958년 평안남도 북창군 득장 탄광지역에 최초로 설치된 통제구역으로 감옥 형태가 아닌 마을 형태로 운영되고 있다.

정치범 수용소(관리소)는 15호 요덕수용소의 혁명화 구역 외에는 한 번 들어가면 영원히 나올 수 없는 완전 통제 구역이 대부분으로 14호 평안남도 개천, 15호 함경남도 요덕, 16호 함경북도 화성, 18호 평안남도 북창, 22호 함경북도 회령, 25호 함경북도 청진에 약 20만 명이 수용된 것으로 추정하고 있으나, 정확한 정치범 수용소(관리소)의 규모와 정치범의 숫자는 파악되지 않고 있다.

하루 12~14시간 노동을 하는 곳으로 알려진 노동교화소는 1년 이상 형을 받은 자들이 수감되는데 평안북도 신의주 3호 교화소, 평안남도 증산 4호 교화소, 함경북도 회령 12호 교화소, 함경남도 영광 22호와 영성들만 수감되는 평안남도 개천과 함경남도 함흥 교화소가 알려져 있다.

한편 폭력배, 암거래와 절도자, 3~30일 이상의 기업소 무단 결근자, 생활 총화 3개월 이상 불참자 등 사회질서 위반자 또는 간부들의 괘씸죄에 걸린 자들을 대상으로 한 경범죄(輕犯罪)자들을 수용하는 강제노동수용소(강제노동단련대)는 북한 전역에 최소 230개 이상으로 추정된다. 현행범을 즉석에서 심판해 강제 노역을 시키는 집결소는 1990년대 초반까지는 주로 '철도질서위반자'를 수감하던 곳으로 3~6개월간 벌목 노동, 건설 노동을 부과하고 있다.

이러한 집결소는 평양시 간리역 집결소, 함경남도 고원역 집결소, 함경북도 길주역 집결소, 평안남도 신성천역 집결소, 사리원시 사리원역 집결소가 대표적이다. 함경북도 청진시 송평구역 농포동에 위치한 농포집결소는 탈북자들을 현장에서 체포해 강제느역을 시키는 곳으로, 집결소 내부에서 발생하는 횡포와 고문은 일반 교화소보다 더 심각한 경우가 많은 것으로 알려져 있다. 이외에도 한국의 구치소에 해당하는 구류소와 20만 명이나 되는 것으로 추정되는 북한의 꽃제비들을 수용하는 9.27 집결소(9.27 수용소)가 존재한다.

### ◆ 우리의 기도

"억눌린 사람들을 위해 정의로 심판하시며 주린 자들에게 먹을 것을 주시는 이시로다. 여호와께서는 갇힌 자들에게 자유를 주시는도다."(시 146:7)

첫째, 북한의 수용 시설에서 자행되고 있는 반인륜적 인권 침해의 범죄 행위가 중단되며, 인권 침해로 인한 고통과 아픔을 치료하는 여호와(출 15:26) 하나님으로 말미암아 몸과 영혼이 회복되어 여호와의 이름에 합당한 영광을 돌리며 거룩한 옷을 입고 여호와께 경배하게 하여 주시옵소서.(시 29:2)

둘째, 수용시설에 수감되면 인간으로서의 기본적 권리도 박탈당한 채 생산력을 제공하는 도구로 전락하는 상황 가운데 오히려 주 여호와를 피난처로 삼아 주의 모든 행적을 전파(시 73:28)하게 하여주시옵소서.

셋째, 갇힌 자를 해방하시며, 압박당하는 자를 위하여 공의로 판단하시는 여호와 하나님,(시 146:6-7) 기독교를 접했다는 이유로 수용소에 수감되는 성도들이 의를 위하여 핍박받는 자, 바알 우상과 싸웠던 엘리야, 사회정의를 위해 싸운 아모스, 사자 글에 들어간 다니엘과 같이 영적 전쟁에서 승리하도록 지켜 주옵소서.

예수님의 이름으로 기도합니다. 아멘.

# 4. 북한의 법정 공휴일[313]

## 1) 북한의 어버이날

북한은 한국의 '가정의 달'과 다르게 5월의 기념일은 1886년 5월 1일 미국 시카고 노동자 파업 기념일인 '국제노동자절'(5.1)뿐이다. 그리고 6월에 어린이들이나 청소년을 기념하는 기념일이 정해져 있다. 1950년 4월 제정된 '국제 아동절'(6.1)과 1946년 6월 6일 창단된 2009년으로 63주년인, 9살부터 12살까지 청소년들이 가입해야 하는 '조선소년단 창립절'이다.

하지만 이러한 기념일은 한국처럼 공휴일로 정해진 것도 아니고 아이들을 데리고 소풍을 간다거나 놀이를 즐기는 것도 아니다. 북한에서 '국제 아동절'은 탁아소나 유치원에서 자체 준비한 사탕을 조금 주고 김일성· 김정일에게 고마움을 표시하는 행사가 열리는 게 전부이다.

---

313) 《조선일보》, 2009.05.09. "북한의 어린이날은 6월 1일… 나들이 가는 가족 없어".

'조선 소년단 창립절'인 6월 6일은 그나마 아이들에게 기억에 남는 날이다. 태어나 처음으로 정치 조직에 가입하는 행사로 이날은 부모들이 모두 참석하게 되어 있다고 한다. 붉은 넥타이를 매고 학교 운동장에서 "김정일께 충성하는 후비대(後備隊)로 준비하겠다."는 집단 맹세를 하고 다채로운 행사도 열린다. 이날은 부모들이 정성 들여 준비한 기념 선물을 주기도 한다. 그러나 이날은 공휴일이 아니기 때문에 조선 소년단에 입단하는 자녀를 가진 부모들만 쉬는 날이다.

북한의 법정 공휴일은 설날(양 1.1), 음력설(음 1.1), 정월 대보름 (음 1.15), 김정일 생일(2.16), 국제부녀절(3.8), 김일성 생일(4.15), 인민군 창건일(4.25), 국제노동자절(5.1.), 조국해방전쟁 승리의 날(7.27), 추석(음 8.15), 정권 창건일(9.9), 노동당 창건일(10.10), 헌법절(12.27) 등이다. 법정 공휴일 이외에도 농업근로자절(3.5), 어부절(3.22), 철도절(5.11), 탄부절(7.7.) 등의 기념일에는 해당 부분 노동자들이 하루 쉰다.

김일성 생일과 김정일 생일은 1972년과 1995년에 각각 '민족 최대 명절'로 지정하였고, 추석(1988년 이후), 음력설(1989년 이후), 정월 대보름(2003년 이후) 등 민속명절을 휴무일로 하고 있다. 모든 인민의 어버이인 김일성, 김정일 생일이 사실상 북한의 어버이날이지만 한국과 달리 어버이날이 없어 정작 자신들을 낳아 준 부모님을 기리는 기념일이 없기에 부모님의 생일이 유일하게 부모님을 챙겨 주는 날이기도 하다.


◆ 우리의 기도

"누구든지 이 어린 아이와 같이 자기를 낮추는 사람이 천국에서 큰 자니라"(마 18:4)

첫째, 김일성 생일과 김정일 생일이 민족 최대의 명절로 지켜지는 곳 북한에서, 슬픔과 곤고, 수고하는 고역에서 놓으시고 안식을 주시는 여호와(사 14:3) 하나님으로 말미암아 참된 평강과 안식을 누리는 주의 백성들의 무릎이 연약해지지 않게 하여 주시옵소서.

둘째, 그나마 아이들에게 기억에 남는 날인 '조선 소년단 창립절'에 "김정일께 충성하는 후비대(後備隊)로 준비하겠다."는 집단 맹세를 하는 9살부터 12살까지 청소년들에게 만화로 읽는 『메시야』등 하나님의 말씀이 배달되어 주님을 찬양하게 하여 주시옵소서.

셋째, "또 우상을 섬겼으니 이는 여호와께서 그들에게 행하지 말라고 말씀하신 일이라."(왕하 17:12) 북한 땅에 세워진 수많은 동상들과 혁명 전적지와 혁명 사적지 등 우상화 조형물을 통하여 조직적으로, 체계적으로 이루어지는 우상화 교육이 중단되고, 북한 어린이들과 청소년들이 차별 없이 교육을 받아 북한을 회복시키는 일꾼으로 성장하게 하여 주시옵소서.

예수님의 이름으로 기도합니다. 아멘.

# 5. 탈북자 현황

## 1) 탈북자의 한국사회 적응에 중요한 기능인 종교

2008년 12월 현재 여성 비율이 66%인 한국 거주 탈북자는 총 15,057명에 이른다. 1989년까지 7%에 불과하던 여성이 비율이 점증한 것이다. 입국 시점 기준 2008년 12월 현재 나이별 유형을 보면 20~29세가 28%, 30~39세가 33%를 차지하여 20~30대가 전체 61%에 달한다.

사망, 이민자, 주소 미등록, 보호시설 수용자 제외 지역별 거주 현황을 살펴보면 서울이 4,870명으로 32%, 경기도가 23%, 그리고 인천이 9%에 달해 서울, 경기·인천 거주자가 64%로 주로 수도권에 거주하는 것으로 나타났다.

북한 거주 당시 직업별 유형을 보면 무직의 비율이 46%이고 노동자가 41%이며, 관리직 350명, 전문직 333명, 군인 및 공작원이 4%에 해당하는 532명이며, 북한 거주당시 학력별 입국 현황은 인민(초등)학교가 919명, 고등중학교(중, 고등)가 70%에 달하는 10,505명이고 전문대 및 대학 이상은 2,497명이다.

한편 통일 연구 제 9권 1호의 "북한 이탈 주민의 3년(2001~2004년) 간의 사회적응 추적 연구 조사"를 보면 탈북자들의 절대 다수는 기독교인으로 나타났지만 기독교의 경우 3년간 14.6%의 이탈률을 보이고 있는데, 이는 기독교의 이탈률과 무교의 증감 분포가 서로 유기적인 현상을 보이는 것으로 해석된다. 위의 조사에서 2004년의 경우 기독교 61.6%, 천주교 1.3%, 통일교 0.75%, 무교 36.4%이고, 입국 초기부터 기독교인이라고 고백하는 자가 많았다.

이러한 결과는 북한을 탈출한 후 중국 및 제3국에서 기독교 단체의 도움으로 살게 되면서 자연스럽게 많은 탈북자들이 한국 입국 전에 기독교를 받아들이게 되는 것이다. 실제로 중국의 감옥에 투옥된 한국인 모두 기독교 선교사로서 탈북자들이 대부분 기독교의 도움으로 중국에서 초기 정착 및 한국 입국에 성공하고 있음을 엿볼 수 있다.

이러한 현상은 "탈북자들의 종교에 대한 이해와 의식에 대한 연구"를 통해서도 알 수 있다. 이 연구에 의하면 "한국에 들어온 탈북자들의 90% 이상이 종교(특히 기독교)를 가지고 종교 활동을 하면서 한국 생활 적응을 시작한다. 이들은 일반적으로 한국에서의 생활이 2-3년 되면서부터 종교 생활을 하지 않는 사람들도 생기지만, 전체적으로 60% 이상의 사람들이 종교 생활을 하고 있는 양상을 보이고 있는 것으로 나타났다. 탈북자들의 한국사회 적응에 있어 종교는 매우 중요한 기능을 하고 있는 것으로 보인다."

◆ 우리의 기도

"그런즉 너희가 먹고 마시든지 무엇을 하든지 다 하나님의 영광을 위하여 하라."(고전 10:31)

첫째, 한국정부가 탈북자들의 한국 정착과정을 주도면밀하게 돕게 하시며, 이 일을 통하여 통일을 준비하는 지혜를 얻게 하여 주옵소서.

둘째, 탈북자들의 한국사회 적응에 있어 매우 중요한 기능을 하는 종교 가운데 참 진리인 하나님의 말씀으로, 하나님의 이름을 위해 함께 모여 하나님께 경배와 찬양을 드렸던 이스라엘의 백성들처럼 하나님의 때에 남과 북이 함께 모여 하나님께 영광을 돌리는 날이 올 것을 믿고 간구하게 하여 주시옵소서.

셋째, 탈북자들이 선한 데 지혜롭고, 악한 데 미련하여(롬 16:19) 성령의 능력으로 소망이 넘치고(15:13) 하나님의 뜻 안에서 율법의 완성인 하나님의 사랑(롬 13:10)만이 나타나게 하여 주시옵소서.

넷째, 한국교회와 성도들이 탈북자들을 잘 섬기고 말씀으로 양육하고 훈련하는 일에 게으르지 않고 열심을 품게 하시며 하나님의 열심(왕하 19:31)으로 잘 감당하게 하여 하옵소서.

예수님의 이름으로 기도합니다. 아멘.

# X. 북한선교와 서진선교

### 1. 북한선교

1) 개정된 북한 헌법에 나타난 종교자유
2) 영적 전쟁
3) 김일성 우상화와 지하교회 증가
4) 문화사역을 통한 북한선교

### 2. 서진선교

1) '평양에서 예루살렘까지'실크로드를 따라가는 서진선교
2) 중국 서부다 개발과 종교적 의미
3) 중국 건국 60주년, 단속 속 교회 급증
4) 신장위구르자치구
5) 성장하는 중국교회

### 3. 모퉁이돌 선교사역

1) 북한선교학교
2) 새즈믄 성경
3) 정세와 선교
4) 카타콤소식
5) 북한체제 변화와 민초의 역할

# 1. 북한선교

## 1) 개정된 북한 헌법에 나타난 종교자유

### 신앙생활에 대한 증언

북한이 2009년 4월 제12기 최고인민회의에서 개정한 헌법은 1998년 개정 헌법의 7장 166조에서 7장 172로 6개 조문이 늘어났다.

개정된 2009년 헌법은 1998년 헌법과 동일하게 제5장 공민의 기본 권리와 의무 제68조에 "공민은 신앙의 자유를 가진다. 이 권리는 종교 건물을 짓거나 종교의식 같은 것을 허용하는 것으로 보장된다. 종교를 외세를 끌어들이거나 국가사회 질서를 해치는 데 이용할 수 없다."라고 규정하고 있다. 하지만 북한은 종교의 자유에 대한 교육을 전혀 실시하지 않고 있으며, 오히려 종교에 대한 부정적 인식과 선교 방지를 심어 주는 교육을 집중적으로 실시하고 있다.

1997년 이후 주민들은 1년에 2회 이상 해당 보위지도원들로부터 기독교 전파 방지를 위한 교육을 받고 있다고 한다. 교육 내용은 주로 기독교 전파자 색출의 필요성과 기독교인 식별 요령이다. 아울러 북한 주민들의 신앙생활은 철저하게 탄압한다는 것이 탈북자들의 일치된 증언이다.

통일연구원 발간 『북한인권 백서 2009』에 의하면 2004년경, 함경북도 무산군에 사는 30대 후반의 여성(남편 조상순)이 기독교 서적을 보다가 발각되어, 나진 선봉 보위부에 잡혀 갔는데 행방을 모른다고 증언한 탈북자가 있다.

그리고 친구의 누이동생 방00이 남포로 시집갔는데, 2001년 남포에서 종교 전파로 적발되어 5명이 총살당했다는 것을 전해 듣고 증언한 탈북자도 있다.

또한 2004년 6월 함경북도 온성군 보위부에 수감되었던 탈북자는 중국교회의 도움을 받았던 은미라는 9살짜리 여자 아이가 잡혀 왔는데, 그 아이가 성경책을 가지고 있는 것을 보았고 후에 소년 교양소로 간다는 들었다고 증언하기도 하였다.

2003년 7월 31일 본인이 직접 목격한 사실을 증언한 탈북자의 면담 내용을 보면 2003년 4월 중국인이 가방에 성경을 갖고 입국하다 체포되어 온성 구류장에 수감되었다는 것이다.

2001년 평안남도 강서군에서 55세가량의 여성이 기독교 신자로 사람들을 규합하다 체포되어 본인은 사형되고 가담자들은 교화소에 수감된 것을 들었다고 증언한 탈북자도 있다.

한편 2002년 무렵 중국에 갔다가 성경을 가지고 온 것이 발각되어 함경북도 청진시 라남 구역 보위부에 6개월간 수감되었다가 풀려난 강철연에 대하여 한 탈북자는 증언했다.

## ◆ 우리의 기도

"나는 여호와로 말미암아 즐거워하며 나의 구원의 하나님으로 말미암아 기뻐하리로다."(합 3:18)

첫째, 주님! 주님께서는 북한 성도들의 힘이시며, 모든 환난과 위험으로부터 그들을 보호하시는 방패이시옵니다. 주님을 찬양하는 노래가 북한 성도들에게서 계속 되어 칭찬과 영광과 존귀를 얻게(벧전 1:7) 하여 주시옵소서.

둘째, 북한 성도들을 탄압하는 악행이 중단되고, 탄압과 국가 안전보위부 등의 감시를 피하여 열심히 신앙생활 하는 성도들에게 주께서 친히 때마다 일마다 평강을 허락하여 주시옵소서.(살후 3:16)

셋째, 북한 성도들이 육신에 있는 자들은 하나님을 기쁘게 할 수 없음을(롬 8:8) 알고 은혜를 누리며, 경건함으로 하나님을 기쁘게 섬기는(히 12:28) 자의 자리에 서게 하여 주시옵소서.

예수님의 이름으로 기도합니다. 아멘!


## 2) 영적 전쟁

### 중보기도로 평양에서 예루살렘까지

모퉁이돌선교회는 효과적인 선교를 감당하기 위하여 중보기도자들이 기도로 영적 전쟁에 동참하고 있다. 중보기도의 은사를 활용하여 기도하는 자들 중에는 한국 사무실에 마련된 기도실에 매주 헌신한 요일에 찾아와 평양에서 예루살렘까지의 선교사역과 선교사 그리고 나라와 민족 가운데 일어나는 중요한 기도제목 등을 품고 기도한다.

뿐만 아니라 1년에 2-3차례 북한과 중국의 접경지역을 돌면서 중보기도사역에 참여하기도 하고 휴전선이나 기타장소에서 함께 모여 기도하기도 한다. 또한 중보기도자들은 일반회원들에게 알리기에 민감한 사안들과 기도제목을 편지로 받아보며 기도하는 사람들도 있다.

중보기도는 영적 전쟁의 돌입을 선언하는 것이다. 먼저 영적 전쟁을 대상을 선정하고 정탐할 뿐만 아니라 적을 정확하게 분석하고 선제공격하는 것이다. 중보기도는 성령의 사역이기에 성령께서 인도하시고, 성령의 열매와 같은 하나님 나라의 축복이 이 땅 위에 임하므로 하나님께서 친히 영광과 찬양을 받으신다. 따라서 중보기도의 목적은 사단의 견고한 진을 파하고 하나님의 영광이 드러나게 하는 데 있다.

이러한 중보기도는 겟세마네 동산에서 아버지의 뜻을 구한 예수님의 기도가 가장 모범적이며 가장 성숙한 기도이다. 예수님께서는 자기의 유익을 구하기보다는 하나님의 뜻이 이루어지고 하나님의 나라가 임하기를 원하는 기도를 드렸다. 이것을 우리 삶 속에 적용하여 우리의 기도 역시 그 내용과 자세도 달라져야 하며 하나님 나라에 대한 기도와 이웃을 향한 중보 기도가 우리에게도 절실히 필요하다.

왜냐하면 기도는 하나님의 뜻을 실현하는 중요한 방법이며, 하나님의 사랑과 그분과의 깊은 교제를 나눌 수 있는 중요한 통로이기에, 하나님의 뜻을 구하는 기도가 되어야 한다. 성숙한 그리스도인이라고 한다면 누구나 하나님의 뜻과 하나님의 나라를 위한 중보기도를 드려야 한다.

성경을 살펴보면 주로 나라와 민족이 어려움에 처했을 때, 위기에 하나님의 보호하심을 구하는 간절한 중보기도를 드렸음을 알 수 있다. 모세가 하나님을 배반한 백성들을 위해 용서해 주기를 간청했던 기도(민 14장)와 이스라엘 민족을 위한 사무엘의 기도(삼상 7장), 그리고 느헤미야의 기도(느 1장)가 대표적이다.

오늘날 한국교회를 포함하여 남북한의 상황, 그리고 주변정세를 볼 때 그 어느 때보다도 간절한 중보기도가 절실히 요구된다. 바로 지금 하나님께서는 우리가 중보기도 하기를 원하신다는 사실이다.

## ◆ 우리의 기도

"신중함과 의로움과 경건함으로 이 세상에 살고"(딛 2:12 하)

첫째, 사탄의 견고한 진을 파하고 하나님의 영광이 드러나게 하는 중보기도에 헌신된 주의 백성들이 의를 위하여 핍박받는 자, 바알 우상과 싸웠던 엘리야, 사회정의를 위해 싸운 아모스, 사자 굴에 들어간 다니엘과 같이 그리스도인이 궁극적으로 이루어야 할 영적 전쟁에서 승리하도록 지켜 주옵소서.

둘째, 한국교회의 성도들이 골짜기의 마른 뼈들(겔 37:1-2), 살았다 하는 이름을 가졌으나 실상은 죽은 자(계 3:1)들이 아니라 위로부터 부어지는 거룩한 성령의 능력으로 하나님의 전신 갑주를 덧입게 하여 주시옵소서.

셋째, 남과 북의 성도들이 깨어 믿음에 굳게 서서 강건함(고전 16:13)으로 그리스도 예수의 좋은 군사(딤후 2:3)가 되어 하나님께 기쁨이 되게 하여 주시옵소서.

예수님의 이름으로 기도합니다. 아멘.


## 3) 김일성 우상화와 지하교회 증가[314]

### 김일성 가계 우상화와 감시 속에 증가하는 지하교회

최근 북한은 주민들의 배급이 끊어진 지 오래되었고, 평양시민에 대한 배급도 수개월째 중단 되었다. 게다가 주민들에 대한 정부의 감시는 더욱 커졌으며, 특히 외국인과 만날 수 있는 사람들은 더더욱 심한 감시를 받고 있다. 외국인들과 접촉이 가능한 사람들은 특별히 더 철저한 교육을 받고 있으며 몇 달에 한 번씩 사람들을 교체하기도 한다. 그런데도 북한 주민들은 윗사람에게 잘 보여서 외국인을 만날 수

---

314) 《데일리앤케이》 2009.08.10. "北, 백두산에 김정은 사적지 건립 지시", 《데일리앤케이》 2009.07.24. "北 30대 기독교신자 리현옥씨, 지난달 공개처형 당해"

있는 기회를 더욱 갖고 싶어 한다.

또한 최근 북한은 후계자로 지정되었다는 김정은을 백두 혈통, 만경대 가문 출신이라고 공개 선전하면서 우상화 작업 일환으로 김일성과 김정일, 그 가계 인물들의 우상화에 열을 올리고 있는 것으로 알려 졌다. 특히 그들의 혁명 업적과 기념물을 조성해 놓은 곳인 혁명 사적지에 김정은을 포함시키려고 움직임이 구체화되고 있다고 한다.

실제로 김일성 사망 15주기를 맞아 2009년 7월 8일과 9일 군 장병·근로자·청소년학생 등 각 계층에서 김일성 동상을 참배하였으며, 평양체육관에서 중앙추모대회를 개최하는 등 각종 추모행사를 진행하였다. 이러한 감시와 김일성 가계 우상화와 속에서 기독교 신자가 증가하고 있어 북한 당국이 '공개처형'까지 하는 초강경 통제를 동원하고 있다. 2009년 7월 16일 30대 기독교 신자 이현옥이 공개처형을 당했으며, 3월에는 서금옥이, 2008년 10월에는 김광명이 북한 국가안전보위부에 의해 체포돼 현재까지 행방불명 상태라고 한다.

이현옥은 북한 내에서 성경을 배포하다 보위부에 발각되어, 남편과 아이 3명, 부모 등 가족전원이 정치범 수용소로 이송됐고, 이현옥은 공개처형 당한 것으로 전해졌다. 서금옥과 김광명은 북한에 단파 라디오 및 CD 배포, 기독교인으로 사회혼란을 유도했다는 죄명으로 보위부에 체포돼 현재까지 생사가 확인되지 않고 있다.

이와 관련하여 NGO 관계자는 "북한에서 종교를 믿다 적발되면 '스파이'라고 뒤집어 씌워 바로 정치범 수용소에 끌고 간다."면서 "공개처형하는 경우도 볼 수 있다."고 밝혔다.

또한 NGO 관계자는 북한의 비밀 기독교 신자의 규모를 '3만 명 수준'으로 추정하기도 했지만 "북한의 특성상 공개 집회를 할 수 없어 혼자 몰래 믿고 있는 사람들도 상당히 많을 것"이라고 예상하며 지하교회 숫자는 이보다 훨씬 많이 있음을 시사했다.

미국의 선교단체 '순교자의 소리'(VOM) 공보실장은 2009년 7월 13

일 자유아시아방송(RFA)을 통해 "북한 내 지하교회들은 북한 당국의 종교 탄압과 감시 속에서도 꾸준히 늘고 있다."면서 "명확히 파악하기는 힘들지만 현재 약 10만 명의 기독교인들이 지하교회에서 비밀리에 종교 활동을 하고 있는 것으로 추정된다."고 밝힌 바 있다.

공보실장에 따르면 북한 내 지하교회는 보안을 위해 2명에서 5명 사이의 가족 구성원으로 이루어졌으며 주로 밤 시간에 집에서 모여 예배를 드린다는 것이다.

## ◆ 우리의 기도

"여호와여 주는 나의 하나님이시라. 내가 주를 높이고 주의 이름을 찬송하오리니"(사 25:1)

첫째, 흔들림 없이 십자가의 길을 걸어가는 북한 성도들의 아름다운 발걸음을 통하여 주의 영광이 나타나며, 흑암에 행하던 백성이 큰 빛을 보고 사망의 그늘진 땅에 거주하던 자에게 빛이 비치게(사 9:2) 하시옵소서.

둘째, 김일성 가계 우상화와 심한 감시 속에 하나님을 찬양하는 주의 백성들이 신앙의 본질을 잃지 않고 복음의 능력을 나타내게 하여 주시옵소서.

셋째, 고통 속에 순종하는 북한 성도들로 말미암아 주께서 이 나라를 창성하게 하시며 추수하는 즐거움과 탈취물을 나눌 때의 즐거움 같이 그들이 주 앞에서 즐거워하게(사 9:3) 하시옵소서.

예수님의 이름으로 기도합니다. 아멘.

## 4) 문화사역을 통한 북한선교

### 만화 성경 『메시야』

2009년 4월 만화 성경 『메시야』 1권이 출간되어 판매 중이다. 수익금은 북한에 성경을 배달하는 비용으로 사용된다. 이번에 출간된 만화 성경 『메시야』는 예수님의 탄생부터 부활 승천에 이르는 이야기로 총 288쪽으로 구성되어 있다. 앞으로 사도행전, 창세기, 왕들의 이야기 등이 출간을 앞두고 있다.

현재 남북의 언어는 각각 표준어와 문화어라는 테두리 속에서 서로 달리 사용하고 있다. 남과 북의 언어생활 이질화는 분야에 따라 다소 차이는 있지만 발음, 어휘, 철자법, 띄어쓰기, 문체 등 모든 부문에서 나타나고 있다. 이러한 현실을 고려하여 현재 북한에 살고 있는 어린이들과 청소년들이 쉽게 이해하고 복음을 받아들이는 데 어려움이 없도록 북한에서 사용 중인 언어로 성경을 제작하여 북한에 배달하고 있다. 하나님과 사랑의 교제를 나누며, 자신의 삶 전체를 하나님 앞에 구별하여 드리고자 하는 온전한 순종의 삶을 이루는 데 필요한 하나님의 말씀인 성경을 지속적으로 배달하려는 것이다.

"김정일께 충성하는 후비대(後備隊)로 준비하겠다."는 집단 맹세를 하는 어린이들이 세상적인 유혹과 도전을 뒤로하고 하나님이 원하시는 경건의 삶을 살아가도록 만화 성경 『메시야』 등 하나님의 말씀이 배달되어야 하는 것이다.

그림과 본문을 통해 복잡한 개념을 이해하기 쉽게 풀어 주는 장점을 지닌 만화라는 형식으로 책이라면 몇 장에 걸쳐 설명해야 될 내용을 분명하고 쉽게 이해할 수 있도록 하기 때문에 북한의 어린이들과 청소년들에게 만화 성경 『메시야』는 성경을 이해하는 훌륭한 지도서 임이 틀림없다.

또한 만화의 장점인 재미를 곁들인 친근감으로 교육적 효과를 높여 북한의 어린이와 청소년들이 젖이나 먹고 단단한 식물을 못 먹는 자가 아닌 장성한 그리스도인으로 성장하는 데 도움이 될 것이다.

그리고 전체 성경의 흐름을 쉽게 파악할 수 있고, 짧은 시간에 다양한 지식을 얻을 수 있으며, 재미있기 때문에 여러 번 읽게 되고, 내용을 오래 기억할 수 있는 장점을 잘 활용하여 말씀에 감화받는 새로운 삶을 통해 주님과 함께 기쁨을 누리게 될 것이다. 실제로 평양에 거주하는 중년 여성이 만화 성경 『메시야』를 읽고 이러한 감화 속에 "책을 잘 보았습니다."라고 적어서 최근에 보내오기도 하였다.

### ◆ 우리의 기도

"주의 율례들을 즐거워하며 주의 말씀을 잊지 아니하리이다."(시 119:16)

첫째, 출판된 만화 성경 『메시야』가 남과 북의 성도들, 특히 어린이와 청소년들이 하나님의 말씀을 바로 이해하며, 하나님께 큰 영광을 돌리는 매개체가 되게 하여 주시옵소서.

둘째, 성경과 지도자 훈련을 돕는 자료들, 연령과 수준에 맞게 그리스도인을 하나님의 말씀으로 양육하고 가르치기 위한 교재, 다양한 형태의 전도지가 공급되어 북한 교회를 바르게 가르쳐 받은 은혜를 따라 어그러지고 거스르는 세대 가운데 빛으로 나타나게 하여 주시옵소서

셋째, 하나님과 사랑의 교제를 나누며, 자신의 삶 전체를 하나님 앞에 구별하고자 하는 온전한 순종의 삶을 이루도록 필요한 하나님의 말씀인 성경이 북한에 지속적으로 배달되게 하여 주시옵소서.

예수님의 이름으로 기도합니다. 아멘.

# 2. 서진선교

## 1) '평양에서 예루살렘까지' 실크로드를 따라가는 서진선교

### 단기선교 매뉴얼

최근 출간된 모퉁이돌 신서 『단기선교 매뉴얼』은 단기선교사역의 전 과정을 통해 하나님의 마음을 품은 전략적 동역을 이루어 냄으로써 진정으로 하나님께서 기뻐하시는 단기선교사역을 이루는 것을 그 목적으로 하고 있다.

그리하여 1~3장에서는 단기선교를 허락하신 하나님의 마음을 깊이 깨달아 알도록 선교의 일반적인 모습과 단기선교사역 그리고 그동안 한국교회에서 진행된 다양한 단기선교사역의 유형을 정리하였다.

구체적으로 단기선교사역은 분명 이 시대에 교회와 성도를 선교의 길로 부르시는 하나님의 통로 가운데 하나일 수 있습니다. 단기선교가 시대의 유행이나 단순히 자기만족의 수단, 혹은 선교사를 만나고 선교지를 구경하는 여행은 아니다. 분명한 목적과 철저한 준비가 없는 단기선교는 재정의 낭비를 가져올 뿐만 아니라, 오히려 선교의 장애 요인으로 작용할 수도 있다.

그러므로 단기선교사역을 통해 일선 선교사들이 힘을 얻고, 그들의 사역에 큰 활력소가 제공되며, 현지 교회가 세워지는 일들이 일차적으로 일어나야 한다. 아울러 단기선교사역을 통해 많은 새로운 선교 헌신자들이 발굴되고, 교회와 성도들이 적극적으로 선교에 동참하는 도전이 일어난다면 이 시대에 단기선교라는 방법을 일으키신 하나님을 기쁘시게 하는 길이 되리라 확신한다. 즉, 분명한 목적을 세우고 그 목적에 따라 각 교회 상황에 적합한 유형을 결정하여 진행하면 단기선교는 하나님의 축복을 체험하는 좋은 기회가 된다는 것이다.

마지막으로 7장에서는 단기선교사역 후속 조치에 대해 심도 있게 다루고 있는데, 영적 성숙과 교회의 유익을 위한 주의 사항, 자체 평가회, 단기선교 보고회, 자료집 발간, 선교사 및 선교지 교회와의 지속적인 교제 등이다.

본론이라 할 수 있는 4~6장은 단기 사역의 실제에 해당하는 내용들로 구성되어 있다. 단기선교 준비는 어떻게 할 것이며, 실제로 선교 현장에서 하나님께서 기뻐하시는 사역을 이루기 위한 최선의 방안은 무엇일까에 대하여 함께하기를 바라고 있는 것이다.

『단기선교 매뉴얼』은 "평양에서 예루살렘까지" 실크로드를 따라가는 서진선교의 가장 중요한 지역인 중국에서 사역을 담당해 온 모퉁이돌선교회의 선교사가 정리한 자료집이기에 21세기 선교에 있어 이목이 집중되고 있는 중요한 전략 지역인 중국과 중앙아시아와 중동지역을 다루고 있다.

## ◆ 우리의 기도

"예수께서 또 이르시되 너희에게 평강이 있을지어다. 아버지께서 나를 보내신 것 같이 나도 너희를 보내노라."(요 20:21)

첫째, 복음 선포를 통한 영혼 구원, 구원의 신앙으로 인도된 자들이(골 1:28) 예수 그리스도를 닮아 가는 제자화, 그리고 믿는 자의 공동체인 교회를 세우며(행 14:21-23), 하나님 나라를 확장하고, 하나님께 영광을 돌리는 선교의 목표와 목적을 이루는 데 단기선교가 귀중한 통로가 되게 하여 주시옵소서.

둘째, 단기선교사역을 통하여 새로운 선교 헌신자들이 발굴되고, 분명한 목적과 소명에 따라 교회와 성도들이 선교에 동참하는 계기가 되게 하여 주시옵소서.

셋째, "평양에서 예루살렘까지" 실크로드를 따라가는 서진선교에 『단기선교 매뉴얼』이 좋은 지침서와 교본으로 활용되고, 중요한 전략 지역인 중국, 중앙아시아와 중동의 실상을 제대로 이해하며 알아가는, 선교에 헌신하는 귀한 도구가 되어 지게 하여 주시옵소서.

예수님의 이름으로 기도합니다. 아멘.


## 2) 중국 서부대개발과 종교적 의미[315]

### 서부대개발과 서진선교

중국의 서부대개발이 탄력을 받고 있다. 중국 정부가 서부대개발에 이미 1조 7,400억 元(약 297조 원)을 쏟아 부었지만 추가로 4,689억 元(약 84조4020억 원)을 투입하는 18개 새 프로젝트를 확정했다고 한다.

중국 국가발전개혁위원회가 확정한 18개 신규 프로젝트는 인프라 확충에 초점이 맞춰졌다. 신장위구르자치구에 있는 투루판에도 공항이 건설된다고 한다. 중국 정부가 검토하고 있는 새로운 서부 대개발 구상은 서부 지역 전체 발전을 유도하는 것이 골자가 될 것으로 알

---

315) 《한국경제》, 2009.9.14. "중 '서부대개발' 급피치… 84조원 추가투입"

려졌다.

대개발의 핵심 지역 도시라 할 수 있는 성도(成都), 중경(重慶), 서안(西安)의 3개 도시는 인구 2842만 명, 80여 거 대학, 100만여 명의 과학기술 인력을 보유하고 있다. 중국은 서부대개발을 글로벌 금융위기로 동부지역에 실업자가 양산되면서 불거진 사회불안과 수출 의존형 성장모델의 한계를 동시에 해결할 수 있는 카드로 보고 있다.

서부대개발 해당 지역인 사천성(四川省), 감숙성(甘肅省), 중경(重慶), 영하회족(寧夏回族)자치구, 청해성(靑海省) 등은 사회 경제적으로 중국 동부나 연해지역에 비해 낙후되고 전통적인 유교, 불교, 도교 등 중국 주류 문화를 비롯하여 소수민족들의 이슬람교, 라마 불교, 정령 신앙 등이 공존하는 곳이다.

중국 정부의 적극적인 지지 속에 대개발이 가속화되고 있는 서부지역의 소수민족들은 역사 속에서 겪은 아픔과 고난으로 인해 강한 종교적 결속력을 가지고 공동체를 이루며 살아가고 있다. 예수 그리스도가 아닌 타 종교에 귀의하는 일을 통해 삶의 소망을 발견하고 그 힘으로 어둡고 암울한 억압과 고통의 세월 이겨낸 것이다.

또한 감숙성(甘肅省), 청해성(靑海省) 등 회족들이 살고 있는 지역의 이슬람 사원에서는 전 세계에 이슬람을 전파하기 위해 아이들이 12살 정도가 되면 6~7년을 먹이고 재우면서 영어, 중국어, 아랍어를 가르치고 있다.

이 지역은 지리적, 역사적, 문화적, 무엇보다도 종교적으로 예루살렘까지 나아가는 선교의 관문이 되는 곳이다. 그러므로 현재 복음이 전해지지 못하고 있는 지역 선교를 위해 중요한 국가는 중국이라 할 수 있다. 즉, 이 지역은 실크로드, 중앙아시아 등 타 문화권 지역 및 종족을 공유하고 있어 '평양에서 예루살렘까지' 서진선교를 감당해야 하는 우리에게 선교 전략적으로도 매우 중요한 곳이다.

## ◆ 우리의 기도

"또 마음을 다하고 지혜를 다하고 힘을 다하여 하나님을 사랑하는 것과 또 이웃을 자기 자신과 같이 사랑하는 것이 전체로 드리는 모든 번제물과 기타 제물보다 나으니이다."(막 12:33)

첫째, 중국교회의 하나님과 이웃을 사랑하는 겸손함이 서부대개발 지역에 의의 열매(약 3:18)로 결실되어, 성적 방종, 물질주의, 부패, 탐욕 등을 치료하는 길르앗의 유향(렘 8:22)이 되게 하옵소서.

둘째, 선교 전략적으로 매우 중요한 서부 지역에 필요한 성경과 지도자 훈련을 돕는 자료들, 연령과 수준에 맞게 그리스도인을 하나님의 말씀으로 양육하고 가르치기 위한 교재, 다양한 형태의 전도지가 공급되어 여호와께서 통치하시니 땅이 즐거워하는(시 97:1) 복을 누리게 하여 주시옵소서.

셋째, 주께서 부어 주시는 성령의 역사로 말미암아 중국교회가 평양에서 예루살렘까지 복음을 전하는 아름다운 발걸음이 되게 하옵소서.(사 52:7)

예수님의 이름으로 기도합니다. 아멘.


## 3) 중국 건국 60주년, 단속 속 교회 급증[316)]

### 건국 60주년 앞둔 중국교회의 성장

중국 정부가 2009년 10월 1일 건국 60주년 국경절 행사를 앞두고 북경, 상해 등지의 교회들에 대해 대대적인 단속에 나서고 있다.

---

316) 《국민일보》 2009.8.31 자 "中, 국경절 앞두고 대대적 교회 단속"
　　　《중앙일보》 2009.9.17 자 "고도성장이 해결하지 못한 정신적 허기"

2009년 8월 30일 "중국 정부가 기독교를 내재적 위험 요소로 간주, 북경 내 6개 가정교회에 대해 압력을 가하고 있고 이들 교회는 상당한 규모라는 공통점이 있다."고 한다.

정부에 등록한 교회들도 정도 차이는 있지만 압력에 시달리기는 마찬가지이다. 산동성 교회에서는 목회자 훈련이 취소됐고, 절강성 교회에서는 2톤 분량의 교회학교 교재가 몰수되기도 했다. 상해시의 가정교회 지도자는 공안에 체포됐다가 더 이상 집회를 불허한다는 통지를 받고 풀려났다.

건국 60주년 국경절 행사를 앞두고 현재 북경 당국의 공안 경계수위는 투입인원이나 강도 모든 면에서 북경 올림픽에 비해 두 배는 족히 된다고 한다. 자원봉사의 형태로 치안에 참여하는 사람의 수가 80만 명이 넘는다고 하니 말이다. 이는 시민들이 자원해서 이웃 시민들을 보호해 주는 것이지만, 엄밀히 말하면 보호라는 이름으로 이웃을 감시하는 시스템인 것이다.

9월 15일부터 북경 외의 주변 도시와 성에서도 야간에 무장군경의 순찰이 시작되었다고 한다. 아울러 9월 15일부터 10월 8일까지는 모든 차량의 베이징 진입이 제한된다. 상업적 목적의 트럭의 출입은 진입할 생각도 못 한다.

이러한 사실은 얼마 전 동북 3성을 방문하여 성경 배달을 목적으로 만난 교회 지도자가 "가장 긴장된 시기에 방문하여 귀한 성경을 주셔서…"라는 고백을 통하여 확인한 바 있다. 또 다른 교회 지도자는 일희일비하지 말고 지혜롭게 행동해야 하는 민감한 시기이므로 건국 60주년을 지나고 더 많은 성경을 보내 달라고 요청하기도 하였다. 하지만 건국 60주년을 맞는 중국교회는 성장하고 있음을 알 수 있다.

"대도시 인근의 시골에 기독교 교회가 급속히 늘어나고 있습니다. 아마 경제적으로 고속성장을 거듭한 이면에서 느끼는 중국 사회의 정신적인 공허감을 달래려는 일반의 추세로 보여집니다.", "교회뿐만이 아니지요. 이제는 기도원도 만들어지고 신학교도 들어서고 있습니다."
이러한 현상에 대하여 "중국의 기독교는 이제 농촌을 넘어 도시의 기업인, 전직 고위 공산당 간부도 신자로 끌어들이면서 교세를 넓히고 있다. 어느 정도 경제적 문제를 해결한 중국 공산당이 종교의 윤리·도덕적 역할에 주목하면서 생겨난 현상"이라고 전문가들은 분석한다.

중국 정부의 공식 추산에 따르면 중국 내 개신교 신자는 1600만 명. 그러나 허가를 거치지 않은 비공식 교회의 신자까지 합치면 7000만 명에 달한다는 게 중국사회과학원의 추산이다.

◆ 우리의 기도

"나의 사랑, 내 어여쁜 자야 일어나서 함께 가자."(아 2:10 하)

첫째, 중국교회가 세상은 간곳없고 구속한 주만 바라보는 감격이 가득한 거룩한 축제의 장소가 되게 하여 주시옵소서.

둘째, 정신적인 공허함과 경제 발전의 그림자 속에 중국교회가 교회로서 본연의 역할을 잘 감당하고 중국 사회에 빛과 소금의 역할을 감당하도록 지켜 주옵소서.

셋째, 주께서 부어 주시는 성령의 역사로 중국교회가 평양에서 예루살렘까지 복음을 전하는 아름다운 발걸음이 되게 하옵소서.(사 52:7)

예수님의 이름으로 기도합니다. 아멘.

## 4) 신장위구르자치구

### 90% 이상이 복음을 들어본 적 없는 위구르인

진정 국면에 접어들었으나, 신장위구르자치구에서 발생한 유혈 사태로 국가 주석이 G8이라는 중요한 국제 행사에서 급히 귀국하는 등 중국 정부는 유혈 사태의 조기 진화를 위해 노력하였다.

신장위구르자치구는 '신장'(新疆:새로운 강역)이라는 이름에서 알 수 있듯이 아주 오래 전부터 중국의 통치를 받던 곳이 아니다. 과거 西域(서역)으로 불리던 지역으로 1884년 청나라 말기 완전히 복속되었고 이 무렵 '신장성'이란 말이 등장하였다.

중국이 공산화되기 이전인 1944년에는 '동투르키스탄'이란 이름으로 독립을 선포하기도 했던 신장위구르자치구는 2007년 현재 전체 주민의 45%인 897만 명이 위구르 족이며 34개 소수민족이 살고 있다고 한다.

주목할 점은 34개 소수민족 가운데 위구르, 카자흐, 회족 등 신장위구르자치구 10개 종족이 이슬람교를 믿고 있는데 수니파 이슬람을 신봉하고 있다. 수니파 이슬람은 2001년 미국 9·11 테러 사건의 주범인 수니파 원리주의 집단 알 카에다와의 연관성으로 인하여 주목받고 있으며, 중국 정부도 이 때문에 경계를 늦추지 않고 있다고 한다.

거의 모든 위구르 족이 이슬람을 신봉하고 있는 가운데 2007년에 발간된 『중국의 교회 그 놀라운 성장』에 의하면 신장위구르자치구에는 최소 56개의 등록 교회와 집회소가 있으며, 60가 현 가운데 30개 현에 교회가 있다.

신장위구르자치구의 주도(州都)인 우루무치 시에는 4만 명의 신자가 있으며 매주 3,000명이 모이는 교회도 있다. 신장위구르자치구 동부에 위치한 인구 약 12만 6천 명의 오아시스 도시 하미에는 1,000명의 기독교인과 3개의 교회가 있는데 그 중 하나는 신장위구르자치구에서 가장 큰 교회이다.

그리고 중국종족 프로파일 및 기도정보인 『오퍼레이션 차이나』에 의하면 국경을 접하고 있는 카자흐스탄에는 약 400명의 위구르 기독교인이 중국에는 50명 정도로 알려진 2개의 위구르족 기독교 예배 모임이 있다고 한다.

한편 2009년 5월 1일, 일본《산케이신문》이 삿포로 의과대학 다카다 준(高田純) 교수의 논문을 인용해 보도한 바에 의하면, 신장위구르자치구에서 1996년까지 32년간 실시한 핵실험으로 인해 위구르인 19만 명이 급사했고, 이러한 핵실험 여파로 사망자 19만 명 외에 129만 명이 방사선 장애 등의 피해를 입었다고 한다.

◆ 우리의 기도

"악을 꾀하는 자의 마음에는 속임이 있고 화평을 의논하는 자에게는 희락이 있느니라."(잠 12:20)

첫째, 하나님이 기뻐하시고 온전하신 뜻이 무엇인지 분별할 줄 아는, 화평을 논하는 지혜로운 자들의 순종으로 갈등과 다툼으로 고통당하는 신장위구르자치구에 생명의 능력(시 27;1)이신 여호와 하나님의 통치가 나타나게 하여 주시옵소서.

둘째, 성경과 지도자 훈련을 돕는 자료들, 연령과 수준에 맞게 그리스도인을 하나님의 말씀으로 양육하고 가르치기 위한 교재, 다양한 형태의 전도지가 공급되어 위구르인들이 하나님의 자녀가 되어 진정한 기쁨을 누리게 하여 주시옵소서.

셋째, 주께서 부어 주시는 성령의 역사로 말미암아 한족 교회가 위구르족 등 중국 거주 소수민족과 주변의 회교 국가에 복음을 전하는 아름다운 발걸음이 지속되게 하여 주시옵소서.(사 52:7)

예수님의 이름으로 기도합니다.


## 5) 성장하는 중국교회 [317)]

### 공산당원보다 많은 기독교인

"비공식적인 종교 활동이 대도시의 호텔은 물론, 노래방이나 변두리 지역의 아파트, 한적한 시골집 등 중국 전역에서 다반사로 이루어지면서 중국 당국이 사실상 방치하고 있다."

성장하고 있는 중국교회 모습을, 즉 중국 전역에서 기독교 성도가 급증하는 모습을 최근 중국 신문이 보도한 내용이다. 북경 과기대의 어느 교수는 지금 같은 분위기가 지속되면 머지않다 중국 공산당이 기독교인 당원도 받아들일 것이라고 전망하기도 했다.

2006년 중국기독교협회의 통계에 따르면 중국 기독교 수는 이미 1,600만 명을 넘었으며 현재 예배당 및 집회소가 모두 55,000개 있으며, 목사·부목사가 3,700명, 장로·전도사·교직인원이 36,000여명 있으며 또 10만 명 이상의 일꾼이 교회 여러 가지 사역을 협조하고 있다고 한다. 하지만 중국 가정 교회의 사역자의 추정에 의하면 중국교회 신자는 총 8,000만 명 내지 1억 명에 달하며 1949년 이전에 비해 백배나 늘어 전 중국 인구의 6.7%~7.5%를 차지한다.

홍콩의 《사우스차이나 모닝 포스트》는 2009년 4월 12일 "그들이 하나님을 믿는다(In God They Trust)"는 4쪽짜리 부활절 특집 기사를 통해 "중국 전역에서 기독교 신자가 급증해 최근엔 공산당원 숫자를 앞질렀다."고 보도했다.

가톨릭과 다양한 개신교 신자를 합한 기독교인이 1억 2500만 명을 넘었고, 이는 중국 전체 13억 인구에서 '10명 중 한 명'꼴이고 이

---

317) 《조선일보》, 2009.04.13. "중 기독교인, 공산 당원보다 많아져".

는 중국의 7,400만 명 전체 공산당원 숫자를 크게 앞선다는 것이다.

실제로 미국의 선교 단체가 차이나 네트워크연구소를 통해 2004년 중국 복음화 실태 자료를 발표하였는데, 가정교회와 삼자 교회를 통틀어 중국 기독교인 수는 9,788만 3천 명에 이른다고 밝혔다.

또한 Worldwide Evangelization for Christ(WEC)선교회는 중국의 기독교인 수가 9,153만 5천여 명으로 인구 대비 7.25%, 연 성장률이 7.7%에 이른다고 『오퍼레이션 월드』(Operation World) 2001년 판에서 밝힌 바 있다.

자료에 의하면 인구 당 기독교인 수가 가장 많은 지역은 화북지구(華北地區) 남부에 있는 허난성(河南省)으로 허난성(河南省) 인구의 약 30%인 2,490만 명이며, 다음은 화남(華南) 지구 동부 타이완 대만(臺灣)해협에 면한 성인 푸젠성(福建省)으로 약 20%가 기독교인이다.

허난성(河南省)은 중국의 예루살렘으로 불리는 가정 교회가 활발한 지역이며, 1990년 자칭 '여자 그리스도', '다시 육신으로 돌아온 예수', '말세의 그리스도'라는 덩(鄧)씨 성을 가진 여자에 의해 세워진 '동방 번개' 등 이단이 급증하는 곳이다.

◆ 우리의 기도

"풀은 마르고 꽃은 시드나 우리 하나님의 말씀은 영원히 서리라 하라."(사 40:8)

첫째, 부흥하는 중국교회의 성도들이 하나님의 거룩한 백성으로 세상의 가치와 결별하고 믿음의 선진들(히 11:7)처럼 마지막 때에 하나님의 특별한 은혜를 입는 자들로 살게 되기를 진심으로 간구합니다.

둘째, 성경과 지도자 훈련을 돕는 자료들, 연령과 수준에 맞게 그리스도인을 하나님의 말씀으로 양육하고 가르치기 위한 교재, 다양한 형태의 전도지가 공급되어 많은 이단이 일어나고 있는 중국교회가 바르게 가르쳐 받은 은혜를 따라 어그러지고 거스르는 세대 가운데 빛으로 나타나게 하옵소서.

셋째, 경제 발전의 그림자 속에 도덕 윤리적 부패와 타락이 만연해 가고 있는 중국에서 가정 교회가 교회로써 본연의 역할을 잘 감당하고 중국 사회에 온전한 빛과 소금의 역할을 감당하도록 지켜 주옵소서.

넷째, 주께서 부어 주시는 성령의 역사를 인하여 중국교회가 평양에서 예루살렘까지 복음을 전하는 아름다운 발걸음이 되게 하옵소서.(사 52:7)

예수님의 이름으로 기도합니다. 아멘.

# 3. 모퉁이돌 선교사역

## 1) 북한선교학교 [318]

### 헌신과 순종으로 나아가는 북한선교학교

통일부 통일교육원은 한반도 주변 정세와 통일문제 및 북한에 대한 이해를 돕기 위해 매년 '통일문제이해'와 '북한 이해'를 발간하고 있다. 이 책자들을 통하여 각급 교육기관 및 사회통일교육 현장에서 통일문제와 북한에 대한 올바른 이해를 돕는 데 보탬이 되기를 바라고 있다.

모퉁이돌선교회도 다양한 북한선교전략과 방법을 함께 나누고 더불어 기도하고자 매년 2회 북한선교학교를 열어 북한의 실상을 알리고 북한을 이해하는 통찰력과 안목을 가질 수 있도록 하고 있다.

북한선교학교에 참석하는 훈련생 모두가 한국과 북한을 향한 하나님의 뜻과 섭리를 깨달아 순종과 헌신하는 자리에 나아가도록 하고자 하는 데 목적을 두고 있다. 북한선교학교는 2009년 3월 24일, 제

---

318) 《국민일보》, 2009.02.06. "탈북자 1만 5,000명 돌파… 북한 전문가 키워라"

13기 개강을 앞두고 있다. 북한선교학교는 이제까지 220여 명의 수료자를 배출하였는데 이중 10여 가정이 중국 및 중앙아시아 등에서 선교사로 헌신, 사역하고 있다.

2008년 12월까지 12기가 진행된 북한선교학교는 "북한선교의 성경적 기초", "모퉁이돌선교회의 북한선교 전략", "주체사상과 기독교의 종교 양상 비교", "북한의 정치, 신정 체제인가", "내가 체험한 북한", "북한선교와 영적 전쟁", "성경 배달을 통한 북한 지하 교회 개척", "북한의 경제, 무엇이 문제인가?", "최근 북한 동향과 선교 전략", "북한교회 어제와 오늘 그리고 내일", "북한의 군사와 외교", "탈북청소년 대안학교의 현황과 북한선교", "남북관계와 '남남갈등'"을 주제로 매주 화요일 12주간으로 진행되고 있다.

12주의 강의와 아울러 북한선교학교 출신자 정기모임, 현장학습을 국내와 해외에서 진행하여 단순 지식 습득을 위한 북한선교학교가 아니라 강의와 참여, 영성 훈련을 통하여 "배우고 깨닫고 듣고 본 바를 행하여 평강의 하나님이 함께(빌 4:8-9 참조) 하시도록 돕고 있는 것이다.

"현재 교계에서는 북한에 대한 연구나 활동이 확산되고 있기는 하지만 특정 분야에 치중돼 있고, 거대 담론만 훑고 지나가는 경향이 짙다."고 지적하면서 "연구 분야를 세분화, 구체화하는 작업이 이루어져야 할 때"라고 평화한국 사무국장이 언급한 바 있다.

또한 북한선교학교에서 '주체사상과 기독교의 종교 양상 비교'를 강의한 바 있는 김병로 서울대 통일연구소 교수는 "최근 많은 단체들이 북한선교 활동에 나서고 있지만 선교와 접목한 북한 전문가는 미흡한 실정"이라며 "신학과 각종 전문 분야를 아우르는 전문가가 배출된다면 북한선교가 더욱 내실을 다질 수 있을 것"이라고 하였다. 북한선교학교는 강의, 참여와, 영성 훈련을 통하여 '형제를 진리로 깨우쳐 선한 일꾼'(딤전 4:6)으로 배출하고 있는 것이다.

## ◆ 우리의 기도

"망령되고 허탄한 신화를 버리고 경건에 이르도록 네 자신을 연단하라. 육체의 연단은 약간의 유익이 있으나 경건은 범사에 유익하니"(딤전 4:7-8 상)

첫째, 사람이 계획할지라도 그 걸음을 인도하시는 만군의 여호와 하나님으로 말미암아 강의와 참여, 영성 훈련을 통하여 "배우고, 깨닫고, 듣고, 본 바를 행하여 아름다운 소식을 평양에서 예루살렘까지 전하는 주의 군사들이 북한선교학교를 통하여 양육되게 하여 주시옵소서.

둘째, 지혜로운 여인이 그 집을(잠 14:1) 세우는 것처럼, 북한선교학교에 참석하는 훈련생 모두가 여호와를 의지하는 지혜로운 자가 되어 한국과 북한을 향한 하나님의 뜻과 섭리를 깨달아 순종하고 헌신하는 자리에 나아가도록 훈련되게 하여 주시옵소서.

셋째, 북한선교학교가 은혜와 긍휼과 평강의 하나님 아버지 교훈 안에 양육훈련되어 의의 열매가 가득하고 하나님의 찬송이 되는(빌 1:10), 여호와의 이름에 합당한 영광을 돌리는 축복이 임하는 목양의 터전이 되기를 선포합니다.

예수님의 이름으로 기도합니다. 아멘.

## 2) 새즈믄 성경[319]

### 하나님의 말씀

　모퉁이돌선교회는 원문에서 직접 번역한 히브로 인의 성경 『새즈믄 하나님의 말씀』을 출간하였다. 『새즈믄 하나님의 말씀』 번역에 관하여 저자 최의원 박사는 "기존의 성경이 히브리어 원문을 영어나 독일어로 번역하고 이를 다시 중국어로, 이어 한국어로 번역하다 보니 외래어가 마구 섞이고 본뜻이 왜곡된 부분이 있어 구약성경을 순수한 우리말로 정확하게 옮겨 놓는 것을 목적으로 지난 8년 동안 하반신이 마비될 수 있다는 위험을 무릅쓰고 번역을 하였다." 라고 밝히고 있다.

　초기 한글성경 번역자였던 캐나다 출신 선교사 게일(James Scarth Gale, 한국명: 奇一)은 '성경 번역이 마치 파나마 운하를 파는 일만큼 어려운 일'이라고 언급한 바 있다.

　이렇게 어려운 성경 번역 작업이 지니고 있는 문명사적 가치에 대해 총신대 구약학 김정우 교수는 초대교회 교부인 아우구스티누스는 베르베르족이었다. 그가 만약 베르베르어로 성경을 번역했다면 그 민족은 지금처럼 남의 나라 말을 쓰며 유목민 신세로 떠돌지는 않았을 것이다. 언어가 한 종족의 문화와 전통을 보존하는 데 결정적인 역할을 하기 때문이다.

　반대로 루터가 1534년 번역한 독일어 성경은 지금 쓰는 독일어와 별 차이가 없다. 루터의 성경이 언어문화를 주도했기 때문이다. 이런 맥락에서 한글성경의 출발을 이해해야 한다고 하였다.

　또한 대한성서공회 민영진 전 총무는 우리도 비슷한 역사가 있다. 한 세기 전에 성경이 중국과 일본에서 번역되면서 처음부터 한글로 적는 것을 시도했고, 그것이 한글의 정착과 고급 의사소통 매체로 자

---

319) 《국민일보》, 2008.12.11. "신세대가 쉽게 읽을 수 있는 성경 필요하다".

리 잡는 데 큰 공헌을 했다.

전 장신대 신약학 나채운 교수는 "초기 성경 번역 당시 우리나라에는 성경 빼놓고 한글 전용을 하는 매체는 《독립신문》밖에 없었습니다. 그만큼 기독교는 성경을 통해 한글 보급에 선도적 역할을 했습니다."라고 좌담회에서 언급하였다.

『새즈믄 하나님의 말씀』의 저자 역시 『새즈믄 하나님의 말씀』 출판이 한국교회의 구약성경 이해에 큰 교량 역할을 함과 동시에 세계 복음화에 앞장선 한국교회의 경이로운 공헌에 발맞추어 이 겨레에 하나님의 말씀을 바로 이해시키며, 나아가 만국 교회에 구약성경의 진리를 선양 하여 하나님께 큰 영광을 돌리는 매개체가 되기를 기대하고 있다.

## ◆ 우리의 기도

"여호와의 말씀은 정직하며 그가 행하시는 일은 다 진실하시도다."(시 33:4)

첫째, 출판된 『새즈믄 하나님의 말씀』이 남과 북 성도들이 하나님의 말씀을 바로 이해하며, 하나님께 큰 영광을 돌리는 매개체가 되게 하여 주시옵소서.

둘째, 평생 십자가의 복음을 나의 복음으로 알고 살아가는 믿음의 사람들인 북한 지하교회 성도들에게 하나님의 말씀, 성경이 배달되어 지혜롭고 능력 있는 주의 자녀로 사명을 잘 감당하게 하여 주옵소서.

셋째, 주님께서 주신 하나님의 말씀, 성경으로 북한의 교회와 가정이 하나님이 원하시는 모습으로 회복되며, 정치적 혹은 경제적 어려움으로 가정의 위기에 처한 성도들이 다시 한 번 주의 사랑을 덧입게 하시고, 하나님의 말씀으로 위기를 극복하는 믿음의 가정이 되게 하옵소서.


## 3) 정세와 선교 [320]

### 북한 분야별 정세와 우리의 기도

"김 위원장의 후계구도가 순조롭게 진행되려면 경제가 살아나야하고, 당 조직을 장악해야 한다. 이에 따라 2009년 북한 권력구도에 가시적 변화가 있을 가능성이 있다. 북한은 김 위원장의 건강이상 이후 발생할 소지가 있는 권위 약화를 차단하기 위해 다양한 조치를 취할 것이 예상된다."

위의 내용은 2009년 2월 통권 제 61호「정세와 선교」"2009년 북한정세와 정책, 공격 위협 통할까?" 두 번째 단락 ‹내내정세와 정책의 한 단락이다.

실제로 2009년 2월 11일 김정일 위원장에 의하여 김영춘 국방위원회 부위원장이 한국의 국방장관에 해당하는 인민무력부장으로 임명되었다. 또한 한국의 합참의장에 해당하는 북한군 총참모장에 이영호 평양방어사령관이 임명되었다.

인민무력부장으로 임명된 김영춘은 총참모부 작전국 국장, 군수동원총국 총국장과 야전사령관인 제6군단장 등을 역임하였는데, 1995년 이후 북한의 각종 도발을 주도해 온 인물로 알려져 있다. 동해 앞바다 잠수정 침투 사건(1998년), 대포동 1호 발사(1998년), 제1차 연평해전(1999년), 제2차 연평해전(2002년), 대포동 2호 발사 및 핵 실험(2006년) 등이 모두 그가 총참모장을 맡고 있을 때 일어난 것이다.

한편 통일부는 2008년 하반기 이후 북한 내각의 장관 5명이 교체된 사실이 북한 매체를 통해 확인됐으며, 그 외에도 2~3개 부처 장

---

320) "2008년 하반기 북한정세분석"('08년 7월 ~12월), 통일연구원.

관이 바뀌었다는 미확인 소문이 있다고 밝혔다. 통일부가 확인한 장관은 전길수 철도상, 김광영 임업상, 김태봉 금속 공업상, 허택 전력 공업상, 김창식 농업상이다.

이들은 내부 승진자로 전길수 철도상은 철도성 참모장, 허 전략공업상은 수풍발전소 기사장을 역임하였고, 김광영 임업상과 김창식 농업상은 소속 부서의 부상(차관)을 지낸 경력의 소유자이다. 김태봉 금속공업상의 경우 부령 합금철공장 지배인 출신이다.

일반적으로 '정세분석'은 북한정세를 대내, 대외, 대남 분야 등으로 나누어 분야별 동향을 소개, 분석하여 대북 정책의 기초자료로 제공되고 있다. 그러나 『정세와 선교』는 근간 예정인 정세와 선교 시리즈 도서 『북한체제변화와 민초의 역할』의 추천사에 잘 표현된 것처럼 단순한 학문적 연구가 아니다.

"느헤미야와 같이 민족을 사랑하는 애끓는 심장을 가지고, 끊임없이 기도하면서 하나님이 주시는 지혜로 연구하면서 써 내려간, 머리와 가슴, 손과 발이 어우러져 있는 것이다."

◆ 우리의 기도

"하나님이 네가 하는 일들을 벌써 기쁘게 받으셨음이니라."(전 9:7 하)

첫째, 정세와 선교가 항상 지혜와 성령 충만으로(행 6:3) 만들어져 대북 정책의 기초자료 제공뿐만 아니라 북한 복음화를 위해 기도하는 교회와 성도들에게 '지침서', '나침반'으로 활용되어지기를 간구하고 선포합니다.

둘째, 정세와 선교를 통하여 북한 실상과 성도들의 삶을 이해하는 통찰력과 안목이 생길 뿐만 아니라 북한을 향한 하나님의 뜻과 섭리를 깨달아 알게 하여 주시옵소서.

셋째, 정세와 선교를 준비하는 자들이 전심으로 지혜와 명철을 살피고 궁구하여(전 7:25), 사리(事理)의 해석을 아는 자(전 8:1) 되어 인간의 명철을 의지하지 않고 마음을 다하여 여호와를 의뢰하게(시 3:5) 하여 주시옵소서.

예수님의 이름으로 기도합니다. 아멘.


## 4) 카타콤소식 [321)]

### '21세기의 카타콤 북한 지하교회'

"모퉁이돌선교회의 존재 목적은 양들을 잘 섬기는 것입니다."라는 2009년 3월 발행된 통권 제 223호 「카타콤 소식」의 특집 기사를 통하여 모퉁이돌선교회 회원 모두가 순종의 삶을 살 수 있기 원한다.

"즉 청지기의 삶입니다. 하나님이 내 안에 내가 하나님 안에 있으면 하나님이 행하시는 일을 우리가 행하게 되는 것은 당연한 일입니다. 억지로가 아니라 하나님이 행하시니 나도 행하는 기쁨으로 순종의 삶을 살 수 있도록 섬기는 것입니다."라고 설명한 바 있다.

본래 카타콤(catacomb)이란 명칭은, 옛 로마인들이 사용했던 라틴어 '카타쿰바스'(구덩이, 또는 동굴의 옆)에서 유래된 것으로, 기독교 박해시기에 피난처로 사용되다가 기독교가 공인된 후에는 지하 공동묘지로 이용되었다.

기독교 박해시기에 피난처로 사용되었던 카타콤은 로마시대 집이나 그 밖의 여러 가지 건물을 짓기 위해 모래와 자갈을 파내고 생긴 굴인데 수세기에 걸쳐 파내고 또 파냈기 때문에 굴의 길이가 측량할

---

321) 김정현, 「카타콤의 순교자」, (서울:기독교문사)

수 없이 깊었고, 또한 그 수도 헤아릴 수 없이 많았다.

그 내부가 여러 층으로 되어 복잡함은 물론 햇빛조차 들어올 수 없었다. 시신을 카타콤에 매장했기 때문에, 지하 공동묘지를 이루었다. 카타콤에서 발굴된 조각이나 벽화 그리고 공예품 등은 예술 연구의 자료로 지금도 남아 있다.

디오클레티아누스(284-305)황제의 박해 시대에는 로마의 역사가들이 '피의 시대'라고 부를 정도로 많은 신자들이 순교를 당하였다. 이러한 박해를 피하여 카타콤으로 들어갔던 것이다.

카타콤은 로마의 박해 가운데 하나님을 위하여, 주 예수 그리스도를 위해 초기의 그리스도인들이 받았던 고통과 고난과 핍박이 어떤 것인가를 생생하게 보여 주고 있다.

박해를 피해 어둡고 침침한 깊은 곳으로 들어가 믿음과 인내로 서로를 격려하고 배려하며 궁핍과 괴로움을 견뎌낸 고난의 면류관을 마다하지 않은 믿음의 선진들이 카타콤에 존재하여 오늘날 전 세계에 복음이 전해질 수 있었던 것이다.

「카타콤 소식」을 통하여 '종교는 인민의 아편'이라는 김일성 교시에 따라 건국 이래 종교탄압을 꾸준히 시행하고, 특히 제국주의 침략의 정신적 도구로 간주되어 많은 사람들이 핍박, 처형당하고 있는 21세기 카타콤 북한 교회와 성도들을 향한 하나님의 섭리와 뜻을 깨달아 기도하며 순종의 자리로 나아가야 할 것이다.

### ◆ 우리의 기도

"지존자의 은밀한 곳에 거주하며 전능자의 그늘 아래에 사는 자여, 나는 여호와를 향하여 말하기를 그는 나의 피난처요 나의 요새요 내가 의뢰하는 하나님이라."(시 91:1-2)

첫째, 핍박과 환난에 신음하는 주의 백성들이 피난처 되신 여호와 하나님으로 말미암아 마음이 기쁘고 영도 즐거워하며, 육체도 안전히 거하게(시 16:1~11) 하여 주시옵소서.

둘째, 북한의 성도들이 고난 중에라도 늘 하나님의 말씀을 사모하는 심령이 되고, 그 심령에 하나님의 말씀이 배달되어 의의 열매가 가득하여(사 32:17) 하나님의 영광과 찬송이 되게 하시기를 선포합니다.

셋째, 「카타콤 소식」을 통하여 '21세기 카타콤' 북한 교회와 성도들을 향한 하나님의 섭리와 뜻을 깨달아 기도하여 하나님 앞에 순종의 제사를 드리게 하여 주시옵소서.

예수님의 이름으로 문안드립니다. 아멘.


## 5) 북한체제 변화와 민초의 역할

### 아래로부터의 변화

일반적으로 체제의 변화는 '위로부터'의 변화, 그리고 주민들이 주도하는 '아래로부터' 변화와 외부(압)에 의한 '옆으로부터'의 변화 유형이 있다고 설명한다.

북한과 같은 독재국가의 변화는 극히 제한적이다. 주체사상은 변화를 거부한다. 절대무오류의 수령이 통치하는 사회는 이상사회라는 것이다. 북한이 변화의 조짐을 보인다면 그것은 체제에 영향을 주지 않는 제한적이고 선별적일 수밖에 없다.

이러한 사실에 근거하여 최근에 출간된 『북한체제 변화와 민초의 역할』은 북한이 1970년대 이후 변화의 외면으로 기술 낙후, 자연재해가 겹쳐 세계에서 가장 못사는 나라로 전락했음을, 북한이 변화를 거부하고 1인 독재 우상화에 매달리면 북한 경제의 몰락은 필연임을 밝히고 있다.

북한의 진정한 개혁개방으로의 변화는 '아래로부터' 변화만이 가능하다는 것이다. 즉 고통받는 북한 주민들을 상대로 구제와 선교를 하는 것이다. 김정일 정권의 철저한 감시와 탄압 때문에 북한 주민을 직접 상대하는 것이 불가능하다고 하나 길은 항상 열려 있다. "북한복음화를 위해 민초, 특히 고통받는 북한 주민들의 역할이 결정적"임을 역설하고 있다.

『북한체제 변화와 민초의 역할』은 제Ⅰ장에서 최고인민회의, 북한 권력 엘리트 변화 등 '북한의 정세 정책 변화 전망'을 다루고 있으며 제Ⅱ장에서는 경제위기를 분석하고 있다.

제Ⅲ장에서는 '북한 붕괴론', '북·미 핵 협상 끝은 어디인가', '북핵 해결, 불능화, 폐기로 가는 길', '북핵 해결, 아직도 오리무중' 등의 주제를 다루고 있다.

제Ⅶ장은 '북한 종교 탄압과 성장하는 지하교회'를 통하여 북한의 종교 탄압 실상과 순교를 각오하고 하나님 나라에 대하여 신앙을 말하고 있는 북한 성도들의 모습과 라디오 방송을 들으며 신앙생활을 하는 지하교회 성도들, 그리고 1990년대 기근 이래로 지하교회가 점증하고 있음을 알 수 있다.

제Ⅷ장에서는 복음화로 극복되어야 할 남북한 우상 숭배와 김정일 이후의 북한선교, 북한선교 현황, 바람직한 전략 방향과 북한에도 생명의 빛이 필요함을 설명하고 있으며 제Ⅸ장의 "평양에서 예루살렘까지"는 북한에서 시작해서 중국, 티베트, 베트남 등 서진선교를 체계 있게 설명하면서 독일통일에서 민초의 역할이 컸음을 상기시키고 있다. 한편 개선될 조짐을 보이지 않고 있는 북한의 인권문제는 제Ⅵ장에서, 이명박 정부 출범과 남북한 관계 제Ⅴ장에서 다루고 있다.

### ◆우리의 기도

"그들이 여호와의 율법책을 가지고 유다에서 가르치되 그 모든 유다 성읍들로 두루 다니며 백성들을 가르쳤더라."(대하 17:9)

첫째, "여호와의 율법책을 가지고 유다에서 가르치되 그 모든 유다 성읍들로 두루 다니며 백성들을 가르치는" 역사가 토한에서도 순조롭게 진행되어 예수 그리스도와 동행하는 기쁨을 누리는 자들이 넘쳐나게 하여 주시옵소서.

둘째, 고통받는 북한 주민들을 향한 선교가 이루어져 하나님이 영광 받으시며, 핍박과 환난의 삶을 믿음으로 인내하고 순종하는 거룩한 백성들로 말미암아 많은 사람들이 죄악에서 돌이켜 떠나 여호와께 기쁨이 되게 하여 주시옵소서.

셋째, 하나님이 명하신 대로 다 준행한(창 6:22) 노아처럼 하나님 앞에 순종의 제사를 드리는 거룩한 백성들로 인하여 생명의 빛이 필요한 북한에, 하나님의 통치와 영광이 드러나게 하여 주시옵소서.

예수님의 이름으로 기도합니다. 아멘.